政府管制与公共政策研究系列丛书

ZHONGGUO
SHANGSHIGONGSI ZIYUANXING
XINXIPILU YU JIANGUAN

中国上市公司自愿性信息披露与监管

（第二版）

梁飞媛◎著

经济管理出版社
ECONOMY & MANAGEMENT PUBLISHING HOUSE

图书在版编目（CIP）数据

中国上市公司自愿性信息披露与监管/梁飞媛著. —2 版. —北京：经济管理出版社，2016.5
ISBN 978-7-5096-4506-2

Ⅰ.①中…　Ⅱ.①梁…　Ⅲ.①上市公司—会计分析—研究—中国　Ⅳ.①F279.246

中国版本图书馆 CIP 数据核字（2016）第 157618 号

组稿编辑：张　艳
责任编辑：张　艳　丁慧敏
责任印制：黄章平
责任校对：新　雨

出版发行：经济管理出版社
　　　　　（北京市海淀区北蜂窝 8 号中雅大厦 A 座 11 层　100038）
网　　址：www. E-mp. com. cn
电　　话：（010）51915602
印　　刷：三河市延风印装有限公司
经　　销：新华书店
开　　本：720mm×1000mm/16
印　　张：18
字　　数：254 千字
版　　次：2016 年 7 月第 1 版　2016 年 7 月第 1 次印刷
书　　号：ISBN 978-7-5096-4506-2
定　　价：58.00 元

目　录

第一章 自愿性信息披露理论研究

第一节 自愿性信息披露概论

一、关于自愿性信息披露（Voluntary Disclosure）的诠释

自愿性信息披露是与强制性信息披露相对的一个概念。美国财务会计准则委员会（FASB）在2001年发表的《改进企业报告：提高自愿性信息披露》中，将自愿性信息披露定义为上市公司主动披露的、未被公认会计准则和证券监管部门明确要求的基本财务信息之外的信息。我国深圳证券交易所于2003年10月发布的《深圳证券交易所上市公司投资者关系管理指引》首次引入自愿性信息披露这一概念，即上市公司可以通过投资者关系管理的各种活动和方式，自愿地披露现行法律法规和规则规定应披露信息以外的信息。据此，本书将自愿性信息披露定义为：自愿性信息披露是上市公司根据自己的意愿主动向相关主体或公众披露的超越强制性披露信息的合法合规信息的行为。

与强制性信息披露相比，自愿性信息披露具有以下五个方面的特征：①决策自主性。强制性信息披露是以法律规范来调整的上市公司与其他利害相关者之间的信息沟通，强制性披露政策是以整个资本市场各参与方总体利益最大化为出发点而做出的一种整体上的披露决策，因此强制性信息是企业不得考虑成本效益而必须公开披露的信息，国家对其内容和形式都做了统

一规范，企业只能遵照执行。自愿性信息披露则是公司与其他利害相关者之间基于经济利益进行的自利性信息沟通。公司自愿性披露政策是以披露主体公司利益最大化为目标、公司个体的一种行为决策。因此自愿性信息披露是企业的一种自主决策行为，由企业管理当局根据信息使用者的需要和企业自身的实际情况自行确定是否披露。对那些与信息使用者密切相关的重要信息，进行披露还是不披露，以及以何种形式披露，在很大程度上取决于企业管理当局对信息重要性的职业判断和成本效益的比较。可以说，企业对是否进行自愿性信息披露及如何进行自愿性信息披露拥有自主决策权。②内容多样性。自愿性信息披露的内容以强制性披露信息为基础，强制性披露的信息以自愿性披露信息为底线，凡是超越强制性披露的信息都可以确认为自愿性信息披露。这些信息从空间范围来看，既有企业内部信息，又有外部环境信息；从时间角度来看，既有有关过去的历史信息，又有关乎未来的预测信息；从披露形式来看，既有定量信息，又有定性信息；从计量方式来看，既有货币计量信息，又有非货币计量信息。自愿性信息的自主性特征，决定了它在内容上具有相对广泛性和多样化。③形式灵活性。自愿性信息披露的形式灵活多样。从国内外实践来看，最常见的披露方式是运用文字和表格。有时为了说明有关项目的发展趋势，还常常使用坐标图、圆形图和柱状图等各种图表形式。已披露的载体包括年报、中报、临时报告、新闻发布会及与机构投资者的沟通等。自愿性信息披露的形式灵活性与内容多样性相对应，多样化的内容需要灵活的披露形式。④披露不确定性。自愿性信息披露的不确定性具体表现在两个方面：一是内容的不确定性。自愿性信息披露在内容上没有明确的制度规范或要求，它主要取决于主动披露事项的存在或发生的情况，以及强制性信息披露的最低标准。二是披露的不确定性。自愿性信息披露在内容上的不确定性决定了其披露的载体、形式、时间等具有不确定性，由企业根据信息的实际情况自行确定，或者由信息提供者根据需要以不同方式予以说明。⑤合法合规性。如果说法律的制定和执行是强制性信息披露的基础，那么自愿性信息披露的内容和质量则更多地依赖于公司自身利益的驱动。自愿性信息披露是建立在经营者成本收益比较基础上的一种披露方式，但是如果这种行为不受任何约束，那么放任自流和利益驱动的自愿性信息披露就无法保障信息质量，如果无法保障信息质量，自愿性信息披露不但不能增强市场效率，反而会成为市场的一种噪声，这就要求有一种机制能适度保障自愿性信息披露的信息质量。为了保证自愿性信息披露符合真实性、充分性、及时性、准确性和公平性等质量要求，就有必要对自愿性信息披露进行管制，通过制定和完善相关法律法规进行引导，加以规范，只是在管制力度和管制方式上与强制性信息披露有所区别罢了。

值得强调的是，强制性信息披露与自愿性信息披露的区分并不是绝对的。信息披露包括完整性、时效性、可靠性等多重要素。强制披露的信息存在披露方式与披露时间上一定程度的选择性，自愿披露的信息同样可能是由强制披露所诱致或者是对强制披露信息进行必要补充。例如，年报是强制披露的定期报告，但何时披露年报却是经理人斟酌决定的结果；分部财务信息在某些情况下是自愿披露的信息，但它是整体财务信息的深化和补充。实质上，自愿性信息披露与强制性信息披露有很多内在的联系。第一，这两种方式都是向公司外部传递信息的手段，是信息使用者获取信息的主要渠道。第二，这两种方式都是以提高会计信息质量为基本目标，且都是经过分析加工而成。第三，这两种方式都是各个利益相关者相互博弈的结果，其信息披露的程度也都受会计信息的供求关系所制约。第四，这两种方式都是公司治理的表现方式。公司治理的全过程都离不开信息，包括财务信息和非财务信息，同时公司治理的成果又最终反映在公司的财务成果和发展业绩上，进而体现在披露的内容中。第五，这两种方式提供的信息都应满足及时性、准确性、相关性、可靠性、公平性等要求，只有这样，自愿性披露的信息的补充价值才能更好地体现出来，才能实现公司树立良好形象、提高公信力和市场竞争优势的愿望。此外自愿性信息披露与强制性信息披露之间还存在着互补性，并不存在一类信息能够代替另一种信息、一种信息有价值而另一种信息就没有价值的问题。对投资者而言，信息的价值不是体现在披露的方式上，而是体现在信息是否与投资者决策内容相关上。尤其在当前，由于我国投资者日益成熟起来，他们对信息需求的深度和广度都在提高。每一项投资决策的确定，不仅仅依据财务信息，还要依据非财务信息、知识资源信息等，而后者的取得大部分依赖于公司自愿披露的信息以及自愿披露的信息对强制披露财务信息的补充。反过来，投资者在使用自愿披露的信息时，可以运用强制披露的财务信息进行印证，判断自愿披露信息的可靠性、相关性，从而对自愿披露的信息进行选择使用。

二、关于自愿性信息披露内容的确定

何种信息是强制披露的，何种信息是自愿披露的，与一个国家的公司法律体系有很大关系。在某些国家的公司法律体系下必须强制披露的信息，在另一些国家的公司法律体系下可能是自愿披露的信息；在某些情况下强制披露的信息，在另一些情况下可能是自愿披露的信息。

在一个国家的公司法律体系下，随着经济的发展、法律法规的完善，自愿性信息披露与强制性信息披露所包含的内容也会相互转化。这主要受到以下四个因素的影响：

第一，经济发展的水平及其内在要求。前面已经论述过，强制性信息披露是国家通过制定法律法规，强制公司披露其没有自愿披露动机的（披露收益小于披露成本）且相关利益者应当获得的信息，它是一种政府干预的行为。而自愿性信息披露更多的是公司根据市场机制的作用进行自主披露的行为。当今，市场经济蓬勃发展，其发展程度如何，可以控制经济运行的效率高低，换句话说，可以影响政府需要出面干预的程度。强制性信息披露与自愿性信息披露的结合程度，也正是政府与市场之间关系的体现，并且会随着政府与市场之间关系的发展而动态变化。计划经济体制的遗留影响以及国有股独大的现象使得市场效率并不高，导致投资者与债权人在决策时只关注宏观经济信息或公司外生信息，而很少依靠公司内生信息。这样在我国的信息披露体系中，自愿性披露很少，主要以强制性披露为主。

第二，资本市场的发展历史及现状。资本市场的有效程度决定了资本市场接受信息的种类及其数量。我国资本市场起步较晚，其有效性很低，对于公司的历史信息、即时信息的反应还并不充分，对公司的自愿披露的预测信息应引起的有效市场反应就更不灵敏了。这样就阻碍了我国实施自愿性信息披露的进程，使自愿披露的程度很低。

第三，法律法规的规范程度。一般来讲，在国际领域中对强制性信息披露的规范比自愿性信息披露规范都要更完善。从政府的角度看，强制性信息披露更有助于规范市场秩序、监控公司行为；从公司角度看，则更希望根据自身的特征选择性地向外界披露信息。两者的关系是国家（法律法规的制定者）与公司（法律法规的接受者）相互博弈的结果，体现于法律法规对信息披露的规范程度。同时，国家也应根据市场的需求环境变化及时地调整强制性信息披露的最低标准。

第四，公司的发展情况和经营理念。当公司有突出业绩且有意识地提供高质量财务报告时，自然会增加信息的自愿披露而获取超额披露收益。也就是在完成国家规定的强制性信息披露基础之上，更积极地采用自愿性信息披露，提高自愿性信息披露的比重。

（一） 国外关于自愿性信息披露的内容

Bradbury（1992）对1992年在多伦多证券交易所上市的最大的100家公司的自愿性信息披露进行研究之后，得出结论：加拿大上市公司主要侧重于管理人员分析和评价、运营状况、财务变动状况、流动性、前瞻性信息、风险和不确定性等方面的自愿披露。管理人员分析和评价目的质量与公司业绩、财务活动的水平、规模、前期披露质量与媒体关系、重大事件的发生频率相关。管理人员分析和评价信息是公司整体信息披露战略的一部分，它是对财务报告披露信息的补充。

Meek 等人（1995）① 调查了美国、英国和欧洲大陆跨国公司（MNCS）年度报告中的自愿性信息披露，其内容如表 1 - 1 所示：

表 1 - 1　美、英和欧洲大陆跨国公司年度报告中的自愿性披露信息内容

战略信息	公司简史和组织结构：公司战略（目标、财务业绩、市场占有率、社会责任以及公司战略对当前和未来公司经营的影响）；兼并和资产处置及其理由；研发（公司政策、场所、人员）；未来前景（销售收入的定性、定量预测；利润的定性、定量预测；现金流的定性、定量预测；构成预测的基础；交易量的定性、定量预测；订单信息）
非财务信息	董事信息（年龄、教育背景、资历、在其他公司任职的情况）；雇员信息（雇员的地理分布、工序或流程分布、性别构成；中高级经理人员的职务及姓名；受雇时间超过两年的雇员；雇员人数变化的原因；培训费用、性质、人数和时间；事故状况；安全措施成本；解雇政策；平等待遇政策声明；招聘问题及相关政策）；社会政策和价值增加信息（产品安全；环境保护计划；慈善捐赠；社会服务计划；价值增加声明、数据和比例；价值增加的定性信息）
财务信息	分部信息（分部资本的定量支出；分部产量；直线职能部门产量；竞争对手的定量和定性分析；市场份额的定性和定量分析）；财务状况回顾（利润率；现金流比率；流动比率；利润调整比率；无形资产价值信息披露；股利支付政策；六年或六年以上的财务状况变动；由境外交易所上市引发的财务报表调整；表外信息；定性的广告信息；定量的广告费用；通货膨胀对公司未来运作及财务状况的定性及定量影响；通货膨胀对资产的定量和定性影响；利率对财务状况和未来运作的影响）；外汇信息（汇率波动对公司当前及未来运作的定性影响；账户中主要汇率；由不同种类货币衡量的长短期债务差额；外汇风险管理措施）；股价信息（年末市场资本；市场资本趋势；股东规模；股东类型）

资料来源：Meek, G. K., Roberts, C. B., and Gray, S. J., 1995, Factors Influencing Voluntary Annual Report Disclosure by U. S, U. K, and Continental European Multinational Corporations, Journal of International Business Studies, 555 - 572.

---

① Meek, G. K., Roberts, C. B., and Gray, S. J., 1995, Factors Influencing Voluntary Annual Report Disclosure by U. S, U. K, and Continental European Multinational Corporations, Journal of International Business Studies, 555 - 572.

普华永道会计师事务所于 1998 年对 82 家最大的瑞士公司进行了调查①，调查结果显示，70% 的经理人员认为，自愿性信息披露的具体内容应侧重于展示公司的"核心能力"，突出"竞争优势"，向投资者描绘公司的发展前景。

Litan（2000）①选择马来西亚、新加坡、澳大利亚和新西兰四个国家的规模相近、处于相同财务年度（1995）的航空公司为样本，对它们年报信息中自愿披露的部分进行了分类统计，结果如表 1 - 2 所示：

表 1 - 2　马来西亚等四国年报的自愿性信息披露内容

国别内容	马来西亚	新加坡	澳大利亚	新西兰
董事会议记录	有	有	无	无
公司使命	有	无	无	无
公司目标	有	有	有	无
股权结构	有	有	无	有
董事会组成	姓名	无	详细	详细
高级管理人员	姓名和职务	姓名和职务	详细	无
远期计划	新的国际航线计划和其他业务计划	成为世界上最具有客户价值的公司	与英国航空公司合作开辟欧洲航线	基于法律要求的未来股份回购计划
十年统计回顾	财务、生产、交通、员工的详细信息	财务、生产、交通、员工的详细信息	财务、生产、交通、员工的详细信息	航班数、旅客人数、员工人数
结果分析	以图表表示收入和支出的动态变化	以图表表示收入和支出的动态变化	以图表表示收入和支出的动态变化	无
雇员信息	无	无	雇工医疗福利信息	雇员股票期权计划
土地产权	详细	无	无	无
三年股价变动	有	有	无	无
环境信息	无	无	无	无
社区关系	无	有	无	无
审计委员会	详细	姓名	无	无

---

①　转引自何卫东：《上市公司自愿性信息披露研究》，2003 年，深圳证券交易所综合研究所研究报告。

美国 AICPA 下属的 Jenkings 委员会在 1994 年发表了《改进企业报告：以用户为导向》，对用户信息需求进行了广泛的研究。之后，FASB 又成立了 Steering 委员会对加强自愿性信息披露问题进行研究。2001 年，该委员会发表了研究报告《改进财务报告：增强自愿性披露的透视》，该研究分析了以下九个行业中的 6~9 个大公司：汽车行业、国内石油行业、化学行业、医药品行业、计算机行业、地方性银行、食品行业、纺织品、服装行业。委员会回顾了公司提供的材料，如年报和季报，SEC 归档文件（Filings），新闻释放，实情书籍和给股东、分析师、潜在投资者的陈述抄本，以及公司的网站，所有被工作组回顾过的材料都是公众可得到的。他们将公司自愿性披露的信息内容分成六大类①：

（1）商业数据（例如，经理人员用来管理企业的高水平经营数据和业绩衡量）。

（2）经理人员对企业数据的分析（例如，经营和业绩相关数据变化的理由，关键趋势的确认以及过去的影响）。

（3）前瞻性信息（例如，由于关键趋势而导致的机会和风险；经理人员计划，包括关键成功因素；企业实际业绩与以前披露的机会、风险和经理人员计划的比较）。

（4）关于经理人员和股东的信息（例如，董事、经理人员、报酬、主要股东和关联方之间的交易和关系）。

（5）关于公司背景（例如，主要目标和战略、企业和财产的范围和描述、行业结构对公司的影响）。

（6）关于无形资产的信息，这些无形资产没有在财务报告中确认。

Steering 委员会分别总结了对每个行业而言很重要的信息，如对汽车行业而言，重要的信息有：①市场份额和新产品；②生产量和成本容量（Containment）；③劳动力情况；④经营战略。对化学行业而言，重要的信息有：①生产量和需求；②产品和价格；③生产费用；④新设备、技术和 R&D；⑤经营战略。对计算机行业而言，重要的信息有：①收入趋向；②效率/利润率；③新产品/品牌；④经营战略。对食品行业而言，重要的信息有：①销售增长；②利润

---

① FASB："Improving Business Reporting: Insights into Enhancing Voluntary Disclosure", Steering Committee Report, Business Reporting Research Project. 2001.

增加；③产品创新和质量；④品牌效应；⑤经营战略。对石油行业而言，重要的信息有：①储备获得情况；②储备提取情况；③经营战略。对医药品行业而言，重要的信息有：①研发状况；②质量保证；③收入趋向的管理；④市场营销和分配；⑤经营战略。

Singleton 和 Globerman（2002）① 调查了自 1990 年以来在东京股票交易所（TSE）上市的日本公司是否改变了它们的自愿性披露行为。研究后发现，20世纪 90 年代以来日本由于受到国际资本市场的压力，上市公司自愿性披露明显增加了。表 1 - 3 概括了日本上市公司自愿性披露的信息内容。

表 1 - 3　日本上市公司自愿性披露的信息内容

背景信息	公司目标、战略陈述；完成公司目标所要采取的行动；未来年度内所要采取的行动；实现公司目标的时间表；进入其他市场的障碍；进入障碍对当前利润和未来利润的影响；竞争环境分析；竞争对当前利润和未来利润的影响；公司的基本概况；公司主要产品以及这些产品的主要特征；主要市场特征
经营概况	资产回报率或者足以用来计算资产回报率的信息；净利润或足以用来计算净利润的信息；权益利润率或足以用来计算权益利润率的信息；最近 8 个季度的销售状况和利润状况
关键非财务信息	雇员数量；人均报酬；订单总数；下年将要执行的订单占总订单的百分比；最近五年产品销售的百分比；市场份额；今年新收到的订单金额；销售量及销售价格；销售增长率；返修或退货率；生产周期；核心雇员平均报酬；主要市场上销售量的增长率；收支平衡销售额；原材料耗用量；原材料价格；投入产出比例；核心雇员的平均年龄；核心产品的销售增长率
新项目信息	项目前后期产生的盈余比较；项目前后期产生的销售收入比较；新项目对未来销售或利润的影响；市场份额预测；项目产生的现金流分析；新项目产生资本支出研发费用；新项目产生的现金流及销售收入
管理人员讨论与分析	销售量变化；主营收入；销售成本变化；销售成本占销售收入比例变化；毛利占销售收入百分比变化；销售费用和管理费用变化；利息和利息收入变化；净收入变化；存货变化；应收账款变化；资本支出和研发费用变化；市场份额变化

① Singleton, W. R. and Globerman, S., 2002, The changing nature of financial disclosure in Japan, The International Journal of Accounting, 37, 95 - 111.

资料来源: Singleton, W. R. and Globerman, S., 2002, The changing nature of financial disclosure in Japan. The International Journal of Accounting, 37, 95 – 111.

Newson 和 Deegan（2002）[①] 对来自于美国、加拿大、欧洲和日本的约150个机构投资者进行的问卷调查结果显示，上市公司的自愿性信息披露主要围绕公司的"核心能力"，通过人力资本、公司战略、盈利预测、环境保护等具体信息的披露来达到"突出竞争优势、展示公司未来"的目的。例如，人力资本信息是体现公司"核心能力"的重要方面。在知识条件下，人力资本的价值远远超过固定资产的价值。尽管许多公司的经理人员经常声称："雇员是公司最有价值的资产"，但传统公司较少自愿披露能为公司带来巨大价值的人力资本信息。其原因在于：第一，传统的会计准则雇员看做招致费用的支付对象，而不是有价值的资产；第二，证券监管部门并没有将与人力有关的事务列为由社会规范而不是法律关系调整的范畴；第三，公司出于保护竞争优势的考虑而不愿意主动披露人力资本信息。然而，对于高科技公司、高成长公司，自愿披露人力资本信息已经成为业界通行的实践。

Chau 和 Gray（2002）[②] 研究了 1997 年中国香港和新加坡上市公司自愿性信息披露状况，将自愿性信息披露的内容共有 12 类（详见表 1 - 4）。除财务信息外，新加坡和中国香港上市公司自愿性信息披露水平是相同的。

表 1 - 4　中国香港和新加坡上市公司自愿性信息披露内容

项　目	具体内容
公司战略	公司整体目标；财务战略；战略对当前和未来公司经营的影响
收购和处置	收购原因、收购商誉数量；处置原因，处置实现的价值额度
研发	研发项目内容；公司研发政策；研发活动地点；研发人员数量
未来前景	公司未来前景定性描述；销售定性、定量预测；利润定性、定量预测；资本项目约束描述、资本项目约束支出；现金流量定性、定量预测；交易量定性、定量预测，订单信息

① 转引自何卫东：《上市公司自愿性信息披露研究》，2003 年，深圳证券交易所综合研究所研究报告。
② Gerald K. Chau, Sidney J. Gray, 2002, Ownership Structure and Corporate Voluntary Disclosure in Hong Kong and Singapore［J］. The International Journal of Accounting, 2002, 247 –265.

续表

项　目	具体内容
董事信息	董事教育背景；执行和非执行董事的商务经验；执行董事地位
雇员信息	股票期权计划；利润分享计划；福利信息；培训费用；安全措施成本
社会政策和 增加值信息	产品安全；定性和定量的环境保护计划；慈善捐赠；增加值表、数据、比率等，增加值定性信息
分部信息	地理分部资本支出、净资产、产量；行业分部资本支出、净资产、产量；竞争者定性、定量分析；市场份额定性、定量分析
财务状况回顾	利润率，盈利能力定性评价，现金流量比率，流动比率，债务比率；过去五年固定资产价值重估，商标价值披露，除商誉外其他无形资产价值披露；股利支付政策，物价调整政策，会计政策变更影响；三年或三年以上财务历史记录或摘要，六年或六年以上财务历史记录或摘要；按照 IASC 对财务信息重述；表外融资信息；定性的广告信息，定量的广告支出，通货膨胀对公司未来及当前经营成果的定性、定量影响，通货膨胀对资产的定性及定量影响，利率对财务状况和未来运作的影响
外汇信息	汇率波动对公司当前及未来运作的定性影响，账户应用的主要汇率，由不同种类货币衡量的长短期债务差额，外汇风险管理措施
股价信息	年末股价，股价趋势，股东规模，股东类型

资料来源：根据 Gerald K. Chau，Sidney J. Gray，2002，Ownership Structure and Corporate Voluntary Disclosure in Hong Kong and Singapore ［J］，The International Journal of Accounting，2，247 – 265 整理。

Leventis（2004）[①] 研究 1997 年希腊 87 家上市公司自愿性信息披露状况，将上市公司自愿披露的信息分为公司环境信息、社会责任信息和财务信息。公司环境信息包括：经济环境概况、公司概况、公司特有信息和董事相关信息；社会责任信息包括：雇员信息和社会政策；财务信息包括：分部信息、财务比率、财务状况评价、市场相关信息。

Petersen（2006）[②] 选择 1997 ~ 2000 年丹麦 36 家工业上市公司年报为样

[①] Stergios Leventis and Pauline Weetman，2004，Voluntary Disclosures in an Emerging Capital Market：Some Evidence from the Athens Stock Exchange ［J］. Advances in International Accounting，17，227 – 250.

[②] Christian Petersen，Thomas Plenborg，2006，Voluntary Disclosure and Information Asymmetry in Denmark ［J］. The International Journal of Accounting，Auditing and Taxation，15，127 – 149.

本研究自愿性信息披露和信息不对称之间的关系，将自愿性信息披露内容分为五个方面：战略信息、竞争和前景信息、产品信息、营销战略和人力资本信息。Agca 和 Önder（2007）① 研究了 2003 年在土耳其 51 家上市公司自愿性信息披露情况，将其内容分为战略性信息、财务信息和非财务信息。战略性信息包括：公司概况、公司战略、研究和开发、未来前景；非财务信息包括：有关董事信息、雇员信息、社会政策和增加值信息；财务信息包括：分部信息、财务状况评价、外币信息、股价信息。

综上所述，各国信息披露内容差异较大，但信息披露程度较高，信息披露内容与各国市场效率是相关的。学者们试着将理论和实践结合起来，通过对自愿性信息披露内容及相关问题的研究期望为管理者探求公司和外部利益相关者间沟通的一些方法，使得所建立信息披露政策能保证公司价值及时地反映到股价中。同时，我们发现，国外学者有关自愿性信息披露内容研究大致分为三个阶段：一是仅从信息生产者的角度确定和描述自愿性信息披露的内容；二是兼顾信息生产者和使用者的需要确定和描述自愿性信息披露的内容；三是注重企业信息透明度以及与投资者沟通的角度确定和描述自愿性信息披露的内容。

（二）我国自愿性信息披露内容的确定

确定自愿性信息披露内容是自愿性信息披露相关研究的前提和基础。目前我国对自愿性信息披露的研究日趋增加，研究内容主要涉及上市公司自愿性信息披露的动机及影响因素的规范和实证研究方面，取得了不少有价值的研究成果，为政府监管和投资者决策提供了有益的参考。但笔者通过查阅近年来的相关研究论文和研究资料发现，绝大多数的学者在没有系统研究自愿性信息披露内容的情况下，参考或直接借鉴国外的经验自行构建自愿性信息披露的指数，这不仅影响相关研究的质量，也使不同时期对相同问题的实证研究缺少必要的可比性，长此以往必然会对进一步深入研

---

① Ahmet Agca, Serife Onder S., 2007, Voluntary Disclosure in Turkey: A Study on Firms Listed in Istanbul Stock Exchange (ISE) [J]. Problems and Perspectives in Management, 3, 241 - 251.

究我国自愿性信息披露形成不少障碍。因此，系统研究自愿性信息披露内容不仅是研究我国自愿性信息披露的基础，更是加强规范和监管我国自愿性信息披露、提高自愿性信息披露质量的前提。我国学者李明辉（2001）[①]认为，目前我国上市公司可以考虑自愿披露的信息有：①由于会计准则的相对滞后，尚缺少完善的披露规则或披露要求较低但又对用户有用的信息，如较为详细的分部报告、公允价值信息等。②环境保护、社会责任、人力资源、自创商誉等目前由于计量和披露的复杂性，尚不具备强制披露条件的信息。③企业的经营性非财务信息，如经营战略与计划、预测性信息等。④季度报告除了部分 PT 公司外，一般上市公司也可考虑提供季度报告。刘媛媛（2005）[②]认为，我国上市公司可以考虑自愿披露的信息主要包括：战略规划信息、盈利预测信息、公司治理、环境保护、社会责任、人力资本等由于计量和披露的复杂性，尚不具备强制披露条件的信息。这些信息是除了财务报告之外投资者关注的重点领域，对投资者了解公司的全貌极为重要。因此，自愿披露行为的性质和程度对于投资者正确的投资决策直接相关。姜虹、王曙光（2007）[③]认为，我国上市公司可以考虑自愿披露以下信息：基于公司"核心能力"的战略规划信息；与市场中介机构沟通的信息及来自于市场中介机构的评价信息；公司治理机制；社会责任；上市公司可以根据具体情况披露公司经营准则和经营道德等方面内容；人力资本。张亚连（2008）[④]认为企业自愿性信息披露的内容应包括：企业价值或现行成本信息；盈利预测、企业面临的机会和风险、企业管理部门的计划、实际经营业绩与以前披露的机会和风险进行比较等前瞻性预测信息；企业内部控制报告以及包括社会责任、人力资源和环境保护信息等。

　　本书认为，我国自愿性信息披露内容的确定应明确以下三个方面的内容：

1. 确定自愿性信息披露内容的前提

　　自愿性信息披露是上市公司为了使投资者对公司有更全面的了解，在法

---

① 李明辉：《试论自愿性信息披露》，《财经论丛》，2001 年第 7 期。
② 刘媛媛：《上市公司自愿性信息披露的规范性分析》，《东北财经大学学报》，2005 年第 7 期。
③ 姜虹、王曙光：《上市公司自愿性信息披露研究》，《财会月刊》（理论），2007 年第 4 期。
④ 张亚连：《自愿性信息披露：动机与思路》，《会计之友》，2008 年第 3 期。

律法规许可的范围内，超越强制性信息披露的范围所做的其他信息披露，应该说法定合规的信息披露是自愿性信息披露的基础，因此自愿性信息披露范围和内容的确定首先应该以强制性信息披露为前提。我国对上市公司强制性信息披露内容的规定，一般在以下四个层次的上市公司信息披露规范中得到体现：第一层次国家法律。包括《证券法》、《公司法》、《会计法》和《审计法》等相关法律规定。第二层次行政法规。主要包括《股票发行与交易管理暂行条例》、《股份有限公司境内上市外资股的规定》、《股份有限公司境外募集股份及上市的特别规定》、《可转换公司债券管理暂行办法》等相关规定。第三层次部门规章。一是主要由中国证监会制定的适用于上市公司信息披露的制度规范，包括《公开发行股票公司信息披露实施细则》、《上市公司信息披露管理办法》、《证券发行上市保荐业务管理办法》、《上市公司股东持股变动信息披露管理办法》、《上市公司收购管理办法》、《公开发行证券公司信息披露的内容与格式准则》、《关于加强对上市公司临时报告审查的通知》、《关于上市公司发布澄清公告若干问题的通知》、《上市公司股权分置改革管理办法》等相关规定。二是由财政部制定的会计准则等。第四层次是信息披露的自律规则。包括沪深证券交易所的《股票上市规则》、《上海证券交易所上市公司信息披露事务管理制度指引》、《深圳证券交易所上市公司公平信息披露指引》等。（具体内容详见附录）从强制性信息披露的形式看，综合起来主要包括以下七方面内容：①公开发行募集文件，即招股说明书；②上市公告书；③定期报告，包括年度报告和中期报告；④临时报告，主要是重大事件公告、上市公司的收购或合并公告；⑤公司的董事、监事、高级管理人员的持股情况；⑥证券交易所要求披露的信息；⑦其他信息。2005 年中国证监会完成了对《公开发行证券的公司信息披露内容与格式准则第 2 号——年度报告的内容与格式》关于管理层讨论与分析（MD&A）的披露要求的修订（2007 年又做了第二次修订），细化了管理层讨论与分析的披露内容要求，明确公司管理层分两个部分进行讨论与分析，即对报告期内经营情况进行回顾和对未来发展进行展望。报告期内经营情况的回顾应当从公司外部环境和所处行业的现状、主营业务及经营状况、公司资产和利润构成变动情况、现金流量情况、非财务信息的揭示、主要控股和参股公司的经营情况等方面进行分析。公司未来发展的展望应当从所处行业发展趋势、公司未来发展机遇、发展战略和经营计划、资金需求和使用计划、公司面临的风险因素等方面进行分析。同时，为了不同公司的个性化特点，对部分条款未作强制性披露要求，由公司自行掌握，进行自愿性披露。

2. 确定自愿性信息披露内容的基本原则

一定量的信息是投资者理性投资的依据，充分的信息披露对于提高证券市场透明度和保护投资者利益有着积极的作用，但是并非信息越多越好。多大量的信息是合理的、足够的，必须同时考虑披露信息的相关性和信息披露的成本效益原则。第一，自愿性披露信息内容的确定应遵循相关性原则。自愿性披露信息的相关性是指上市公司提供的自愿性信息应当与自愿性信息使用者的经济决策需要相关，这很大程度上取决于证券市场上的投资者素质。当证券上非理性投资者较多，投资者素质相对较低时，上市公司的自愿性信息披露就不是越多越好。对于投资者来说，由于不具备正确分析相关信息的能力，在众多的信息中徘徊、犹豫不决，无法区分各类信息的价值，反倒不利于其作出投资决策。因此，上市公司应该按照证券市场上投资者对信息的需求和理解水平，确定相适应的自愿性信息披露的内容。第二，自愿性披露信息的内容的确定应遵循成本效益的原则。上市公司的自愿性会计信息披露能够缓解证券市场参与者之间的信息不对称，揭示企业真实价值和竞争优势，提高企业筹资能力，降低企业资本成本，提高股票的流动性和股票价格，是改善投资者和上市公司关系的有效途径。但是，上市公司在享受自愿性会计信息披露带来的收益的同时也必须承担相应的成本，如信息处理成本、竞争劣势成本、行为管束成本和被投资者起诉的风险等。上市公司披露的信息越多，成本就越高，但效益并不与上市公司披露的信息量成正比例的增加，这将影响公司的利润水平，在某种程度上，过多的自愿性信息披露不但不能给公司带来资本市场上的收益，反而危害公司在产品市场上的竞争地位。因此自愿性信息披露应当遵循成本效益原则，寻找合理的自愿性信息披露均衡点。

3. 自愿性信息披露的具体内容

当前我国证券市场上，个人投资者占很大比重。据统计，至 2007 年底，从数量上看，个人投资者占投资者总数的99%以上，其持有的A股流通市值占A股全部流通市值的51%以上。根据深交所对我国股市个人投资者状况的调查来看，我国股市个人投资者教育程度较低，对上市公司信息关心程度不高，大多数个人投资者对财务报告披露的评估和使用不熟悉。潘琰和辛清泉（2004）①对中国机构投资者使用公司报告的主要目的、投资决策模式、信息需求的影响因素、信息需求偏好以及他们对公司报告质量的评价等进行了全面调查。研究表明：目前中国机构投资者的投资理念与其投资决策模式尚未能够有效耦合；互联网已成为机构投资者获取更为广泛丰富的公司信息的最主要的渠道，但是，公司网站披露信息的质量存在缺陷；在法定年报中，财务信息仍是机构投资者关注的重点；机构投资者对简明财务信息有明显偏好，对"年报补丁"非常反感；目前的财务报告并不存在明显的信息冗余，相反，存在披露不足，机构投资者的信息需求与公司报告实务之间仍存在巨大的差距。在这种市场现状下，我们应鼓励上市公司进行自愿性信息披露，但不宜任由上市公司大量地进行自愿性信息披露，而是通过一定的方式合理地界定自愿性信息披露的范围，比如采用证券交易所"指引"的方式，对上市公司自愿性披露的信息范围和内容加以引导。结合国外的经验，根据自愿性信息披露内容确定的前提和基本原则，本书认为，自愿性信息披露主要应当包括这样四个方面的内容：战略性信息、预测性财务信息、财务分析信息和社会责任信息。

（1）战略性信息。受迈克尔·波特《竞争优势》的影响，人们对企业"核心能力和竞争优势"的信息越来越关注，对其信息需求越来越强烈。战略是确定企业长远发展目标，并指出实现长远目标的策略和途径。由于战略确定的目标必须与企业的宗旨和使命相吻合，因此企业战略从某种意义上反映了企业管理层的思想和思维方法。战略性信息的披露能够校正市场估价的偏差，由于投资者通过企业的战略性信息会产生对企业的某种心理预期，因此战略性信息可以提高投资者的信心，使企业获取市场竞争优势，从而达到

---

① 潘琰、辛清泉：《解读企业信息需求——基于机构投资者的信息需求探索》，《会计研究》，2004年第12期。

提高企业市场价值的目标。参照 MD&A 信息披露内容，本书将上市公司战略性信息披露的主要内容确定为：①企业战略描述，即企业对设立的远景目标及未来发展潜力进行的总体性描述；②实现公司战略的步骤及安排，包括对企业品牌战略、人才开发战略、资源开发战略、营销战略等的实施安排；③不利因素、风险和相关对策；④资金需求和使用计划；⑤公司战略的实施对业绩的影响。

（2）预测性财务信息。预测性信息习惯上称为"软信息"，软信息主要是相对于硬信息①而言的，其主要特点在于：①它是一种预测性陈述，如预测、预计以及对未来期望的陈述；②陈述者往往缺乏现有数据能证实其陈述的准确性；③主要基于主观估计和评价；④具有一定形容性的陈述。在一般意义上预测性信息包括以下五个方面的内容：①包含着对利润、收入（或亏损）、每股盈利（或亏损）、资本成本、股利、资金结构或其他财务事项预测的陈述；②公司管理者对未来运营的计划与目标的陈述，包括有关发行人产品或服务的计划与目标；③对未来经济表现的陈述，包括管理者在对财务状态分析与讨论中的任何陈述；④任何对上述事项所依据的假设前提及其相关事项的陈述；⑤任何证券管理机构可能要求对上述事项预测与估计的陈述。根据美国 1995 年通过的私人证券诉讼改革法案（PSL-RA），预测性陈述是涉及发行人未来经济运行或规划的陈述，预测性陈述包括：①包含对财务事项预测的陈述，如利润、收入、每股盈利、资本费用和股利；②公司管理者对未来运营的计划和目标的陈述；③对未来经济表现的陈述。对上述预测性陈述所依据的或与此相关的前提假设，以及由发行人所聘请的外部评论人士对预测性陈述所做出的评价性报告本身也是预测性陈述，SEC 保留进一步通过规则认定具体形式预测性陈述的权力。预测性信息从披露义务的强制性和自愿性角度，可以划分为强制披露的预测性信息（即前景性信息）和自愿性披露的预测性信息，例如我国招股说明书对"公司发展规划事项"，年度报告中对"新年度的业务发展计划"事项以及中

---

① 在传统证券法上，证券信息披露主要局限于"硬信息"，即对客观的可证实的历史性事件的表述，通常将其称作"事实"或"事件"，以使其与意见、预测和主观评价相区别。

期报告中对"下半年计划"事项的披露，均属于要求披露的预测性信息。相反如招股说明书中的"盈利预测"事项的披露属于可选择事项，发行人可以有选择地决定是否予以披露。剔除强制性披露的预测性信息以及作为战略性信息披露的预测性信息，本书将自愿性披露的预测性信息界定为预测性财务信息，主要包括：盈利(或亏损)预测、每股盈利(或亏损)预测、收入预测、成本费用预测及其他财务事项预测。

(3) 财务分析信息。管理当局对公司财务状况及经营成果的分析是美国上市公司年度报告的一项重要的披露内容，通过讨论和分析财务报表和其他统计数据，增进信息使用者对公司财务状况、经营成果、未来现金流量及其不确定性的理解，同时美国还鼓励公司披露物价变动影响信息，从而在一定程度上弥补了现有财务报表的局限性，帮助使用者做出更为理性的经济决策。财务分析信息并非单纯的财务数据分析，主要包括两个方面的内容：一是对近期披露的财务报表进行重要财务指标分析，特别是现金流量分析。重要财务指标的计算、列示及其变动原因的分析，有助于外部信息使用者理解和判断企业的营运能力、偿债能力、盈利能力和社会贡献能力，现金流量与存量分析是对权责发生制原则的重要补充，因此它在财务指标分析中显得尤为重要，使投资者更能理解企业的偿债能力，其中经营活动现金流量的分析能够帮助投资者了解企业盈余的质量，更加理性地判断企业的盈利能力。企业在进行财务指标分析时，不仅要分析相关指标的变动情况，还应与同行业进行对比，以分析企业在行业中的地位和趋势。二是对企业近期面临的风险和防范进行分析。随着经济全球化和市场竞争的日益激烈，企业经营面临着更大的风险，必须采取相应的措施进行防范，比如利用衍生金融工具来防范汇率风险、实行多元化经营和缩减经营性支出来防范市场风险等。企业把面临的风险和相关防范措施进行披露，可以提高企业财务报告的可信赖度，使投资者对披露的信息达到全面、客观和真实的感觉。如果企业只披露利好信息，对风险或决策失误避而不谈，甚至利用盈余管理来掩盖损失，粉饰业绩，只能使投资者产生逆反心理，倾向于通过其他途径（如专业财务分析师的分析报告等）来洞悉企业真实的经营业绩。

（4）社会责任信息。马雷斯卡在其所著《企业新概念》一文中说："今天世界出现了一种崭新的企业新概念，即企业已不再被看做只是为拥有者创造利润和财富的工具，它还必须对整个社会的政治、经济发展负责。"这种企业新概念注定会改变人们对企业的看法，企业对自己的看法，以及企业在实际社会中的位置。要求企业在创造利润、为股东利益负责的同时，还要承担对消费者、员工、社区和环境等的责任。1975年，美国会计学会提出了社会责任披露的建议和应包含的四项内容：企业社会责任活动业绩信息、人力资源信息、企业社会费用和企业活动对社会影响的信息。美国证券交易管理委员会也建议企业增加披露环境保护政策和计划的实际执行情况，职业安全、就业管理等部门均要求企业提供某一方面的社会责任数据。虽然美国目前没有强制要求上市公司在其年度报告中披露社会责任报告，也没有形成统一规范的社会责任报告，但是美国大部分公司尤其是跨国大公司，已经自愿在其年度报告中较详细地编制和披露公司过去经营中履行社会责任的信息，以反映企业创造价值、可持续发展的情况。在我国，尽管我国的《劳动法》、《环境保护法》、《上市公司治理准则》等相关的规章都要求企业执行相应的社会责任，但是，对企业社会责任信息披露的强制披露部分仅包括我国《企业会计准则——或有事项》所规定的，"企业因生产排污治理不力并对周围环境造成污染而引起的未决诉讼"。这仅是社会责任信息披露中所要求的环境信息中的其他环境披露类别。由此可见，我国目前绝大部分社会责任信息披露还没有管制要求，尚属于自愿披露的范畴（李正，2007）。① 由于社会责任的内涵十分广泛，而且对社会责任履行情况行业性差异较大，因此上市公司不能做到对履行社会责任信息的详尽披露。但是，自愿性披露社会责任信息至少应包括：公司是否履行社会责任的报告、产品服务的性能与安全、对环境的影响及环境保护计划、公益捐赠信息以及对社区建设的贡献等。

---

① 李正、向锐：《中国企业社会责任信息披露的内容界定——计量方法和现状研究》，《会计研究》，2007年第7期。

三、证券市场自愿性信息披露的发展历程

从上市公司信息披露的演化进程看，信息披露方式经历了一个自愿性披露（自主选择性披露）到强制性信息披露再到强制性与自愿性披露结合的螺旋式上升的演进脉络。

（一）证券市场发展初期的自愿性信息披露

19 世纪和 20 世纪初，由于缺乏完善、规范性信息披露监管，自愿性信息披露成为公司对外信息披露的主要形态。除了英国 1720 年的《欺诈防止法案》和美国 1911 年的《蓝天法》对于信息披露的部分要求之外，上市公司信息披露基本上处于一种自由放任、缺乏约束的状态，公司披露什么信息，何时披露以及对谁披露基本上由公司自行决定。因此有学者把这种信息披露称为自主性信息披露或自主选择性信息披露。这一时期，证券监管部门信奉的监管理念是"看不见的手"，对证券市场交易行为很少进行干涉，认为参与者受自身利益驱动的理性交易行为就能够促进证券市场自动达到"信息完成披露、资源有效配置"的均衡状态。投资者默认自由市场经济的模式，对发行股票公司的监管在当时未得到投资者的支持，要求披露公司财务信息和防止欺诈的提议从未被认真考虑。作为代理者的公司经理，针对所有者和代理者之间的信息不对称，开始自主地向所有者披露公司运作相关信息。信息的主动披露将引发良性连锁反应。在业绩优异的公司率先自愿披露公司信息后，其余未披露公司信息的上市公司之间其实还继续存在实际经营状况的差异。其中经营较好的公司自然不愿与经营较差的公司为伍，所以也将自愿披露公司信息。最后，经营状况较差的公司虽然可以不披露公司信息，但考虑到"沉默"即会被市场认为是"坏消息"，股价波动可能更大，在此压力下也只好对外披露公司信息。上市公司信息的自愿披露很大程度上可以改善证券市场的信息不对称现象，使上市公司的优劣自判。实证研究也证实了这一点。以美国为例，早在 1934 年美

国的《证券交易法》要求强制信息披露以前，纽约证券交易所（NYSE）的上市公司大多已自愿披露了很多信息（如表 1 – 5 所示）。

表 1 – 5　《1934 年证券交易法》颁布前 NYSE 上市公司自愿披露情况

信息内容	年度	上市公司总数	自愿披露者所占百分比（%）
资产负债表	1926	333	100
	1934	508	100
销售收入	1926	333	55
	1927	360	57
	1928	396	60
	1929	460	61
	1930	486	62
	1931	489	61
	1932	501	61
	1933	508	62
	1934	508	62
销售成本	1926	333	45
	1934	508	54
折旧	1926	333	71
	1934	508	93
净利润	1926	333	100
	1934	508	99.6

资料来源：《穆迪指南》，1927～1935 年。

（二）强制性信息披露主导阶段

1929 年美国股市"大崩盘"及其随后引起的经济危机，给对"看不见的手"的传统监管理论造成了沉重打击和严重质疑。为此，美国国会组织了专门委员会对股市"大崩盘"和经济危机进行了调查。结果显示，这次危机与上市公司披露虚假信息、投机者造谣欺骗操纵市场行为存在密切关系。为了遏制虚假信息披露，提高证券市场效率，挽救大众投资者对资本市场的信心，美国国会于 1933 年、1934 年分别颁布实施了《证券法》和《证券交易法》，并于 1934 年授权设立了证券交易委员会（SEC），SEC 作为美国政府的第一个独立管制机构，具有对上市公司信息披露进行管制的权威以及制定这些受管制公司所应采用会计程序的权力。《证券法》主要针对一级市场及证券发行市场，规定证券的发行必须向 SEC 注册，提交的注册证明必须披露发行人的财产和业务状况、发行人的管理状况、经独立会计师审计的财务报表等；《证券交易法》则主要针对二级市场及证券交易市场，要求上市公司必须向交易所和 SEC 进行注册而成为所谓的报告公司（Reporting Company），承担披露的报告义务，报告公司必须定期向 SEC 和交易所提交年报、季报和经常性报告，披露其经营、财务和管理状况。双重证券信息披露体系的成立，标志着信息披露方式由自愿性披露向强制性披露转变。在强制性信息披露占主导的前提下，上市公司的自愿性信息披露受到了一定的限制，尤其是面对披露责任时，上市公司管理层的自愿性信息披露动机就会减弱。比如，受《证券交易法》等系列强制性披露监管约束，美国许多上市公司经理人不愿意披露盈余预测信息，其原因在于：对于自愿披露的信息，不披露并没有直接的责任；一旦披露，若不准确则可能招致股东诉讼而损失惨重。当然，受到限制并不意味着上市公司失去了自愿信息披露的意愿。

（三）　强制性和自愿性信息披露结合阶段

随着证券市场的发展和公司生存环境的变化，上市公司自愿性信息披露的动机不断增强并付诸实践。Hobgood（1970）研究表明[1]，1967 ~ 1969 年，在规则制定部门没有任何强制要求的情况下，614 个样本公司中大约有一半的公司自愿披露了分部收入。1970 ~ 1990 年，英国证券市场披露的年度报告中自愿性披露信息的总页数由 38% 上升为 52%。[2] 美国 FASB 成立的 Steering 委员会通过对九大行业的自愿性披露问题调查后于 2001 年发表的题为"改进

---

[1]　Hobgood, Geoge, 1970, Annual Reports Are More Revealing, Management Review, Vol. 59.

[2]　Bartlett Susan and Michael John Jones, 1997, Annual Reporting Disclosures 1970 – 1990: An Exemplification, Accounting, Business and Financial History, Vol. 7, No. 1, 61 – 80.

财务报告：提高自愿性信息披露"研究报告表明，几乎所有行业中处于"领先"地位的公司都围绕核心竞争力信息进行自愿性披露，以显示公司的竞争优势，吸引投资者。事实上，早在1973年，SEC就明确提出改变监督政策的方向，允许上市公司自愿披露预测性的财务信息，并逐步开始修改现有的信息披露监管政策，鼓励并保护上市公司自愿性信息披露，例如预测性信息披露的"安全港"制度就是监管部门鼓励预测性信息的政策规定。欧盟、加拿大、澳大利亚等国家的证券监管部门也推出了相应的鼓励上市公司自愿性信息披露的政策措施。随着全球机构投资者的兴起和专业证券分析师队伍的出现，基于历史成本信息的强制性披露制度显然不能完全满足需要，证券市场经历的进化过程对上市公司信息披露和信息供给提出了更高的要求，只有更广泛的披露和更有效的沟通，才能得到证券分析师的关注和机构投资者的青睐。大量学者从市场角度证明，信息披露范围的扩大能够增加信息含量，帮助投资者正确作出决策，从而能够提高资本市场的有效性水平。

我国证券市场发展时间不长，但信息披露方式也经历了由强制性信息披露主导向强制性和自愿性信息披露方式结合的演绎。

1992年和1993年是我国资本市场发展史上重要的里程碑，国家颁布涉及证券市场的法律法规为我国以后证券市场的发展奠定了非常重要的基础。1992年5月15日，国家体改委、计委、财政部、中国人民银行、国务院生产办联合下发《股份制企业试点办法》。1993年4月22日，国务院发布《股票发行与交易管理暂行条例》，该条例第一次全面、详细地规定了上市公司定期报告和临时公告需披露的信息内容和要求。1993年6月10日，为配合《股票发行与交易管理暂行条例》的实施，中国证监会发布《公开发行股票公司信息披露实施细则》并陆续制定、发布了一系列《公开发行股票公司信息披露内容与格式准则》。《公开发行股票公司信息披露的内容与格式准则》1~6号的有关条款中所注明的"不限于此"，给自愿性信息披露留有余地。1993年6月到1999年，中国证监会已制定的《内容与格式准则》共有八项，鉴于我国上市公司信息披露存在不少问题，如"红光实业"篡改财务会计数据，涉嫌欺诈；"蓝田股份"伪造重要文件，与有关部门共谋上市；"宝石公司"重大事件未及时公告等事件的发生，严重影响了证券市场的健康发展。

2000 年 12 月 23 日，证监会印发了《关于完善公开发行证券公司信息披露规范的意见》，提出今后证监会努力奋斗的目标是：建立一个公开透明，纲目兼备，层次清晰，易于操作，公平执行的信息披露规范体系。新的信息披露规范体系设计为四个层次：一是《内容与格式准则》；二是《公开发行证券公司信息披露编报规则》；三是《公开发行证券公司信息披露规范问答》；四是《公开发行证券公司信息披露个案意见与案例分析》。以上四个层次的规范都不再设处罚条款，上市公司如有违反信息披露规范的，应按《公司法》、《证券法》等有关法律、法规中虚假信息披露的处罚条款进行处罚。另外，我国对上市公司盈利预测的规范从 1990 年证券市场建立开始至今，期间经历了由强制性广泛披露到自愿性有限披露的政策演变过程。1990～1994 年，中国证监会对盈利预测规范遵循的是强制性披露的原则，要求新股上市公司在招股说明书和上市公告书中均披露一至三年的盈利预测，并且已上市公司也须在年度报告中对外披露盈利预测信息。1994 年 1 月 10 日中国证监会发布了《公开发行股票公司信息披露的内容与格式准则》第 2 号之后，便只要求公开发行股票公司披露其财务预测，预测期间也缩短至一年，对年度报告有关盈利预测的规定则由强制性披露改为自愿性披露。2000～2002 年监管部门在继续关注强制性信息披露的前提下，工作重心向提高我国上市公司治理水平倾斜。这期间，我国上市公司的自愿性信息披露的主动性不断增加。2000年末至 2001 年初，财政部首先陆续推出企业会计制度与一系列会计准则来进一步规范强制性会计信息披露。中国证监会和国家经贸委在 2002 年 1 月 7 日发布《上市公司治理准则》第八十八条规定："上市公司除按照强制性规定披露信息外，应主动、及时地披露所有可能对股东和其他利益相关者决策产生实质性影响的信息，并保证所有股东有平等的机会获得信息"，给自愿性会计信息披露留出一定空间。2001 年中国证监会新公布的《公开发行证券的公司信息披露内容与格式准则第 2 号——年度报告的内容与格式》增加了"公司治理结构"一节。这一阶段，新兴的中国资本市场中存在比较普遍的利润操纵行为和会计信息失真现象，监管部门主要以强制性信息披露为工作重心，虽然有些公司积极主动披露一些强制性会计信息披露要求以外的信息，但就总体而言，上市公司自愿性会计信息披露水平偏低，上市公司的自愿性信息披露行为仅仅处于初始阶段。

2002 年以后我国进入了自愿性会计信息披露和强制性会计信息披露相结合的阶段。2002～2008 年我国证券监管部门出台了一系列鼓励自愿性会计信息披露以及保证会计信息质量的文件，对自愿性信息披露予以更多的关注。这一阶段，我国上市公司自愿性信息披露的内容更加丰富、完善，主要有：公司核心竞争能力、管理层的讨论与分析、环境会计信息、社会责任会计信息、人力资源会计信息等。首先，上市公司自愿性会计信息披露的渠道进一步拓宽，最主要的途径是上市公司定期财务报告，如上市公告书、年报、中报、季报。同时，在依托定期报告进行自愿性信息披露的基础上，以临时公告渠道进行的自愿性信息披露越来越多。其次，上市公司积极与证券经销商、机构投资者、专业证券分析师进行信息沟通，召开业绩说明会等。最后，上市公司通过网络、新闻媒体等媒介发布信息，这种方式信息传播速度快，影响面广，市场反应及时。同时，我国《证券法》、《公司法》有关规定及相应的《公开上市公司信息披露内容与格式准则》也体现出我国上市公司的信息披露制度以强制性会计信息披露为主、自愿性会计信息披露为辅，鼓励上市公司提供更多与投资者决策相关的高质量的信息披露。中国证券监管部门对待上市公司自愿性信息披露的基本态度是：要审慎对待预测性的信息披露，适时披露公司重大风险及潜在风险，在公司处于困难或逆境的时候，加强与投资者的沟通。

四、自愿性披露信息的传递

布什和史密斯（Bushman & Smith, 2002）[1] 在衡量一国上市公司信息透明度时构建了证券信息的传递过程图（如图 1 - 1 所示）：

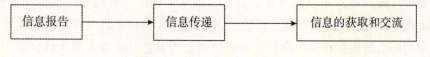

图 1 - 1　证券信息传递过程图

　　① Rober M. Bushman & Abbie J. Smith, 2002, Transparency, Financial Accounting Information, and Corporate Governance, FRBNY Economic Policy Review, p. 12.

　　图1-1忽视了证券信息（主要是上市公司信息）从最初发布到最终反映到证券价格上的过程中还有一个环节，即投资者对证券信息的运用。同时在信息传递过程中各参与主体地位和作用的差别也很大。因此，本书对图1-1加以改进，得出了上市公司信息披露（包括强制性信息披露和自愿性信息披露）传递总过程图（如图1-2所示）。

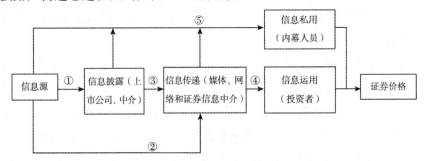

图1-2　自愿性信息传递总过程图

　　下面就图1-2进行详细说明。

　　本书的证券信息主要是指上市公司信息，所以图1-2中信息源就是上市公司。

　　环节①主要是上市公司必须依据相关法律和法规进行的信息披露，即强制性信息披露。由于相关法律、法规赋予上市公司一定的信息披露自主权，或者上市公司在实际披露信息过程中超越强制性披露的底线进行披露，因此，有些上市公司在强制性信息披露的同时也自愿披露信息，比如盈利预测等信息。该环节信息披露的参与者不仅包括上市公司，而且包括市场中介（如投资银行、会计师事务所、证券律师事务所、资产评估机构及其从业人员等）。注册会计师的职责是以其客观、公正、独立的地位，运用专业技术和方法，对上市公司编制的、反映其经济责任的财务报表进行审计并作出鉴证。证券律师的职责是根据相关法律，就委托公司是否具备法律规定的条件，是否存在相应的法律障碍等问题进行审核、验证，并出具法律意见书和律师工作报告。注册资产评估师在公司上市、上市公司资产重组或资产价值发生重大非经营性变动等情况时负责对资产进行评估，并出具资产评估报告。在实行证券公司主承销上市推荐制度后，担任主承销商的证券公司负责培育、选择、推荐企业发行上市，证券公司必须依法认真履行尽职调查义务，并对所出具的推荐函、尽职调查报告承担相应的责任。2004 年 2 月证监会推行新的保荐人（Sponsorship）以后，作为保荐机构的券商和保荐代表人，不但要对发行上市的信息披露负责，还要对发行上市两年以内的信息披露负责。上述参与信息披露的市场中介机构及相关从业人员，一方面必须对出具相关文件的合法性、完整性、准确性、真实性负责；另一方面也承担相应的信息披露连带责任。

环节②是上市公司的自愿性信息披露行为（包括选择性信息披露行为Selective Disclosure）。2000 年 10 月 23 日，美国证券交易委员会（SEC）发布《公平披露条例》（Regulation Fair Disclosure），禁止上市公司的选择性披露行为，要求上市公司向某些特定机构和人员发布重大非公开信息时，必须同时或者立即（24 小时内）公开披露该信息，使信息能够广泛地、非排他性地传播给公众。我国目前还没有专门法规禁止选择性披露行为，这种行为仍然存在。由于上市公司与证券分析师之间存在难以割舍的联系，因此，上市公司可能与证券分析师私下达成默契，承诺在公司重大信息（如盈利预测、兼并收购事项等）公开披露之前，首先向证券分析师预先披露，甚至就是否要公开披露该信息征询证券分析师的意见。

环节③是信息的传递过程。自愿性信息传递渠道主要有三条：媒体、网络和证券信息中介。媒体（包括报纸、杂志、电视、电台等）是上市公司披露和传递信息的主要渠道。根据《证券法》及《公开发行股票公司信息披露实施细则》等法律法规，上市公司信息应在中国证监会指定的信息披露报刊上披露招股说明书、上市公告书、年报、中报和临时报告等，上市公司也可以通过媒体向投资者传递自愿性披露信息。中国证监会指定的报刊有"六报一刊"：《上海证券报》、《中国证券报》、《证券时报》、《中国改革报》、《金融时报》、《证券日报》、《证券市场周刊》，媒体除了发布上市公司披露信息外，也会向投资者传递自己以及社会各界对证券信息的分析、评论、预测、建议等，并发掘、报告相关的证券新闻。随着信息技术的发展，网络的实时性、低成本、超链接等优势在证券信息传递中日益明显，网络在证券信息传递中也发挥着越来越大的作用，目前巨潮网站（www.cninfo.com.cn）

（深交所指定网站）和上海证券交易所（www. sse. com. cn）网站已成为上市公司披露信息的主要渠道。证券信息中介（主要是证券分析师）则持续收集上市公司信息（包括公开信息及自己直接与上市公司、政府部门、行业组织等沟通获得的非公开信息），然后凭借自己的专业知识和技能将上述信息加工转化为符合投资者要求的、易于理解的形式和内容并传递给投资者。作为证券信息中介，证券分析师扮演着证券信息的使用者、再加工者和供给者等多重角色。

环节④是投资者理解并运用证券信息于投资决策的过程。即使信息披露和传递是准确的、及时的、完整的，所有信息都可以及时地为每一位投资者获得，但由于投资者所受教育水平、投资经验、证券专业知识掌握程度等不同，加上投资者心理认知能力、风险意识也有所差异，因而不同投资者对信息的理解和运用是不一样的。

环节⑤是信息优势者不当利用证券信息为自己谋取利益的信息私用过程。在证券信息的生产、披露、传递和加工过程中，总会有一些机构和个人（如上市公司高层管理者、大股东、注册会计师、证券律师、证券公司人员、资产评估师、证券分析师、证券监管部门工作人员、证券交易所工作人员等）在重大信息尚未公开前得悉这些信息，因而相对于其他市场参与者具有信息优势。这些信息优势者如果自己，或建议他人，或泄露内幕信息使他人利用内幕信息进行内幕交易，从而获利或避免损失，就是私用了内幕信息。①

经过信息的披露、传递和运用过程，证券信息最终会反映在证券价格上。但证券信息能否及时、全面、有效地反映到证券价格上，将取决于整个信息传递总过程的每一个环节是否公平、有效。

---

① "私用"理论在美国经过几十年的发展，最终于1997年被美国联邦最高法院采用，自此，"私用"理论成为认定内幕交易责任的法理基础。而我国关于内幕交易法律和法规，包括1993年证券委员会发布的《禁止证券欺诈行为暂行办法》和1999年7月1日实施的《证券法》都在很大程度上借鉴了美国内幕交易的"私用"法理。

第二节　自愿性信息披露基础理论

一、自愿性信息披露的经济理论解说

经济理论从不同方面对上市公司的自愿性信息披露行为进行了理论解说。本书主要从完全有效市场理论角度，非完全有效市场下的信息经济学、委托代理理论、契约理论和超额披露收益理论框架下作出解释。

1. 完全有效市场理论下的自愿性信息披露

20 世纪 50 年代的主流经济理论强调在新古典经济学的理论框架内解释上市公司的自愿性信息披露行为。在这个理论框架内，公司被看做是一系列未来现金流的总和。经营者由于具有关于该系列未来现金流的完全信息而被假设为公司的"初始所有人"，投资者通过与经营者交易购买公司而成为未来现金流的"最终所有者"。在一个完全竞争的市场上，经营者以最大化自身收益为目标出售公司，投资者则试图以尽可能低的出价购买公司。为了使交易达成，经营者有动力尽可能多的主动披露信息，以使其所有的公司能够与其他公司相区别从而获得竞价优势。与之相反，若经营者试图隐瞒信息尤其是重要信息的行为将被投资者所察觉并会导致投资者压低对公司的出价，所以"完全有效的市场将导致充分完整的信息披露"。然而，上述分析的结论是建立在一系列理论假设的基础之上的。这些理论假设包括：市场完全有效，经营者披露虚假信息的行为由于能被市场完全看穿而不再是理性的行为；信息披露不招致成本；企业是单纯由生产要素的投入产出关系确定的生产函数，没有契约及利益冲突，不存在交易成本；投资者之间不存在差异、风险偏好相同；多个时期的信息披露行为只是单一时期信息披露行为的简单重复；信息披露的时间不会影响到投资者对公司价值的评判。①

---

① 何卫东：《上市公司自愿性信息披露研究》，深圳证券交易所综合研究所，No. 0070，2003。

　　法玛（Fama，1970）① 等根据用于决策的信息类型不同，对有效市场进行了三种形式的划分：①弱式有效市场，即当前的证券价格反映了所有的历史信息，任何投资者按照历史的价格或盈利信息进行交易，均不能获得额外的盈利。②半强式有效市场，即证券的价格反映了当前所有公开信息（包括：盈利报告、年度报告、财务分析人员公布的盈利预测和公开发布的新闻、公告等），用这些信息来预测未来的证券价格，投资者也无法得到超额收益。③强式有效市场，即证券价格充分反映了所有公开有用的信息，不仅包括半强式有效市场中的信息，而且包括了内幕人所知道的信息，任何人不能隐瞒任何私人信息，所有投资者占有完全相同的信息。由于市场有效性程度的差异，信息披露对市场均衡价格的影响程度和影响方式也是不同的。第一，弱式有效市场的证券价格仅反映了公司股票的历史交易信息，由此显示其信息披露的程度和效果是较弱的。说明在弱式有效的资本市场中，反映公司价值的大量基本信息没有被有效且充分地披露，或市场不存在对上述信息披露进行反映的有效机制，其具体情况包括两种：一是拖延反应，新的信息在整个期间缓慢地反映在证券价格上；二是过度及矫正反应，这类市场往往存在大批追随者和风险喜好者。第二，在半强式有效市场中，所有公开信息均得到有效披露，投资者利用公开的信息进行证券交易，只能获得经风险调整后的平均投资回报率，唯有那些利用内幕信息者才能获得非常规收益。因此，加强对内幕信息的管束，抑制内幕交易，成为半强式有效市场信息披露机制建设的主要目标。第三，在现实资本市场，强式有效假设虽然难以成立，但是这样假设对上市公司信息披露政策的制定具有重要的启示作用。如果内幕消息只为少数人所利用，并因此而带来非常规收益，那么其他处于信息竞争劣势的投资者将因失去平等竞争机会而蒙受损失，这将有损于证券市场的公平性和公正性。此外，由于证券价格未能及时对私人信息做出反应，那么社会资源的配置就远未达到最优状态。② 由此可见，自愿性信息披露的程度与有效市场的不同形式相关。

---

　　① Eugene F. Fama, 1970, Efficient Capital Markets: A Review of Theory and Empirical Work, Journal of Finance, 5: 383 - 417.

　　② 汪炜：《公司信息披露理论与实证研究》，杭州：浙江大学出版社，2005 年。

2. 非完全有效市场下的自愿性信息披露

20 世纪 70 年代中期以后，随着信息经济学的发展，对信息不对称（Asymmetric Information）现象的研究逐渐渗透到经济学的各个研究分支领域，Jenson & Meckling[①] 的代理成本理论（Agent Cost Theory，1976）和 Stephon Ross[②] 的信号显示理论（Signal Theory，1979）应运而生。自愿性信息披露理论正是在这样的理论背景下逐渐发展成熟。如果将经营者的机会主义行为纳入上述理论分析框架，新古典的企业理论将被抛弃，委托代理理论将填补其空白，代理理论将复杂的层级组织简化为"契约"，而契约的本质就是信息，信息披露是契约当事人订约的基础，它反映出委托代理双方的权责关系。因此，作为生产函数的企业将让位于"作为契约联合体"的企业。

（1）代理成本理论。Jenson & Meckling（1976）在 Fama & Miller[③]（1972）的研究基础上，提出了代理成本理论。在信息经济学中，将拥有信息的一方定义为"代理人"（Agent），不拥有信息的一方定义为"委托人"（Principle），这样关于信息不对称的所有问题都转化为委托。代理模型框架下的代理问题。Jenson & Meckling（1976）将代理成本定义为：①委托人的监督支出（Monitoring Cost），即委托人通过对代理人的适当激励，以及用来约束代理人越轨活动的支出；②代理人的保证支出（Bonding Cost），即代理人保证不采取某种危及委托人行动的保证金或若采取危及行动就对委托人支付的补偿金；③剩余损失（Residual Loss），即代理人决策与使委托人福利最大化的决策之间存在的某些偏差，由于这种偏差，委托人的福利遭受货币损失。

代理成本是企业所有权结构的决定因素，代理成本来源于这样一个事实，即经营者不是企业的完全所有者。在现实的市场环境中，无论对投资者还是对经营者而言，信息披露都招致成本。信息披露的成本既包括收集、处理、加工、传输等直接成本，还包括由潜在的利益冲突导致的间接成本。比如，经营者确定信息披露水平及数量的基本原则是披露的边际成本等于边际收益，

① Jenson, M. C. & Meckling, W. H., 1976, Theory of the Firm: Managerial Behavior, Agency Costs and Ownership Structure [J]. Journal of Financial Economics, 3 (4): 31 – 37.

② Stephen Ross, 1979, Disclosure Regulation in Financial Markets: Implications of Modern Finance Theory and Signaling Theory [M]. F. Edwaresed.

③ Fama, E. & M. Miller, 1972, The Theory of Finance [M]. Hinsdale, IL: Dryden Press.

如果他们所要披露的信息会影响到公司未来的价值，而经营者的报酬又受公司未来价值的影响，在这种情况下，他们会考虑这些信息是否披露以期望自身的利益最大化。因此基于信息披露成本原因所导致的信息披露不完全是可能的。另外，经营者还必须考虑自愿信息披露可能导致"泄密"，公司的竞争对手会根据这些信息采取相应的对策，从而导致公司失去"竞争优势"，这对公司而言，是一种隐性成本，其影响也是不可低估的。因此我们很容易看到，管理层为了追求自身效用最大化而做出对所有者的利益造成损害的行为。基于存在这种潜在利益的冲突，为了使管理层有足够的动力去自动选择有利于所有者的行为，所有者就会积极地同管理层订立契约，与管理层事先确定一种报酬机制，让经理人员的收入与企业的剩余挂钩，使得双方之间的冲突最小化，将双方的利益最大限度地结合起来。代理成本理论认为，对管理层执行契约的情况进行监督是会产生成本的，这些成本会降低管理层的报酬。因此，经理人员就有了不与所有者发生冲突从而保持低成本的动机。代理监督成本最小化是管理层向所有者可靠地报告经营成果的一个经济动因。这一动因促使管理层做出自愿性会计信息披露的举动。如果所有者认为会计报告可靠，那么代理监督成本就会被降到最低的程度。因为对管理人员的判断和奖励至少部分地依赖于管理者的报告。好的报告会提升管理者的声誉，好的声誉会带来较高的报酬。

（2）信号传递理论。信息主动传递（Signaling），又称"透信"，是指信息优势方主动将有关信息传递给信息劣势方。信号传递理论由 2001 年诺贝尔经济学奖获得者 Michael Spence 于 1974 年首先提出并将其引入经济学。Michael Spence（1974）[1] 在其论著《市场信号：雇佣过程中的信号传递》中，开创性地研究了将教育水平作为"信号传递"的手段在劳动力市场上的作用，分析了市场中具有信息优势的个体如何通过"信号传递"将信息可信地传递给处于信息劣势的个体以实现有效率的市场均衡，从而成功地开拓了信号传递理论研究领域，他的劳动力市场模型成为信号传递理论最经典的模型。如果拥有私人信息的卖方有办法将其私人信息传递给没有信息的买方，或买

---

① Michael Spence, 1973, Job Market Signaling, Quarterly Journal of Economics, 4: 356–374.

方诱使卖方揭示其私人信息，交易的帕累托改进就能实现。因此，代理人（卖方）有动力显示自己的类型，通过某种信号，使自己的类型能够被委托人（买方）识别。委托人在观察到代理人的信号之后，与代理人签订契约。此后，Michael Spence 不断拓展这一理论并展开证实不同市场信号重要性的大量应用性研究。Stephen Ross（1979）① 将信号传递理论应用到财务领域，从公司"内部因素"考虑其在资本市场上的融资行为。

　　信号传递理论解释了企业即使没有强制性的报告要求，也具有自愿向资本市场进行报告的动机：企业相互争夺稀缺的风险资本，为了在风险资本市场上竞争取得成功，自愿性信息披露是很有必要的。如果企业在财务报告方面有很好的声誉，那么企业筹集资本的能力就会提高。此外，好的声誉会降低企业的资本成本，因为企业进行大量的并且可靠的报告，其不确定性就会减少，投资的风险也会随之降低，投资者要求的收益率也会降低。并且，企业自愿地披露那些可信而且能减少局外人士对企业未来前景不确定性担忧的有关企业的秘密信息，公司的价值也会被提升。当筹集资本时，企业具有自愿披露信息的动机，目的是为了保持投资者对企业的持续兴趣。当证券市场面临整体"诚信"危机时，业绩良好的企业有强烈的动机去报告其经营成果，通过自愿性信息披露，可以展示企业强大的实力，以便保持在资本市场上的形象和公信度。随着资本市场的扩大，上市公司数量激增，买方市场的特征凸显，对投资者的争夺加剧，资本市场竞争的压力也迫使那些即使没有很好的业绩的其他企业也要报告，因为保持沉默始终被认为是一种"坏消息"。业绩中等的企业期望能通过自愿性的信息披露，突出自身的竞争优势，以避免被怀疑为经营业绩不良的企业。那么经营业绩较差的企业该采取何种态度呢？在这样一种形势下也会迫使拥有坏消息的企业自愿披露其经营成果，自愿披露对决策者具有重要的参考价值的前瞻性信息，以增强投资者对公司未来成长的信心。"只有那些最差的企业不再发出信号揭示其价值"（Watts

① Stephen Ross, 1979, Disclosure Regulation in Financial Markets: Implications of Modern Finance Theory and Signaling Theory, in F. R. Edwards, ed., Financial Regulation ［M］. Chapter 4, New York: McGraw - Hill, Inc., 177 - 202.

和 Zimmerman，1986）①。证券市场信号显示的结果不仅将不同质量的公司进行了区分，而且强化了上市公司自愿披露的动机。

（3）私人契约理论。企业是契约关系的总和②。在企业组织中，委托代理关系存在于企业的各个管理层面，包括所有者与经营者之间的契约关系。所有者与经营者在追求目标时会存在着一定的冲突，所有者的目标是企业价值最大化，而经营者的目标可能是增加报酬、豪华享受和休闲时间等。经营者有可能为了自身的目标而背离所有者的利益，如道德风险和逆向选择等。因此，所有者会千方百计地要求经营者以最大的努力去实现企业价值最大化，由于所有者和经营者之间客观上存在着信息不对称，因此所有者就会和经营者达成一种契约，要求其提供公司经营状况的信息，作为所有者对经营者的一种制衡约束方式。经营者为了能保持经营权及所有者投入资本，愿意与所有者签订契约，将公司经营情况报告给所有者。

为了报告受托经管责任并争夺市场资本，上市公司及其管理者有动力披露大部分信息，至于不足的部分可以通过私人契约进行弥补。公司股东与管理者之间私人契约的签订可以降低代理成本，协调委托代理关系，促进公司的自愿性信息披露行为。同时，外部投资者也可以通过与上市公司签订私人契约获得更多的信息。Harry I. Wolk（2003）③ 指出，在美国，分析家们对股票市场的一份研究显示，人们确实愿意订立私人信息契约。证券市场不仅仅是证券市场，更是信息市场。只有通过订阅才能获得的"投资者简报"，就是一个花钱购买不公开信息的很好的例子。

（4）超额披露收益理论。信息披露的目的在于向公司主要利害相关者提供对投资、信贷、监管或其他决策相关的信息，同时通过有效竞争的市场反应使公司在公众面前树立自身形象，以反映公司的品质及商誉。我们可以把由于信息披露而引起公司外部（如资本市场、顾客群体，等等）的有效市场反映（如资本成本下降、股价上升、信誉优良，等等），或由于信息披露而

---

①　罗斯·L. 瓦茨、杰罗尔德·L. 齐默尔曼：《实证会计理论》，陈少华等译，大连：东北财经大学出版社，2006 年。

②　张维迎：《企业的企业家—契约理论》，上海：上海人民出版社，1995 年。

③　Harry I. Wolk，James L. Dodd，Michael G. Tearney，2003，Accounting Theory（Sixth Edition），South – Western College.

引起公司内部的有效管理效应（如战略决策的有效制定、监督控制成本的降低，等等）视为"披露收益"。当然该"披露收益"也可能为负值，这源于信息的内容和性质的不同，如重大亏损等。进而，强制性披露行为可使同行业内公司获得"平均披露收益"，即同行业内不同公司的披露水平与其规模、成长阶段等指标的比值大体相当。那么实施自愿性信息披露的公司就可以获得"超额披露收益"。当然该值也可能为负值，例如当市场未达到公司预期形成的收益所产生的相对损失。"披露收益"、"平均披露收益"、"超额披露收益"在性质上类似于公司的商誉，很难确切地衡量其数额，但它却能在自由竞争的市场中区别各个公司的性质、业绩及发展能力。

正如瓦茨、齐默尔曼在《实证会计理论》中提到的："证券市场有能力，至少在某种程度上可以区别对待效益高低不同的企业"①。而从经济学角度讲，"超额收益"是公司赚取利润的动机，那么"超额披露收益"则是公司有效提高信息含量、降低信息非对称性以至提升信息披露质量的选择之一。值得一提的是，经济学还告诉我们"超额收益"不会永远存在，它会随着资本的流动、企业间的协作以及市场的发展而逐渐减少，从而使各个公司的收益趋同，形成提高了的"平均收益"。同理，"超额披露收益"也会随着信息披露质量的提高以及公司业绩的普遍发展而逐渐减少，从而使各个公司的披露收益趋同，形成提高了的"平均披露收益"。这恰恰是完善信息披露体制以及实现高质量财务报告的过程。

二、自愿性信息披露的动因及经济后果分析

拥有信息源的上市公司自愿向投资者披露信息的具体动机是什么，又能导致什么样的经济后果？明确这些问题才能正确理解自愿性信息披露的实质，因此，接下来我们将回顾关于自愿性信息披露动机和市场反应的相关文献，以此分析经营者自愿披露信息的深层次原因。

自愿性信息披露有六大动机（Healy 和 Palepu，2001）。①资本市场交易

---

① ［美］罗斯·L. 瓦茨、杰罗尔德·L. 齐默尔曼：《实证会计理论》，陈少华等译，大连：东北财经大学出版社，1999 年，第 1 版。

动机。Healy 和 Dalepu（1995）认为，自愿披露有关公司前景的信息，有助于经营者发行证券或与另一家公司作股票交易。Myers 和 Majluf（1984）指出，信息不对称情况下，发行证券通常被投资者看成高成本的融资方式，参与资本市场交易的经营者通过自愿披露来降低信息不对称，从而降低公司外部融资的资本成本。Lang 和 Lundholm（1996）的研究表明，那些准备发行证券的公司，早在发行前六个月信息披露就开始显著增加。而且，有较多信息披露的公司亦有较高的公众负债率（Healy 和 Palepu，2001）。②控制权竞争动机。CEO 的调整与股票业绩不好有关，与敌意收购相连，敌意收购又直接导致了 CEO 的频繁更换（Warner，1998；Weisbach，1998）。自愿性信息披露降低了董事会以业绩不好为由更换经营者的频率（DeAngelo，1988），因为自愿披露信息降低了公司价值被低估的可能，并向投资者解释了业绩较差的原因，从而降低了在股价或业绩下降时经营者被更换的风险。③股票报酬动机。管理预测信息的发布与内部股票交易正相关（Noe，1999），欲交易本公司股票的经营者有动力自愿披露信息，这种信息披露能提高股票的流动性，从而使内部股票交易更容易实现。公司在员工股票期权回报期之前延迟好消息的发布而加快坏消息的发布，能大大降低公司的履约成本（Aboody 和 Kasznik，2000）。④诉讼成本动机。盈利预期不好的经营者有事先透露预亏信息以便降低未来诉讼成本的激励（Skinner，1994），坏消息的提前公布能延长股票价格的下跌时间，从而避免因价格突降可能招致的怨言。⑤管理能力信号动机。有能力的经营者通过自愿披露盈利信息，以显示他们不同一般的才干（Trueman，1986）。⑥所有权成本动机。如果企业只有简单的运作分工，所有者成本会诱使企业只提供分散信息，而跨部门运作的企业会发布汇总业绩以显示其与竞争者的区别（Hayes Lundholm，1996）。

Healy 和 Palepu（2001）认为自愿性信息披露具有三种经济后果。①提高证券的流动性。自愿性信息披露能降低投资者间的信息不对称，投资者认为信息披露水平高的公司的证券价格更公平，因而更愿意交易该公司的证券（Diamond 和 Verrecchia，1991；Kim 和 Verrecchia，1994）。Healy 等人（1999）的研究表明，自愿性信息披露推动了公司股价的显著上升，并且这种上升与盈余没有关系。②降低资本成本。自愿性信息披露能降低信息风险进而降低资本成本，Botosan（1997）的研究表明，在较少财务分析师关注的公司，其权益资本成本与自愿性信息披露程度之间存在负相关关系。③增加财务分析师的信息供给。Lang 和 Lundholm（1996）认为，仅仅通过强制性信息披露，管理层的私人信息不能充分披露，自愿性信息披露降低了财务分析师的信息搜集成本，有利于提高他们的信息披露水平。Lang 和 Lundholm（1993）的研究表明，信息披露程度高的公司有更多的财务分析师关注、更少的分析师预测偏差和更少的分析师预测的修正。Francis 等人（1998）发现，召集信息发表会（Making Conference Calls）的公司有更多的财务分析师关注。

自愿性信息披露动机和市场反应的相关文献，详细展示了经营者自愿披露信息的利益动机。大量实证研究结论揭示了经营者为利而动的经济人特质，经营者自愿披露信息是权衡披露成本与信息披露收益的理性选择，只有当自愿性披露信息的收益大于信息披露成本时，公司经营者才有自愿披露信息的激励。

在现实市场环境中有很多因素都在激发或促进自愿性信息披露的实施，这些因素反映出自愿性信息披露的意义所在，也是我国公司自愿性信息披露的主要动因。

（1）目前投资者对信息需求的深度和广度大大提高。每一项投资决策的做出，不仅要依据财务信息、物质资源信息，还要依据非财务信息、知识资源信息等，而非财务信息、知识资源信息等信息的取得大部分依赖于公司的自愿披露。为了适应投资者的需要，改善与投资者的沟通，上市公司必须在信息披露方面做出更多努力。吴联生①（2000）"投资者的会计信息需求统计表"的数据表明，上市公司财务报告未能充分披露投资者所需要的信息有很多，比如，下列各项信息尚未披露却是投资者需要的信息：①财务预测信息，68.97%的机构投资者和65.91%的个人投资者需要。②人力资源信息，90%的机构投资者和77.27%的个人投资者需要。③管理部门对会计信息的分析，66.67%的机构投资者和77.53%的个人投资者需要。④物价变动的影响，90%的机构投资者和67.78%的个人投资者需要，等等。

---

① 吴联生：《上市公司会计报告研究》，大连：东北财经大学出版社，2001 年，第 1 版。

（2）在竞争性的资本市场上，资本是稀缺资源，众多的公司在竞争这一资源。其结果，经营良好的公司将获得较多的资本，投资者和债权人愿意以较高的价格购买高质量的公司证券。而管理当局经营不佳的公司，将较难以低成本获得资金，投资者在发现公司经营不善时甚至会"以脚投票"，抛售公司的股票，导致公司市场价值的下降。因此，管理当局就有动机在强制性披露要求之外披露有关信息，表明其经营能力，从而增强投资者对公司的信心，购买本公司的证券，提高公司的价值和在竞争性资本市场上筹集资金的能力。在这一问题 Mertom[①]（1997）也证实过：在其他情况相同的条件下，公司可以通过自愿披露使更多的人了解公司从而不断扩大公司投资者的规模进而增进了公司的价值。另外，竞争性的经理市场和兼并市场，也是促使企业自愿披露有关信息的原因。

（3）投资者购买的是公司的未来，而不是过去和现在，基于历史成本信息的强制性披露制度显然不能完全满足投资者的需要。上市公司自愿披露的前瞻性信息对投资者决策具有重要的参考价值。既然投资者有所需求，且主要基于对未来的预期进行投资决策，上市公司就应该通过适当的方式做出更多与未来有关的自愿披露，特别是应该包括管理当局对公司未来收益潜力的预测。

（4）从我国的特殊情况来看，国有股独大的现象，使得我国投资者特别重视外生的信息和宏观层面的信息，比如国家总体经济形势、预期未来利率变动趋势、预期股市涨跌情况，等等。相反，公司内生信息却不太受到重视，比如公司的财务实力、新产品新技术的开发能力、管理水平、公司的规模及破产时资产出售变现的能力，等等（陆正飞等[②]，2002）。但是随着公司市场化的层层放开，政府干预的逐步降低，公司自身的发展才是决定公司前景的主要力量，公司内生信息是投资决策的主要依据。那么，公司内生信息的渐进披露无疑会引起形式灵活、可以突出公司自身特点的自愿披露的增加。

---

① ［美］罗斯·L. 瓦茨、杰罗尔德·L. 齐默尔曼：《实证会计理论》，陈少华等译，大连：东北财经大学出版社，1999 年，第 1 版。

② 陆正飞、刘桂进：《中国公众投资者信息需求之探索性研究》，《经济研究》，2002 年第 4 期。

张宗新等①（2005）运用经济主体行为最优化理论研究了我国上市公司自愿性信息披露的动因，他们认为在新兴证券市场上，由于市场制度不完善，证券市场存在着严重的低效信息均衡问题，上市公司自愿性信息披露动机必然有其特定的表现形态。他们将我国上市公司自愿性信息披露动因主要概括为以下三个方面：

第一，揭示公司价值需要，显示企业成长与核心竞争能力。在完全信息的市场条件下，公司的市场价值等于公司的真实价值。但由于证券市场存在信息不对称，投资者依据公开信息对公司价值进行判断，公司价值在很大程度上取决于上市公司的信息质量。尤其在新兴市场上，证券市场存在一定的制度性缺陷，证券信息质量不高，外部投资者与上市公司之间的信息不对称的问题表现得尤为突出，导致低效信息均衡产生。在低效信息均衡的证券市场上，公司真实价值与其市场价值存在显著性差异。在经济主体的理性驱动下，上市公司通过选择性披露方式向外部投资者增加信息，减少低效信息均衡对上市公司市场价值的影响，使公司价值得到充分体现。

对中国的证券市场而言，绩优公司增加选择性披露更有利于凸显公司价值。尽管上市公司可以按照《证券法》和《上市公司信息披露指引》等法律规则，对重大信息进行公开披露，但是上市公司仍占有大量价值相关性信息，这些信息并不是有关证券法律法规强制性要求予以披露的。对于选择性披露信息，虽然法规和契约并没有强制性规定，但相对价值高、业绩优良的上市公司，为显示其自身经营效率优势和揭示自身公司价值，公司更倾向于增加选择性披露，将公司有关信息向投资者公布，提高选择性披露程度以减轻信息不对称程度，显示公司核心竞争能力和揭示公司内在价值。

第二，再融资最大化需要，获得再融资机会与提高再融资价格。在体制转轨的证券市场上，我国上市公司普遍存在强烈的再融资动机。然而，上市公司再融资行为（增发、配股或发行可转债），具有较为严格的条件约束。除了再融资要求的基本财务"硬"指标外，公司市场形象和股价是上市公司获得再融资机会和提高再融资价格的目标约束条件。为提升公司市场形象和

---

① 张宗新、张晓荣、廖士光：《上市公司自愿性信息披露行为有效吗？——基于 1998～2003 年中国证券市场的检验》，《经济学》（季刊），2005 年 1 月。

提高公司股票价格，强化与投资者（尤其是机构投资者）信息沟通，取得外部投资者认可，选择性披露成为上市公司再融资行为最大化的一种理性选择。因此，上市公司可以利用公司投资项目和财务信息向投资者（包括潜在投资者）发出信号，传递上市公司的真实类型，弱化上市公司与机构投资者之间的信息障碍，促进实施再融资计划和降低融资成本。

第三，基于控制权安排的需要，以使上市公司经理层获得控制权收益。上市公司股东和经理层之间存在一种委托代理关系，而转轨经济中委托代理关系的典型特征是公司经理层对公司的内部人控制。由于国有控股上市公司的股东——政府部门与公司经理层之间存在着严重的信息不对称，政府部门只能通过公司经营的有关信息来判断经营者的努力程度。为取得一种控制权收益，上市公司可以通过选择性披露方式，不断向公司主管部门进行信号传递，以显示公司经理层的努力工作程度和公司经营业绩。

另外，公司自愿披露信息的使用者与投资者之间也存在明显的差异。与新兴资本市场的投资者相比，成熟资本市场的投资者行为更趋理性，信息搜寻成本低，信息处理能力强，对公司自愿披露的信息更为敏感。与个人投资者相比，机构投资者信息获取及加工能力更强，与上市公司主动进行信息沟通的频率高，因此，机构投资者的出现和兴起，使得投资者对于自愿性信息披露的需求增大，对上市公司自愿性会计信息披露也有促进作用。

附 录 我国强制性信息披露的法律、法规及观点

在我国，强制性信息披露的内容一般在以下两个层次的上市公司信息披露规范中得到体现：第一层次是国家法律、法规。包括《证券法》、《公司法》、《会计法》和《股票发行与交易管理暂行条例》。第二层次是上市公司信息披露的具体规范。包括信息披露规则、会计准则等。

国家法律、法规主要是在信息披露的基本要求、法律责任等方面作出原则性的规定，它们构建起我国信息披露规范的基本原则框架（详见附表1）。

附表1 上市公司信息披露相关的法律条款列表

规定			《证券法》	《公司法》	《股票发行与交易管理暂行条例》
基本要求			第13、59、161条		
强制披露	首次披露	招股说明书	第58、59条	第87、88、140条	第15、19条
		上市公告书	第47、48条	第153条	第33、34条
	持续披露	年度报告	第61条	第156、175、176条	第57、59条
		中期报告	第60条	第156条	第57、58条
		临时报告	第62、79、80、83、89、93条	第149、184、185、186条	第47、48、49、60、61、62条
信息披露监管			第64、66、110、167条		
信息披露方面法律责任（发行人及其董事、监事、经理）			第63、175、177条	第206、207、211、212、217、218条	第74、77、78条

　　信息披露规则和会计准则都是针对上述证券法律中信息披露要求而作出的具体规范，但信息披露规则与会计准则有所区别。信息披露规则的侧重点是在具体的披露要求上，而会计准则是针对披露信息的确认和计量作出的具体规范。在我国，信息披露规则由中国证监会制定，而会计准则由财政部制定。

　　信息披露规则（详见附表2）从1993年开始制定并发布《公开发行股票公司信息披露实施细则（试行）》，经过十几年的努力，到目前我国已经初步建立了包括《公开发行股票公司信息披露实施细则》、《公开发行证券的公司信息披露的内容与格式准则》、《公开发行证券的公司信息披露的编报规则》、《公开发行证券的公司信息披露的规范问答》和《公开发行证券的公司信息披露解释性公告》等在内的四个层次的信息披露规则体系，并已开始着手编制《公开发行证券的公司信息披露的个案意见及案例分析》。另外，证券交易所还制定了信息披露业务备忘录，最新修订的备忘录有：《中小企业板信息披露业务备忘录：超募资金使用及募集资金永久性补充流动资金》、《中小企业板信息披露业务备忘录：风险投资》。

附表2　上市公司信息披露规则列表

层　次	名　称
内容与格式准则	第1号：招股说明书（2006年）
	第2号：年度报告（2007年）
	第3号：半年度报告（2007年）
	第4号：配股说明书（已被内容与格式准则第11号替代）
	第5号：公司股份变动报告（2007年）
	第6号：法律意见书（为新制定的编报规则第12号替代）
	第7号：股票上市公告书（2001年）
	第8号：验证笔录（已被编报规则第12号替代）
	第9号：首次公开发行股票并上市申请文件（2006年）
	第10号：上市公司公开发行证券申请文件（2006年）
	第11号：首次公开发行股票并上市申请文件（2006年）
	第12号：上市公司发行可转换公司债券申请文件（2001年）
	第13号：可转换公司债券募集说明书（2003年）

续表

层　次	名　称
内容与格式准则	第 14 号：可转换公司债券上市公告书（2001 年）
	第 15 号：权益变动报告书（2006 年）
	第 16 号：上市公司收购报告书（2006 年）
	第 17 号：要约收购报告书（2006 年）
	第 18 号：被收购公司董事会报告书（2006 年）
	第 19 号：豁免要约收购申请文件（2006 年）
	第 20 号：证券公司发行债券申请文件（2003 年）
	第 21 号：证券公司公开发行债券募集说明书（2003 年）
	第 22 号：证券公司债券上市公告书（2003 年）
	第 23 号：公开发行公司债券募集说明书（2007 年）
	第 24 号：公开发行公司债券申请文件（2007 年）
	第 25 号：上市公司非公开发行股票预案和发行情况报告书（2007 年）
	第 26 号：上市公司重大资产重组申请文件（2008 年）
	第 27 号：发行保荐书和发行保荐工作报告（2009 年）
	第 28 号：创业板公司招股说明书（2009 年）
	第 29 号：首次公开发行股票并在创业板上市申请文件（2009 年）
编报规则	第 1 号：商业银行招股说明书内容与格式特别规定（2001 年，为编报规则第 18 号取代）
	第 2 号：商业银行财务报表附注特别规定（2001 年，为编报规则第 18 号取代）
	第 3 号：保险公司招股说明书内容与格式特别规定（2006 年）
	第 4 号：保险公司财务报表附注特别规定（2007 年）
	第 5 号：证券公司招股说明书内容与格式特别规定（2005 年）
	第 6 号：证券公司财务报表附注特别规定（2008 年）
	第 7 号：商业银行年度报告内容与格式特别规定（2001 年，为编报规则第 18 号取代）
	第 8 号：证券公司年度报告内容与格式特别规定（2008 年）
	第 9 号：净资产收益率和每股收益的计算及披露（2001 年）
	第 10 号：从事房地产开发业务的公司招股说明书内容与格式特别规定（2001 年）
	第 11 号：从事房地产开发业务的公司财务报表附注特别规定（2001 年）
	第 12 号：公开发行证券的法律意见书和律师工作报告（2001 年）

层　次	名　称
编报规则	第 13 号：季度报告内容与格式特别规定（2003 年）
	第 14 号：非标准无保留审计意见及其涉及事项的处理（2001 年）
	第 15 号：财务报告的一般规定（2007 年）
	第 16 号：A 股公司实行补充审计的暂行规定（2001 年）
	第 17 号：外商投资股份有限公司招股说明书内容与格式特别规定（2002 年）
	第 18 号：商业银行信息披露特别规定（2003 年，为编报规则第 26 号取代）
	第 19 号：财务信息的更正及相关披露（2003 年）
	第 26 号：商业银行信息披露特别规定（2008 年）
规范问答	第 1 号：非经常性损益（2004 年）
	第 2 号：中高层管理人员激励基金的计提（2001 年）
	第 3 号：弥补累计亏损的来源、程序及信息披露（2001 年）
	第 4 号：金融类公司境内外审计差异及利润分配基准（2001 年）
	第 5 号：分别按国内外会计准则编制的财务报告差异及其披露（2001 年）
	第 6 号：支付会计师事务所报酬及其披露（2001 年）
	第 7 号：新旧会计准则过渡期间比较财务会计信息的编制和披露（2007 年）
规范解释性公告	公开发行证券的公司信息披露解释性公告第 1 号——非经常性损益（2008 年）

会计准则 会计准则是对披露信息的确认、计量作出的规范。我国财政部于 2006 年 2 月 15 日，发布了包括《企业会计准则——基本准则》和 38 项具体准则在内的企业会计准则体系（详见附表 3），2007 年 1 月 1 日起在上市公司实施。

附表 3　中国企业会计准则一览表

CAS 1　存货	CAS 20　企业合并
CAS 2　长期股权投资	CAS 21　租赁
CAS 3　投资性房地产	CAS 22　金融工具确认和计量
CAS 4　固定资产	CAS 23　金融资产转移
CAS 5　生物资产	CAS 24　套期保值
CAS 6　无形资产	CAS 25　原保险合同
CAS 7　非货币性资产交换	CAS 26　再保险合同

CAS 8	资产减值	CAS 27	石油天然气开采
CAS 9	职工薪酬	CAS 28	会计政策、会计估计变更和差错更正
CAS 10	企业年金	CAS 29	资产负债表日后事项
CAS 11	股份支付	CAS 30	财务报表列报
CAS 12	债务重组	CAS 31	现金流量表
CAS 13	或有事项	CAS 32	中期财务报告
CAS 14	收入	CAS 33	合并财务报表
CAS 15	建造合同	CAS 34	每股收益
CAS 16	政府补助	CAS 35	分部报告
CAS 17	借款费用	CAS 36	关联方披露
CAS 18	所得税	CAS 37	金融工具列报
CAS 19	外币折算	CAS 38	首次执行企业会计准则

这一系列信息披露规则和会计准则的制定及修订，使上市公司信息披露要求在广度（即披露信息的项目和内容）和深度（即披露信息的详细程度）上都有了显著的增加，在披露信息数量要求提高的同时，质量要求也明显提高了，信息披露的频率要求也加快了。比如信息披露规则方面，修订后的《内容与格式准则第1号——招股说明书》对信息披露深度的要求增加了：试行稿准则只要求披露发行人的直接持股股东，而新准则要求逐级披露直至实际控股人；对于高级管理人员持股，新准则不仅要求披露其直接持股情况，而且要求披露其通过法人、家属或代理人的持股情况；新准则在继续规定披露公司董事、监事等高级管理人员情况外，还增加了披露核心技术人员情况以及发行人执行社会保障制度、住房制度、医疗制度改革等情况的要求；等等。新的《内容与格式准则第2号——年度报告》对信息披露广度的要求大大增加：新的年报规则要求公司增加披露控股股东、独立董事等公司治理结构情况，承诺事项及其履行情况，公司被监管部门处罚或者责令政改情况，年度支付给聘任会计师事务所的报酬情况，公司委托理财及担保情况等内容。还比如企业会计准则方面，从1992年发布了第一项会计准则即《企业会计准则》，之后又先后发布了包括关联方关系及其交易的披露、现金流量表、非货

币性交易、投资、收入、或有事项、资产负债表日后事项、会计政策、会计估计变更和会计差错更正、借款费用、债务重组、固定资产、无形资产、存货、中期财务报告等在内的 16 项具体准则，到现行的企业会计准则体系，各项准则规范的内容和有关国际财务报告准则的内容基本一致，实现了我国会计准则与国际财务报告准则的实质性趋同。这些都使得上市公司强制性披露的信息大大增加，形象地说，套在上市公司头上的"紧箍咒"越来越紧了。

同时，我们不难发现，目前我国的强制性信息披露规范体系在广度和深度方面具有明显的可拓展性，这也给自愿性信息披露留下了很大的空间范围，当然，强制性信息披露规范体系在可执行性和可操作性方面也存在大量值得进一步改进的地方。

广度的拓展包括两个方面：一方面是强制性信息披露尚未涵盖的规范领域。比如我国目前的信息披露规则和企业会计准则对人力资源信息、财务预测信息及公司管理当局对披露信息的分析等方面的一些重要信息，还缺乏相应的要求和规范。另一方面是指信息披露规范在不同行业的具体应用。不同行业的企业有其自身的特殊性，如果套用普适性的信息披露规范会使那些具有行业特点的信息得不到充分披露。因此有必要将信息披露规范细化至不同行业。中国证监会和财政部已经注意到这一问题，中国证监会在信息披露编报规则中已先后出台关于商业银行、保险公司、证券公司等金融保险类上市公司和从事房地产开发业务的上市公司的特别规定，财政部同样也针对上述相关行业出台了相应的企业会计准则，但在其他行业，如能源、公用事业、商业等的相关信息披露规则还没有出台。

深度的拓展是指应进一步将相关条文具体化。在这个方面，证监会已经做了一些工作，如在《信息披露的编报规则》和《信息披露的规范问答》中对一些条款作了细化规定和说明。财政部也制定颁布了会计准则应用指南和解释公告，但实际工作仍然需要更多更细的具体操作性指南来规范。

根据发达国家的通行做法，证券监管机构每隔一段时间就要将信息披露规则进行汇编，并出版《个案分析》，以典型案例为例解释说明信息披露规则，以此增强信息披露规则的系统性、可理解性和可操作性。我国证券监管机构在这一方面也应开展相应的工作。这不仅将有利于上市公司管理层理解和执行信息披露规则，也有利于教育投资者，促进投资者对上市公司信息披露的监督。

第二章　自愿性信息披露现状研究

第一节　自愿性信息披露的国际比较

美国 Hobgood（1970）认为[①]，1967～1969 年，614 个样本公司中大约有一半的公司自愿披露了分部收入。因此，人们就可以假定在规则制定部门没有任何强制要求的情况下，一些公司仍会自愿披露分部信息。

Ingram（1978）[②] 对公司自愿披露的社会责任信息内容进行了调查，其样本是没有分割的财富 500 强公司信息披露内容，以及通过公司盈余、行业和财务年度来区分的市场分割的信息披露内容。测试的结论是，公司社会责任信息披露的内容是由市场分割来决定的，也就意味着，通过分析由公司特征区分的市场分割来评价信息内容是非常重要的，而不是笼统地分析整个公司的社会责任信息披露。

Cox（1985）[③] 提供了《华尔街杂志》中经理人员披露年度盈余预测和不披露年度盈余预测公司的特征。研究发现，不披露盈余预测的公司其盈余变化较大，而披露盈余预测的公司其公司规模比较大，但这两组公司的市场系

---

① Hobgood, Geoge, 1970, Annual Reports Are More Revealing. Management Review, Vol. 59.

② Ingram, Robert W. , 1978, An Investigation of the Information Content of (certain) Social Responsibility Disclosures, Journal of Accounting Research, Vol. 16, 270 - 285.

③ Cox, Clifford T. , 1985, Further Evidence on the Representativeness of Management Earnings Forecasts, The Accounting Review, Vol. LX, No. 4, 692 - 701.

统风险并没有明显的不同。Waymire（1985）① 检验了公司盈余变化和经理人员盈余预测频率之间的关系，发现预测较为频繁的公司与不经常发布盈余预测的公司相比，前者盈余的变化要小一些。Waymire 还发现，即使这两组公司盈余的可变性不同，但从平均来看，这两组公司预测的精确性是相等的。这也许是因为在盈余较为稳定时，经理人员趋向于披露他们的预测。他还检验了公司盈余变化和经理人员盈余预测时效性之间的关系，发现在第四季度披露预测的公司中，信息披露的时间选择和盈余不稳定性之间存在一个微弱的联系。Gregory Waymire（1986）② 还检验了在经理人员自愿性盈余预测之前和之后的分析师盈余预测的相对准确性。得出以下两点结论：①经理人员预测比之前的分析师预测更准确，较晚（经理人员预测之后）的分析师预测和经理人员预测一样准确。②经理人员传达给投资者的信息是以前不可获得的。

　　Schroeder and Glbson（1990）③ 对 MD& A（管理层讨论与分析）的可读性（Readability）④ 作了检验。作者将 40 个样本公司 MD& A 的可读性与 Present's Letter 和财务报告注脚⑤这两者的可读性分别进行比较，选取代表可读性的变量是对被动语态的利用、单词长度和句子长度⑥。结论是，MD& A 和

---

① Waymire, G. , 1985, Earnings Volatility and Voluntary Management Forecast Disclosure, Journal of Accounting Research, Vol. 23, 268 – 295.

② Waymire, G. , 1986, Additional Evidence on The Accuracy of Analyst Forecasts Before and After Voluntary Management Earnings Forecast, The Accounting Review, Vol. LX I , No. 1, 129 – 142.

③ Schroeder, Nicholas and Glbson, Charles, 1990, Readability of Management's Discussion and Analysis, Accounting Horizons, December, 78 – 87.

④ 可读性是指容易理解，并且很快地依靠它进行交流。

⑤ MD& A 讨论与流动性、资本来源和经营成果相关的问题和趋势。SEC 提供对 MD&A 的指导，由经理人员自行选择决定陈述的风格和格式。对 Present's Letter 而言，允许经理人员对其陈述的风格和复杂性加以灵活使用。注脚是对主要财务报告的有关项目提供更详细的描述，它们包括 GAAP 和 SEC 要求披露但不能在财务报告中反映的信息。以前有好几个研究是关于注脚的可读性问题的，但每份研究的结论都是注脚的可读性较差。转引自 Nicholas Schroeder and Charles Glbson, 1990, Readability of Management's Discussion and Analysis, Accounting Horizons, December。

⑥ 句子长度和使用被动语态是与句子结构有关，单词长度是与单词选择有关。当动词是主动语态时，句子就变得很强硬。如果广泛运用被动语态，叙述则不是很有力，并且显得唠叨和无趣。单词长度影响可读性是因为短的单词比长的单词易于交流。Lesikar and Lyons 指出："单词长度和单词难度之间存在很强的联系。长单词与短单词的相比，比例越大，描写就越难理解。"句子长度也是判断可读性的一个重要变量。"句子长度与其他长度相比对句子难度关系最密切。句子越长，就越难理解。"

President's Letters 中使用的被动语态要比注脚中的少；MD& A 和注脚中的单词平均长度并无明显不同，但 MD& A 中的单词长度明显要比 President's Letters 中的大。从统计测试来看，这三者的句子长度没有明显区别。因此 MD& A 可读性和注脚可读性差不多，都不及 President's Letters 的可读性。虽然经理人员有能力以一种易于理解的方式陈述信息，但大多数经理人员并没有成功地将这种能力付诸于 MD& A。

Abdeen（1991）认为①，关心公司社会责任履行情况的经理人员应该在年度报告中披露非财务信息。即使一些问题会通过新闻发布、广告、代理人和公司出版物披露，但这些都不够。在年报中披露社会责任信息不仅会增加信息的可信度，而且会使信息有更多的接收者。人们会广泛使用企业报告来得知和评价企业运作的方方面面。当年度报告中披露关于社会责任的信息时，就会加强人们对公司的信任。美国心理学教授 Sissela Bok 认为，信任是一种社会公共物品，它需要被当做我们呼吸的空气和饮用的水一样得到保护；过度的信任会招致欺骗，但当不信任变得过于强大时，社会、家庭和社区会不再运行，这不是长期生存的计划。公司披露的信息要能使社会公正地判断公司在解决和增加影响美国社会问题中所扮演的角色。

Feldman（1996）② 等人认为，有许多分析师和机构投资者参加，甚至对每个想参加的人都是开放的电话会议已经促进了信息分布过程的公平性，因为所有参加者在同一时间、同一地点能得到同样的信息。而 Smith（1995）等人认为，电话会议仅限于公司所邀请的人参加，所以对分析师和 Money Manager 而言是促进了信息披露的时间选择，而给个人投资者带来了较大的不利信息。分析师和 Money Manager 也许会发送和/或立即基于这个信息而进行交易，而其他没有参加的投资者就没有这个机会。另外，由于电话会议的副本不太可能公开，所以其他投资者必须依赖分析师来加工和散布这个信息。

---

① Abdeen, Adnan M, 1991, Social Responsibilityt Disclosure in Annual Reports, Business Forum, 23 – 26.

② 转引自 Abdeen, Adnan M, 1991, Social Responsibilityt Disclosure in Annual Reports, Bussiness Forum, 23 – 26。

Chen、Defond 和 Park（2002）[1] 检验了华尔街 Journal ProQuest 数据库中所有公司到 1995 年第三季度为止的 12 个季度的盈余宣告。分析发现，2551 家公司的 52% 至少在一个季度盈余宣告包含了资产负债表，23086 个季度盈余宣告中的 37% 包含了资产负债表。同时也发现，含有资产负债表的季度盈余宣告比例从 31% 增加到了 46%。另外，一旦公司的盈余公告中包括了资产负债表，这种情形就会继续，一旦公司开始披露，只有 35% 的公司会停止披露资产负债表。因此 Chen 等认为，在他们检验的时期内，盈余宣告中含有资产负债表是一种不断增长的普遍自愿性披露行为。实证研究表明，季度盈余宣告时，以下公司的经理人员更有可能披露资产负债表信息：①高科技公司；②报告损失的公司；③预测有较大失误的公司；④并购的公司；⑤处于幼年期（younger）的公司；⑥股票利润较为不稳定的公司。

英国　Bartlett 和 Jones（1997）[2] 以 Bulmers 公司为典型案例，研究了公司 1970～1990 年间年度报告中自愿性披露所占页数的变化。结果发现，年报的总页数从 1970 年的 21 页（不包括封面，下同）增加到了 1990 年的 36 页，其中，属于自愿性披露的页数从 1970 年的 8 页（占总页数的 38%）增加到了 1990 年的 18 页（占总页数的 52%）。具体变化如表 2-1 所示。

表 2-1　英国 Bulmers 公司自愿性信息披露内容变化

自愿性信息披露	1970 年	1975 年	1980 年	1985 年	1990 年
组织形式	—	—	—	1	—
业绩摘要	1	1	1	1	0.5
董事和顾问	1	1	1	0.5	1
组织运作结构	—	—	—	0.5	—
公司目标	—	1	1	0.5	1

---

① Chen, Shuping, DeFond, Mark L. and Park, C. W. , 2002, Voluntary disclosure of balance sheet information in quarterly earnings announcements, Journal of Accounting and Economics 33, 229 – 251.

② Bartlett and Jones, 1997, Annual reporting disclosures 1970 – 1990: an exemplification, Accounting, Business and Financial History, Vol. 7 Number, 1, 61 – 80.

续表

自愿性信息披露	1970 年	1975 年	1980 年	1985 年	1990 年
雇员委员会	—	—	0.5	0.5	0.3
长期服务的雇员	—	0.25	0.5	0.5	0.3
总裁陈述	3	3	2.5	3	2
贸易行为	—	1.75	1.8	3.8	2.5
股东分析	—	0.25	0.4	0.25	0.4
公司简史	—	0.25	0.2	0.2	1
五年概况	2	4	3	3	2
组织管理董事的评论	—	—	—	—	5
财务评论	—	—	—	—	1
财务一览表	—	0.33	0.33	0.33	0.5
董事介绍	—	0.75	0.5	1	1
组织现金流	1	1	—	—	—
总页数	8	14.58	12.73	16.08	18.7

瑞士　普华永道会计师事务所于 1998 年对 82 家最大的瑞士公司进行了调查①，结论显示，80% 的经理人员承认，自愿性信息披露能够提高投资者对经理人员的信赖程度和获得市场中介机构更多的关注。65% 的经理人员认为，增加自愿性信息披露有助于在资本市场上获得更多资本和提高股东价值。70% 的经理人员认为，自愿性信息披露的具体内容应侧重于展示公司的"核心能力"，突出"竞争优势"，向招投资者描绘公司的发展前景。

加拿大　对 1992 年在多伦多证券交易所上市的最大的 100 家公司的自愿性信息披露进行了研究之后，Bradbury（1992）得出结论：加拿大上市公司主要侧重于管理人员分析和评价、运营状况、财务变动状况、流动性、前瞻性信息、风险和不确定性等方面的自愿披露。管理人员分析和评价目的质量与公司业绩、财务活动的水平、规模、前期披露质量与媒体关系、重大事件的发生频率相关。管理人员分析和评价信息是公司整体信息披露战略的一部

---

① 转引自何卫东:《上市公司自愿性信息披露研究》,2003 年,深圳证券交易所综合研究所研究报告。

分，它是对财务报告披露信息的补充。

日本　Singleton 和 Globerman（2002）① 调查了自 1990 年以来在东京股票交易所（TSE）上市的日本公司是否改变了它们的自愿性披露行为。研究后发现，20 世纪 90 年代以来日本由于受到国际资本市场的压力，上市公司自愿性披露明显增加了。表 2 - 2 概括了日本上市公司自愿性信息披露的内容。

表 2 - 2　日本上市公司自愿性信息披露内容一览表

背景信息	公司目标、战略陈述；完成公司目标所要采取的行动；未来年度内所要采取的行动；实现公司目标的时间表；进入其他市场的障碍；进入障碍对当前利润和未来利润的影响；竞争环境分析；竞争对当前利润和未来利润的影响；公司的基本概况；公司主要产品以及这些产品的主要特征；主要市场特征
经营概况	资产回报率或者足以用来计算资产回报率的信息；净利润或足以用来计算净利润的信息；权益利润率或足以用来计算权益利润率的信息；最近 8 个季度的销售状况和利润状况
关键非财务信息	雇员数量；人均报酬；订单总数；下年将要执行的订单占总订单的百分比；最近五年产品销售的百分比；市场份额；今年新收到的订单金额；销售量及销售价格；销售增长率；返修或退货率；生产周期；核心雇员平均报酬；主要市场上销售量的增长率；收支平衡销售额；原材料耗用量；原材料价格；投入产出比例；核心雇员的平均年龄；核心品的销售增长率
新项目信息	项目前后期产生的盈余比较；项目前后期产生的销售收入比较；新项目对未来销售或利润的影响；市场份额预测；项目产生的现金流分析；新项目产生资本支出研发费用；新项目产生的现金流及销售收入
管理人员讨论与分析	销售量变化；主营收入；销售成本变化；销售成本占销售收入比例变化；毛利占销售收入百分比变化；销售费用和管理费用变化；利息和利息收入变化；净收入变化；存货变货；应收账款变化；资本支出和研发费用变化；市场份额变化

资料来源：Singleton，W. R. and Globerman，S.，2002，The changing nature of financial disclosure in Japan，The International Journal of Accounting，37，95 - 111。

---

① Singleton，W. R. and Globerman，S.，2002，The changing nature of financial disclosure in Japan，The International Journal of Accounting，37，95 - 111。

20 世纪 90 年代以来，日本经济受到了自第二次世界大战以来空前的衰退压力。1996～1998 年的经济衰退和公司重组浪潮更使日本公司面临双重压力：一是国际市场上的产品竞争日益激烈，日本公司产品的竞争优势日益下降；二是日本公司迫切需要国际资本的支持摆脱危机。为了增加产品销售、获得国外资金，日本公司就必须改变其信息披露行为。Cook 等人（1999）对日本上市公司的 20 世纪 90 年代末年报中自愿披露的部分与 20 世纪 80 年代末年报中自愿披露的部分进行了比较。结论显示，20 世纪 90 年代末上市公司自愿披露了更多的信息，而且信息质量明显上升。

新加坡和中国香港　Chau 和 Gray（2002）检验了 1997 年新加坡和中国香港公司的自愿性信息披露程度。对中国香港公司而言，1997 年财务信息的自愿性披露平均数为 9.77%，战略性信息为 18.49%，非财务信息为 10.45%。1997 年中国香港公司总体自愿性披露的平均数为 12.23%。对新加坡公司而言，1997 年财务信息自愿性披露的平均数为 10.68%，非财务信息为 16.76%，战略性信息为 16%。1997 年新加坡公司总体自愿性披露水平为 13.83%。除非财务信息外，新加坡和中国香港公司的自愿性披露水平是基本相同的。新加坡和中国香港较低的自愿性信息披露水平与公司由"内部人"控制和家庭控制的流行可能相关。

多国之间的比较　Meek 等人（1995）调查了来自美国、英国和欧洲大陆的跨国公司（MNCs）年度报告中的自愿性信息披露。作者将信息分为三种类型：战略信息、财务信息和非财务信息，具体内容如表 2－3 所示。对投资者而言，战略信息和财务信息有明显的决策相关性。非财务信息主要反映公司的社会责任，因而更指向所有者和投资者以外的其他利益相关者。Meek 等的研究发现，与美国和英国等成熟资本市场国家相比，欧洲大陆国家上市公司自愿披露的战略信息比较多，因为这些国家所应用的会计体系较为保守，财务信息的价值相关性较低，为了使投资者准确衡量公司价值，必须披露更多自己的战略信息，以满足他们的需要。

表2-3　美国、英国和欧洲大陆的跨国公司自愿性信息披露一览表

战略信息	公司简史和组织结构；公司战略（目标、财务业绩、市场占有率、社会责任以及对战略对当前和未来公司经营的影响）；兼并和资产处置及其理由；研发（公司政策、场所、人员）；未来前景（销售收入的定性、定量预测；利润的定性、定量预测；现金流的定性、定量预测；构成预测的基础；交易量的定性、定量预测；订单信息）
非财务信息	董事信息（年龄、教育背景、资历、在其他公司任职的情况）；雇员信息（雇员的地理分布、工序或流程分布、性别构成；中高级经理人员的职务及姓名；受雇政策；平等待遇政策声明；招聘问题及相关政策）；社会政策和价值增加信息（产品安全；环境保护计划；慈善捐赠；社会服务计划；价值增加声明、数据和比例；价值增加的定性信息）
财务信息	分部信息（分部资本的定量支出；分部产量；直线职能部门产量；竞争对手的定量和定性分析；市场份额的定性和定量分析）；财务状况回顾（利润率；现金流比率；流动比率；利润调整比率；无形资产价值信息披露；股利支付政策；六年或六年以上的财务状况变动；由境外交易所上市引发的财务报表调整；表外信息；定性的广告信息；定量的广告费用；通货膨胀对公司未尝不可动作及财务状况的定性及定量影响；通货膨胀对资产的定量和定性影响；利率对财务状况和未来运作的影响）；外汇信息（汇率波动对公司当前及未来运作的定性影响；账户中主要汇率；由不同种类货币衡量的长短期债务差额；外汇风险管理措施）；股价信息（年末市场资本；市场趋势；股东规模；股东类型）

资料来源：Meek, G. K., Roberts, C. B., and Gray, D. J., 1995, Factors Influencing Voluntary Annual Report Disclosure by U. S., U. K. and Continental European Multinational Corporations, Journal of International Business Studies, 555 –572。

Litan（2000）选择马来西亚、新加坡、澳大利亚和新西兰四个国家的规模相近、处于相同财务年度（1995）的航空公司为样本，对它们年报信息中自愿披露的部分进行了分类统计，结果如表2-4所示。

表2-4 马来西亚等四国年报的自愿性信息披露

国别内容	马来西亚	新加坡	澳大利亚	新西兰
董事会会议记录	有	有	无	无
公司使命	有	无	无	无
公司目标	有	有	有	无
股权结构	有	有	无	有
董事会组成	姓名	无	详细	详细
高级管理人员	姓名和职务	姓名和职务	详细	无
远期计划	新的国际航线计划和其他业务计划	成为世界上最具有客户价值的公司	与英国航空公司合作开辟欧洲航线	基于法律要求的未来股份回购计划
十年统计回顾	财务、生产、交通、员工的详细信息	财务、生产、交通、员工的详细信息	财务、生产、交通、员工的详细信息	航班数、旅客人数、员工人数
结果分析	以图表表示收入和支出的动态变化	以图表表示收入和支出的动态变化	以图表表示收入和支出的动态变化	无
雇员信息	无	无	雇工医疗福利信息	雇员股票期权计划
土地产权	详细	无	无	无
三年股价变动	有	有	无	有
环境信息	无	无	无	无
社区关系	无	有	无	有
审计委员会	详细	姓名	无	无

资料来源：转引自何卫东：《上市公司自愿性信息披露研究》，2003年，深圳证券交易所综合研究所研究报告。

Robb、Single 和 Zarzeski（2001）对澳大利亚、加拿大和美国这三个文化类似的盎格鲁国家的公司非财务信息披露的决定因素进行了分析，发现与国际接轨的公司或规模较大的公司更可能提供较多的非财务信息。他们发现，化学行业的公司比其他行业的公司要提供更多的非财务信息。由于这三个国家有着类似的文化，所以国家之间的区别很小。公司越大、地理位置越分散，文化因素对非财务信息披露的影响就越小。如果国家、地区或国际会计准则制定主体想通过非财务信息披露寻求信息的融合，那可能会遭到规模较小、地理位置较为集中的公司的反对。这三个国家中的大公司样本披露非财务信息看上去都比较高，程度也很类似。

Newson 和 Deegan（2002）对来自于美国、加拿大、欧洲和日本的约150个机构投资者进行的问卷调查结果显示，上市公司的自愿性信息披露主要围绕公司的"核心能力"，通过人力资本、公司战略、盈利预测、环境保护等具体信息的披露来达到"突出竞争优势、展示公司未来"的目的。例如，人力资本信息是体现公司"核心能力"的重要方面。在知识条件下，人力资本的价值远远超过固定资产的价值。尽管许多公司的经理人员经常声称："雇员是公司最有价值的资产"，但传统公司较少自愿披露能为公司带来具有巨大价值的人力资本信息。其原因在于：第一，传统的会计准则雇员被看做招致费用的支付对象，而不是有价值的资产；第二，证券监管部门并没有将与人力资本有关的事务列为由社会规范而不是法律关系调整的范畴；第三，公司出于保护竞争优势的考虑而不愿意主动披露人力资本信息。然而，对于高科技公司、高成长公司，自愿披露人力资本信息已经成为业界通行的实践。

第二节　我国自愿性信息披露现状实证研究

一、样本选择

以市值规模为大盘股作为标准从沪深两市选出325家上市公司，2004年1月1日前上市的公司有270家，剔除ST和PT，共有252家上市公司，其中深市86家，沪市166家。参照证监会2001年4月3日颁发的《上市公司行业分类指引》进行分类，剔除个别不同质样本，最后的样本数为235家，选取的样本公司涉及的行业如表2-5所示。

表2-5　样本公司行业构成及行业代码

行业	家数	行业	家数	行业	家数	行业	家数
A 农、林、牧、渔业	3	B 采掘业	14	C 制造业	114	D 电力、煤气及水的生产和供应业	15
E 建筑业	5	F 交通运输、仓储业	16	G 信息技术业	11	H 批发和零售贸易	16
J 房地产业	20	K 社会服务业	8	L 传播与文化产业	2	M 综合类	11
合计	235						

二、自愿性信息披露评价体系的构建

关于自愿性信息披露的内容，在国内外的研究文献中有不同的界定，笔者认为一个企业，其信息披露的目的是为利益相关者提供决策有用的信息。上市公司的自愿性信息披露内容主要包括与利益相关者息息相关的一些信息。从这一层面上来讲，自愿性信息披露的内容可以分为战略性信息、预测性信息、财务分析信息和社会责任方面的信息。战略性信息主要是指上市公司披露的关于其公司战略方针的信息，包括对公司战略的描述，实现公司战略的时间安排，公司经营工作的安排，存在的不利因素、风险和相应的对策，公司的资金需求和使用计划，公司战略对当前业绩的影响，对公司社会形象的描述等。预测性信息是公司对未来发展、经营、盈利状况等的预测。其主要包括公司资产等项目的盈利预测，对竞争环境的预测，对公司经营状况的预测，公司的现金流预测，利润预测，销售额、营业额的预测等。财务分析信息是公司披露的，非强制要求的，有关其财务状况分析方面的信息。财务分析信息主要包括报告期经营业绩变动原因分析，资产负债表主要变动说明，利润及利润分配表主要变动说明，现金流量表主要变动说明，应收账款或其他应收款变动说明，管理费用、财务费用的变动分析，股东权益情况说明，汇率风险，宏观经济风险，市场或业务经营风险等。社会责任方面的信息是企业披露的有关其社会责任履行情况的信息，主要包括有关环保计划、福利信息、劳保政策、公益捐赠、社区计划等方面的信息。具体如表2-6所示。

表2-6 上市公司自愿性信息披露评分表

序号	战略性信息	分值	说明
1	公司的战略描述	2	定性描述，详细描述2分，一般描述1分
2	实现公司战略的时间安排	2	定性描述，详细描述2分，一般描述1分
3	经营工作的安排	2	定性描述，详细描述2分，一般描述1分
4	不利因素、风险和对策	2	定性描述，详细描述2分，一般描述1分
5	资金需求和使用计划	2	定性描述1分，定量和定性相结合2分
6	公司战略对当前业绩的影响	2	定性描述1分，定量和定性相结合2分
7	对公司社会形象的描述	2	定性描述，详细描述2分，一般描述1分
序号	预测性信息	分值	说明
1	公司资产或项目存在盈利预测	2	定性描述1分，定量和定性相结合2分
2	竞争环境预测	2	定性描述，详细描述2分，一般描述1分
3	公司经营状况预测	2	定性描述，详细描述2分，一般描述1分
4	现金流预测	2	定性描述1分，定量和定性相结合2分
5	利润预测	2	定性描述1分，定量和定性相结合2分
6	销售额或营业额的预测	2	定性描述1分，定量和定性相结合2分
序号	财务分析信息	分值	说明
1	报告期经营业绩变动原因分析	2	定性描述1分，定量和定性相结合2分
2	资产负债表主要变动说明	2	定性描述1分，定量和定性相结合2分
3	利润及利润分配表主要变动说明	2	定性描述1分，定量和定性相结合2分
4	现金流量表主要变动说明	2	定量描述1分，定量和定性相结合2分
5	应收账款或其他应收款变动说明	2	定性描述1分，定量和定性相结合2分
6	管理费用，财务费用的变动分析	2	定性描述1分，定量和定性相结合2分
7	股东权益情况说明	2	定性描述1分，定量和定性相结合2分
8	汇率风险	2	定性描述1分，定量和定性相结合2分
9	宏观经济风险，市场或业务经营风险	2	定性描述，详细描述2分，一般描述1分
序号	社会责任信息	分值	说明
1	环保计划	2	定性描述1分，定量和定性相结合2分
2	福利信息	2	定性描述1分，定量和定性相结合2分

续表

序号	社会责任信息	分值	说明
3	劳保政策	2	定性分析1分，定量和定性相结合2分
4	公益捐赠	2	定性描述1分，定量和定性相结合2分
5	社区计划	2	定性描述，详细描述2分，一般描述1分

三、我国上市公司自愿性信息披露现状

根据上市公司自愿性信息披露评分标准，对选取的235家沪深两市上市公司的2009年年报、临时公告、网上公布的信息等进行打分，分别对每个行业中的样本公司进行自愿性信息披露水平评分。然后利用Excel计算自愿性信息披露指数（VDI），主要计算公式见表2-7。

表2-7 自愿性信息披露指标计算公式

指数英文名	指标中文名	计算公式
VDI	总体披露指数	VDI = VDI1 + VDI2 + VDI3 + VDI4
VDI1	战略信息披露指数	VDI1 = 战略信息得分/自愿性信息披露评分标准总分
VDI2	预测信息披露指数	VDI2 = 预测信息得分/自愿性信息披露评分标准总分
VDI3	财务分析披露指数	VDI3 = 财务信息得分/自愿性信息披露评分标准总分
VDI4	社会责任披露指数	VDI4 = 社会责任得分/自愿性信息披露评分标准总分

表2-8 我国上市公司自愿性信息披露现状（一）

A＼农、林、牧、渔	600108	600251	600598	平均值		000917	600880	平均值
战略信息 VDI1	0.07	0.04	0.19	0.1		0.20	0.13	0.17
预测信息 VDI2	0.04	0.06	0.09	0.06	L 传播与	0.17	0.09	0.13
财务信息 VDI3	0.15	0.11	0.06	0.1	文化产业	0.20	0.24	0.22
社会责任 VDI4	0.04	0.04	0.04	0.04		0.04	0.06	0.05
VDI	0.3	0.24	0.38	0.3		0.61	0.52	0.56

如表 2 - 8 所示，从选取的样本的评分结果来看，农、林、牧、渔业的自愿性信息披露水平不高，平均值为 0.3。战略性信息披露的比率偏低，平均值为 0.1，预测性信息披露比率也较低，企业自愿披露的社会责任信息较少。该行业样本公司自愿披露的财务分析方面的信息不多，其平均值为 0.1。传播与文化产业样本公司两家，其自愿性信息披露指数分别为 0.61 和 0.52，大于 0.5，其中财务分析方面的披露指数平均值为 0.22，战略性信息自愿披露指数平均值为 0.17，预测性信息披露指数平均值为 0.13。相对而言，社会责任方面的披露指数比较低，其平均值为 0.05。

表 2 - 9　我国上市公司自愿性信息披露现状（二）

C 制造业	VDI1	VDI2	VDI3	VDI4	VDI	C 制造业	VDI1	VDI2	VDI3	VDI4	VDI
000012	0.11	0.09	0.24	0.20	0.65	000718	0.17	0.13	0.19	0.04	0.52
000039	0.24	0.17	0.31	0.13	0.85	000725	0.17	0.13	0.24	0.09	0.63
000059	0.24	0.13	0.24	0.06	0.67	000729	0.20	0.17	0.24	0.11	0.72
000060	0.2	0.17	0.20	0.04	0.61	000768	0.24	0.17	0.28	0.06	0.74
000157	0.17	0.13	0.28	0.06	0.63	000778	0.22	0.20	0.20	0.11	0.74
000301	0.22	0.11	0.24	0.09	0.67	000792	0.24	0.13	0.24	0.06	0.67
000400	0.13	0.09	0.24	0.04	0.50	000800	0.15	0.11	0.28	0.09	0.63
000401	0.17	0.13	0.28	0.06	0.63	000807	0.17	0.11	0.13	0.06	0.46
000422	0.2	0.17	0.20	0.04	0.61	000816	0.20	0.13	0.31	0.06	0.70
000423	0.09	0.07	0.24	0.06	0.46	000822	0.19	0.15	0.22	0.04	0.59
000425	0.11	0.15	0.26	0.11	0.63	000825	0.19	0.13	0.26	0.06	0.63
000488	0.17	0.13	0.26	0.07	0.63	000830	0.17	0.13	0.24	0.04	0.57
000527	0.2	0.13	0.28	0.06	0.67	000858	0.17	0.11	0.17	0.06	0.50
000528	0.26	0.17	0.24	0.06	0.72	000869	0.13	0.09	0.20	0.06	0.48
000538	0.11	0.07	0.17	0.13	0.48	000876	0.20	0.15	0.22	0.04	0.61
000568	0.11	0.09	0.26	0.04	0.50	000878	0.13	0.09	0.24	0.04	0.50
000597	0.22	0.15	0.22	0.06	0.65	000895	0.24	0.15	0.17	0.07	0.63
000623	0.13	0.09	0.31	0.04	0.57	000898	0.13	0.11	0.24	0.04	0.52
000625	0.19	0.13	0.28	0.06	0.65	000930	0.20	0.13	0.22	0.06	0.61
000629	0.2	0.15	0.30	0.04	0.69	000932	0.15	0.09	0.30	0.06	0.59

续表

C 制造业	VDI1	VDI2	VDI3	VDI4	VDI	C 制造业	VDI1	VDI2	VDI3	VDI4	VDI
000630	0.2	0.13	0.20	0.09	0.63	000959	0.20	0.15	0.20	0.04	0.59
000651	0.11	0.07	0.28	0.04	0.50	000960	0.15	0.11	0.31	0.04	0.61
000680	0.2	0.13	0.22	0.06	0.61	000969	0.22	0.13	0.20	0.06	0.61
000709	0.17	0.13	0.22	0.04	0.56	000999	0.22	0.11	0.22	0.06	0.61
000717	0.2	0.17	0.24	0.06	0.67	平均值	0.18	0.13	0.24	0.06	0.61

制造业选取的样本较多，共114家，其中深市49家，沪市65家。从深市样本公司的自愿性信息披露指数看，其平均值为0.61，披露指数在0.46~0.85波动。可见样本公司的总体披露指数波动幅度比较大。其中5家企业的总体披露指数在0.7以上，占10%，56%的样本公司总体披露指数在0.6以上，27%的样本公司总体披露指数在0.5以上，约7%的样本公司总体披露水平在0.45以上。样本公司战略性信息披露指数平均值为0.18，最大值为0.26，最小值为0.09，其中48%的样本公司战略性信息披露指数在0.2~0.26，51%的样本公司战略性信息披露指数在0.1~0.2，1%的样本公司该项指数在0.1以上。样本公司的预测性信息披露指数平均值为0.13，最大值为0.2，最小值为0.07。样本公司中1家上市公司的预测性信息披露指数为0.2，78%的样本公司预测性信息披露指数在0.1~0.2，20%的样本公司该项指数在0.1以下。选取的样本公司中，关于财务分析方面的自愿性信息披露指数平均值为0.24，在0.13~0.31波动。其中12%的样本公司财务分析披露指数在0.3~0.31，76%的样本公司披露指数在0.2~0.3，12%的样本公司财务分析披露指数在0.1~0.2。样本公司对社会责任方面的信息披露指数均值为0.06，最大值为0.2，最小值为0.04。其中1家样本公司的该项披露指数为0.2，10%的样本公司该项披露指数在0.1~0.15，57%的样本公司该项披露指数在0.05~0.1，31%的样本公司该项披露指数在0.05以下。

表 2-10　我国上市公司自愿性信息披露现状（三）

C 制造业	VDI1	VDI2	VDI3	VDI4	VDI	C 制造业	VDI1	VDI2	VDI3	VDI4	VDI
600005	0.24	0.13	0.31	0.17	0.85	600320	0.17	0.11	0.24	0.06	0.58
600010	0.19	0.07	0.22	0.07	0.55	600331	0.13	0.09	0.22	0.06	0.5
600019	0.22	0.11	0.24	0.06	0.63	600362	0.09	0.03	0.20	0.07	0.39
600031	0.09	0.07	0.17	0.04	0.37	600408	0.13	0.09	0.24	0.09	0.55
600066	0.07	0.04	0.28	0.04	0.43	600409	0.22	0.13	0.17	0.07	0.59
600067	0.20	0.15	0.26	0.09	0.7	600418	0.19	0.13	0.20	0.09	0.61
600072	0.11	0.09	0.15	0.04	0.39	600426	0.24	0.20	0.22	0.06	0.72
600085	0.20	0.13	0.26	0.06	0.65	600429	0.11	0.07	0.17	0.04	0.39
600089	0.20	0.17	0.28	0.09	0.74	600432	0.13	0.09	0.20	0.07	0.49
600096	0.13	0.09	0.20	0.07	0.49	600456	0.15	0.13	0.28	0.06	0.62
600104	0.13	0.17	0.28	0.13	0.71	600517	0.20	0.11	0.15	0.06	0.52
600111	0.15	0.13	0.30	0.07	0.65	600518	0.20	0.11	0.15	0.06	0.52
600112	0.11	0.07	0.28	0.07	0.53	600519	0.19	0.13	0.17	0.04	0.53
600132	0.26	0.15	0.17	0.07	0.65	600535	0.13	0.07	0.24	0.09	0.53
600150	0.17	0.13	0.30	0.13	0.73	600549	0.20	0.17	0.24	0.09	0.7
600151	0.17	0.13	0.26	0.11	0.67	600550	0.20	0.17	0.22	0.04	0.63
600161	0.11	0.17	0.28	0.04	0.6	600581	0.13	0.09	0.30	0.07	0.59
600166	0.24	0.20	0.31	0.07	0.82	600582	0.19	0.13	0.24	0.00	0.56
600177	0.17	0.13	0.17	0.04	0.51	600595	0.20	0.13	0.20	0.11	0.64
600183	0.07	0.09	0.13	0.04	0.33	600596	0.17	0.11	0.22	0.09	0.59
600196	0.22	0.15	0.20	0.06	0.63	600600	0.13	0.09	0.30	0.11	0.63
600208	0.19	0.15	0.17	0.04	0.55	600660	0.20	0.13	0.24	0.06	0.63
600210	0.17	0.09	0.24	0.07	0.57	600664	0.15	0.09	0.20	0.04	0.48
600216	0.07	0.09	0.22	0.06	0.44	600688	0.17	0.07	0.33	0.09	0.66
600219	0.17	0.09	0.17	0.06	0.49	600690	0.19	0.11	0.22	0.06	0.58
600267	0.15	0.09	0.13	0.04	0.41	600741	0.13	0.06	0.13	0.04	0.36
600276	0.09	0.06	0.09	0.04	0.28	600779	0.22	0.15	0.17	0.06	0.6
600300	0.11	0.09	0.20	0.04	0.44	600808	0.09	0.13	0.24	0.04	0.5
600307	0.17	0.13	0.15	0.04	0.49	600809	0.15	0.11	0.17	0.06	0.49
600309	0.19	0.13	0.13	0.04	0.49	600812	0.11	0.06	0.09	0.04	0.3

C 制造业	VDI1	VDI2	VDI3	VDI4	VDI	C 制造业	VDI1	VDI2	VDI3	VDI4	VDI
600815	0.15	0.09	0.26	0.04	0.54	600875	0.13	0.09	0.19	0.04	0.45
600839	0.09	0.13	0.17	0.09	0.48	600879	0.11	0.07	0.24	0.09	0.51
600311	0.20	0.13	0.24	0.04	0.61	平均值	0.16	0.11	0.22	0.06	0.55

在选取的 65 家沪市上市公司中，总体自愿性信息披露指数平均值为 0.55，披露最高指数为 0.85，最低的披露指数为 0.28。从沪市样本公司的总体的自愿性信息披露指数水平看，其波动幅度比较大。在沪市样本公司中，3% 的上市公司总体自愿性信息披露指数超过了 0.8，9% 的样本公司总体披露指数在 0.7 ~ 0.8，26% 的样本公司总体披露指数在 0.6 ~ 0.7，31% 的样本公司总体披露指数在 0.5 ~ 0.6，20% 的样本公司总体披露指数在 0.4 ~ 0.5，9% 的样本公司总体披露指数在 0.3 ~ 0.4，2% 的样本公司总体披露指数在 0.3 以下。

沪市样本公司对战略性信息披露指数在 0.07 ~ 0.26，平均值为 0.16。样本公司中 28% 的企业对战略性信息披露的指数在 0.2 ~ 0.26，60% 的样本公司战略性信息自愿披露指数在 0.1 ~ 0.2，也就是说大部分的样本公司披露指数在 0.1 以上，仅 3% 的样本公司该项披露指数在 0.1 以下。预测性信息自愿披露指数在 0.03 ~ 0.2，披露水平不高，其中两家样本公司的披露指数为 0.2，54% 的样本公司预测性信息披露指数在 0.1 ~ 0.2，42% 的样本公司披露指数在 0.05 ~ 0.1，3% 的样本公司预测性信息披露指数在 0.05 以下。

财务分析自愿披露指数在 0.09 ~ 0.33 波动，披露指数的平均值为 0.22。样本公司中 11% 的企业披露指数在 0.3 ~ 0.33，52% 的样本公司财务分析披露指数在 0.2 ~ 0.3，35% 的样本公司披露指数在 0.1 ~ 0.2，2% 的样本公司披露指数在 0.1 以下。样本公司对社会责任方面的信息披露指数在 0.04 ~ 0.17，平均值为 0.06。其中 9% 的样本公司披露指数在 0.1 ~ 0.17，67% 的样本公司披露指数在 0.05 ~ 0.1，27% 的样本公司披露指数在 0.05 以下。

表 2 - 11　我国上市公司自愿性信息披露现状（四）

B 采掘业	VDI1	VDI2	VDI3	VDI4	VDI	B 采掘业	VDI1	VDI2	VDI3	VDI4	VDI
000780	0.11	0.11	0.22	0.07	0.52	600188	0.11	0.09	0.31	0.13	0.76
000933	0.15	0.15	0.30	0.11	0.70	600348	0.22	0.06	0.24	0.04	0.46
000937	0.09	0.17	0.20	0.04	0.50	600395	0.13	0.09	0.31	0.09	0.74
000968	0.09	0.15	0.26	0.07	0.57	600489	0.24	0.09	0.20	0.06	0.50
000983	0.11	0.07	0.15	0.04	0.37	600508	0.15	0.02	0.09	0.02	0.22
平均值	0.11	0.13	0.23	0.07	0.53	600547	0.09	0.09	0.28	0.06	0.54
600028	0.15	0.15	0.3	0.11	0.71	600583	0.11	0.17	0.28	0.09	0.72
600123	0.11	0.11	0.26	0.07	0.56	平均值	0.15	0.1	0.25	0.07	0.58

　　采掘业选取的深市上市公司 5 家，其自愿性信息披露指数平均值为 0.53，最大值为 0.7，最小值为 0.37。这 5 家样本公司中除了披露指数最高和最低的两家公司外，其他 3 家样本公司的披露指数在 0.5 ~ 0.6。选取的 9 家采掘业样本公司自愿性信息披露指数在 0.22 ~ 0.76 波动，平均值为 0.58。44% 的样本公司披露指数在 0.7 ~ 0.76，33% 的样本公司披露指数在 0.5 ~ 0.6，23% 的样本公司披露指数在 0.5 以下。

　　深市样本公司对战略性信息披露的指数在 0.09 ~ 0.15 波动，平均值为 0.11，其中两家样本公司为 0.09，两家为 0.11，一家样本公司的披露指数为 0.15。选取的沪市上市公司自愿披露的战略性信息披露指数均值为 0.15，在 0.09 ~ 0.24 波动。其中 67% 的样本公司该项指数在 0.1 ~ 0.2，22% 的样本公司披露指数在 0.2 ~ 0.24，11% 的样本公司披露指数小于 0.1。来自深市的样本公司预测性信息披露指数最大值为 0.17，最小值为 0.07，平均值为 0.13，90% 的样本公司披露指数在 0.1 以上。沪市上市公司预测性信息披露指数在 0.02 ~ 0.17 波动，均值为 0.1，33% 的样本公司披露指数在 0.1 以上。深市样本公司财务分析信息披露指数在 0.15 ~ 0.3 波动，平均值为 0.23，90% 的样本公司披露指数在 0.2 ~ 0.3。

　　选取的沪市样本公司财务分析信息自愿披露指数最大值为 0.31，最小值为 0.09，平均值为 0.25。33% 的样本公司该项披露指数在 0.3 以上，56% 的样本公司披露指数在 0.2 ~ 0.3，11% 的样本公司该项指数小于 0.1。

对社会责任方面的信息披露，深市样本公司披露指数最高为0.11，最低指数为0.04，平均值为0.07。沪市样本公司的社会责任信息披露指数在0.02～0.13波动，平均值为0.07，22%的样本公司披露指数在0.1以上。

表2-12　我国上市公司自愿性信息披露现状（五）

D电力煤气等	VDI1	VDI2	VDI3	VDI4	VDI	D电力煤气等	VDI1	VDI2	VDI3	VDI4	VDI
000027	0.15	0.11	0.26	0.06	0.57	600509	0.13	0.09	0.24	0.04	0.50
000539	0.13	0.09	0.24	0.07	0.54	600642	0.19	0.15	0.22	0.06	0.61
000543	0.19	0.13	0.28	0.07	0.67	600649	0.19	0.11	0.31	0.11	0.72
000690	0.15	0.11	0.22	0.06	0.54	600674	0.13	0.09	0.24	0.04	0.50
000767	0.20	0.13	0.31	0.09	0.73	600795	0.17	0.13	0.26	0.06	0.62
平均值	0.16	0.11	0.26	0.07	0.6	600886	0.17	0.11	0.24	0.04	0.56
600011	0.22	0.17	0.31	0.09	0.79	600900	0.22	0.19	0.26	0.07	0.74
600021	0.09	0.11	0.17	0.04	0.41	平均值	0.17	0.13	0.25	0.06	0.61
600098	0.17	0.11	0.20	0.06	0.54						

　　电力、煤气及水的生产和供应业选取的深市样本公司自愿性信息披露指数在0.54～0.73波动，均值为0.6，60%的样本公司披露指数在0.5～0.6。在选取的沪市样本公司中，自愿性信息披露指数最大值为0.79，最小值为0.41，平均值为0.61，其中30%的样本公司披露指数大于0.7，另有20%的公司披露指数在0.6～0.7，40%的样本公司披露指数在0.5～0.6，仅10%的公司该项指数小于0.5。对战略性信息的披露，披露指数最高值为0.2，最小值为0.13，平均值为0.16。沪市样本公司战略性信息披露指数在0.09～0.22波动，均值为0.17。这些样本公司中的20%对战略性信息的披露指数大于0.2，70%的样本公司该项披露指数在0.1～0.2，10%的样本公司该项披露指数小于0.1。

　　深市样本公司对预测性信息的披露指数在0.09～0.13波动，其均值为0.11，90%的样本公司该项指数大于0.1。沪市样本公司预测性信息披露指数最高值为0.19，最低值为0.09，均值为0.13，80%的样本公司该项指数在0.1～0.19。对财务分析方面的信息披露，深市样本公司的披露指数最高值为

0.31，最低值为 0.22，均值为 0.26，90% 的样本公司财务分析信息披露指数在 0.2 ~ 0.3。沪市样本公司对财务分析信息的披露指数在 0.17 ~ 0.31 波动，均值为 0.25。其中 20% 的样本公司财务分析信息披露指数在 0.3 以上，70% 的样本公司该项披露指数在 0.2 ~ 0.3，10% 的样本公司披露指数在 0.2 以下。深市样本公司对社会责任方面的信息披露指数最高值为 0.09，最低值为 0.06，平均值为 0.07。沪市样本公司该项指数在 0.04 ~ 0.11 波动，50% 的样本公司披露指数在 0.05 ~ 0.1，40% 的样本公司披露指数在 0.05 以下，10% 的样本公司披露指数在 0.1 以上。

表 2 – 13　我国上市公司自愿性信息披露现状（六）

E 建筑业	VDI1	VDI2	VDI3	VDI4	VDI	K 社会服务业	VDI1	VDI2	VDI3	VDI4	VDI
000758	0.13	0.11	0.26	0.04	0.54	000897	0.17	0.11	0.28	0.04	0.59
						600008	0.20	0.17	0.22	0.04	0.63
600068	0.19	0.15	0.28	0.06	0.67	600158	0.11	0.09	0.17	0.09	0.46
600266	0.11	0.09	0.22	0.04	0.46	600236	0.13	0.11	0.15	0.06	0.44
600528	0.17	0.15	0.22	0.06	0.59	600611	0.11	0.09	0.13	0.11	0.44
600820	0.09	0.11	0.22	0.04	0.52	600754	0.19	0.15	0.24	0.06	0.61
平均值	0.14	0.12	0.25	0.05	0.56	600874	0.17	0.13	0.22	0.09	0.61
000069	0.17	0.13	0.22	0.06	0.57	平均值	0.16	0.12	0.20	0.06	0.55

建筑业选取的样本公司自愿性信息披露指数在 0.46 ~ 0.67 波动，平均值为 0.56，60% 的样本公司披露指数在 0.5 ~ 0.6。该行业 90% 的样本公司战略性信息披露指数在 0.1 ~ 0.2，最高值为 0.19，最低值为 0.09，平均值为 0.14。样本公司中 90% 的企业预测性信息披露指数在 0.1 ~ 0.16，最大值为 0.15，最小值为 0.09，平均值为 0.12。对财务分析方面信息披露，样本公司的披露指数在 0.22 ~ 0.28，平均值为 0.25。样本公司社会责任方面的信息披露指数，60% 的企业披露指数低于 0.05，40% 的公司披露指数高于 0.05。

社会服务业选取的样本公司总体自愿性信息披露指数最高值为 0.63，最低值为 0.44，平均值为 0.55，38% 的样本公司披露指数在 0.6 ~ 0.63，25%

的样本公司披露指数在0.5~0.6，37%的样本公司披露指数在0.5以下。样本公司对战略性信息披露指数在0.11~0.2波动，平均值为0.16，88%的样本公司披露指数在0.1~0.2。对预测性信息的披露，样本公司值的披露指数为0.17，最低值为0.09，平均值为0.12，75%的样本公司该项披露指数在0.1以上。样本公司财务分析信息披露指数最高值为0.28，最低值为0.13，平均值为0.2，63%的样本公司披露指数大于0.2。样本公司社会责任信息披露指数最大值为0.11，最小值为0.04，平均值为0.06，50%的样本公司披露指数在0.05以上。

表2-14　我国上市公司自愿性信息披露现状（七）

F 交通运输、仓储业	VDI1	VDI2	VDI3	VDI4	VDI	F 交通运输、仓储业	VDI1	VDI2	VDI3	VDI4	VDI
000652	0.11	0.09	0.20	0.07	0.48	600087	0.13	0.09	0.31	0.06	0.59
000900	0.13	0.09	0.17	0.04	0.43	600125	0.17	0.15	0.30	0.04	0.65
平均值	0.12	0.09	0.19	0.06	0.45	600221	0.15	0.13	0.17	0.06	0.50
600004	0.15	0.13	0.20	0.06	0.54	600269	0.20	0.17	0.28	0.11	0.76
600009	0.13	0.09	0.19	0.04	0.44	600428	0.13	0.09	0.31	0.09	0.63
600012	0.09	0.11	0.30	0.06	0.56	600548	0.09	0.07	0.31	0.06	0.54
600018	0.11	0.09	0.30	0.04	0.54	600717	0.19	0.13	0.30	0.11	0.72
600026	0.17	0.15	0.28	0.06	0.65	600896	0.17	0.11	0.28	0.13	0.69
600029	0.17	0.13	0.17	0.04	0.50	平均值	0.15	0.12	0.26	0.07	0.59

交通运输、仓储业选取的深市样本公司共两家，其总体自愿性信息披露指数的平均值为0.45，战略性信息披露的均值为0.12，预测性信息披露的均值为0.09，财务分析披露指数的均值为0.19，社会责任信息披露的均值为0.06。选取的沪市样本公司自愿性信息披露指数的最高值为0.76，最低值为0.44，平均值为0.59，其中14%的样本公司披露指数在0.7以上，29%的样本公司该项指数在0.6~0.7，56%的样本公司披露指数在0.5~0.6，1%的样本公司披露指数小于0.5。沪市样本公司战略性信息披露指数在0.09~0.2，平均值为0.15，79%的样本公司披露指数在0.1~0.2。

　　沪市样本公司预测性信息披露指数最高值为 0.17，最低值为 0.07，平均值为 0.12，64% 的样本公司该项披露指数在 0.1 以上。来自沪市的样本公司财务分析信息披露指数最大值为 0.31，最小值为 0.17，均值为 0.26。其中 50% 的样本公司财务分析信息披露指数在 0.3 以上，29% 的样本公司该项披露指数在 0.2 ~ 0.3，仅 21% 的样本公司披露指数在 0.2 以下。样本公司对社会责任方面信息披露指数最大值为 0.13，最小值为 0.04，平均值为 0.07，21% 的样本公司该项披露指数在 0.1 以上，50% 的样本公司披露指数在 0.05 以上，29% 的样本公司披露指数在 0.05 以下。

表 2 - 15　　我国上市公司自愿性信息披露现状（八）

G 信息技术业	VDI1	VDI2	VDI3	VDI4	VDI	G 信息技术业	VDI1	VDI2	VDI3	VDI4	VDI
000063	0.11	0.07	0.28	0.09	0.56	600536	0.15	0.13	0.24	0.04	0.56
000839	0.17	0.13	0.24	0.06	0.59	600570	0.09	0.07	0.15	0.06	0.37
平均值	0.14	0.10	0.26	0.07	0.57	600588	0.09	0.07	0.28	0.11	0.56
600050	0.13	0.09	0.31	0.09	0.63	600601	0.09	0.06	0.13	0.09	0.37
600100	0.15	0.11	0.28	0.06	0.59	600657	0.15	0.11	0.24	0.06	0.56
600271	0.19	0.13	0.20	0.04	0.56	平均值	0.13	0.10	0.22	0.07	0.52
600406	0.13	0.11	0.17	0.06	0.46						

　　信息技术业选取的深市样本公司总体自愿性信息披露指数平均值为 0.57，战略性信息披露指数的均值为 0.14，预测性信息披露的均值为 0.1，财务分析信息披露的均值为 0.26，关于社会责任方面的信息披露指数均值为 0.07。

　　选取的该行业沪市上市公司自愿性信息披露指数最高值为 0.63，最低值为 0.37，平均值为 0.52，65% 的样本公司该项指数在 0.5 ~ 0.6。样本公司战略性信息披露指数最大值为 0.19，最小值为 0.06，平均值为 0.13，67% 的样本公司披露指数在 0.1 以上。对预测性信息披露，样本公司披露指数最大值为 0.13，最小值为 0.06，平均值为 0.1，其中 56% 的样本公司披露指数大于 0.1。样本公司财务分析信息披露指数最大值为 0.31，最小值为 0.13，平均值为 0.22，56% 的样本公司该项披露指数在 0.2 ~ 0.3。样本公司社会责任信息披露指数最大值为 0.11，最小值为 0.04，平均值为 0.07。

表 2 - 16　我国上市公司自愿性信息披露现状（九）

H 批发和零售贸易业	VDI1	VDI2	VDI3	VDI4	VDI	H 批发和零售贸易业	VDI1	VDI2	VDI3	VDI4	VDI
000501	0.13	0.11	0.22	0.04	0.50	600628	0.13	0.09	0.22	0.04	0.48
000759	0.15	0.13	0.28	0.06	0.61	600631	0.15	0.11	0.19	0.06	0.50
000829	0.17	0.15	0.30	0.04	0.65	600655	0.11	0.09	0.30	0.04	0.54
000987	0.15	0.09	0.17	0.06	0.46	600694	0.17	0.13	0.22	0.06	0.57
平均值	0.15	0.12	0.24	0.05	0.56	600704	0.17	0.15	0.26	0.04	0.61
600058	0.13	0.09	0.24	0.09	0.56	600739	0.19	0.13	0.20	0.06	0.57
600153	0.19	0.13	0.24	0.11	0.67	600755	0.15	0.11	0.28	0.11	0.65
600500	0.11	0.07	0.31	0.09	0.59	600859	0.15	0.09	0.26	0.04	0.52
600616	0.09	0.07	0.17	0.06	0.39	平均值	0.14	0.11	0.24	0.06	0.55

　　批发和零售贸易业选取的样本公司，深市样本公司自愿性信息披露指数最高值为 0.65，最低值为 0.46，平均值为 0.56；沪市样本公司该项披露指数最高值为 0.67，最低值为 0.39，平均值为 0.55，25% 的样本公司披露指数超过 0.6，58% 的样本公司披露指数在 0.5 ~ 0.6，17% 的样本公司披露指数小于 0.5。关于战略性信息披露，深市样本公司披露指数最大值为 0.17，最小值为 0.13，平均值为 0.15；沪市样本公司披露指数最大值为 0.19，最小值为 0.09，平均值为 0.14，91% 的样本公司战略性信息披露指数大于 0.1。深市样本公司预测性信息披露指数最高值为 0.15，最低值为 0.09，平均值为 0.12；沪市样本公司该项指数最大值为 0.15，最小值为 0.07，平均值为 0.11，50% 的样本公司披露指数大于 0.1。

　　选取的深市样本公司财务分析信息披露指数最大值为 0.28，最小值为 0.17，平均值为 0.24；沪市样本公司最高披露指数为 0.3，最低披露指数为 0.06，平均值为 0.24，50% 的样本公司该项披露指数在 0.2 ~ 0.32，8% 样本公司披露指数为 0.3，17% 的样本公司该项披露指数小于 0.2，25% 的样本公司该项披露指数小于 0.1。深市样本公司社会责任方面信息披露指数最大值

为 0.06，最小值为 0.04，平均值为 0.05；沪市样本公司该项指数最大值为
0.11，最小值为 0.04，平均值为 0.06，其中 17% 的样本公司披露指数为
0.11，50% 的样本公司该指数大于 0.05，33% 的样本公司指数小于 0.05。

表 2 - 17　我国上市公司自愿性信息披露现状（十）

J 房地产业	VDI1	VDI2	VDI3	VDI4	VDI	J 房地产业	VDI1	VDI2	VDI3	VDI4	VDI
000002	0.13	0.09	0.24	0.07	0.54	600322	0.17	0.11	0.19	0.11	0.57
000006	0.09	0.07	0.28	0.06	0.50	600383	0.13	0.09	0.26	0.07	0.56
000024	0.15	0.11	0.28	0.09	0.63	600533	0.11	0.07	0.28	0.06	0.52
000031	0.20	0.19	0.22	0.06	0.67	600638	0.17	0.13	0.28	0.04	0.61
000046	0.22	0.19	0.17	0.11	0.69	600639	0.13	0.09	0.19	0.06	0.46
000402	0.17	0.13	0.28	0.04	0.61	600663	0.09	0.07	0.20	0.06	0.41
000616	0.09	0.07	0.22	0.06	0.44	600675	0.22	0.20	0.17	0.06	0.65
000667	0.13	0.11	0.17	0.04	0.44	600736	0.13	0.09	0.20	0.09	0.52
平均值	0.15	0.12	0.23	0.06	0.56	600748	0.17	0.13	0.13	0.11	0.54
600064	0.15	0.11	0.31	0.06	0.63	600823	0.13	0.09	0.22	0.06	0.50
600256	0.19	0.15	0.30	0.04	0.67	平均值	0.15	0.11	0.23	0.06	0.55

　　房地产业选取的深市样本公司总体自愿性信息披露最高指数为 0.69，最
低指数为 0.44，平均值为 0.56，50% 的样本公司该指数在 0.6 以上，25% 的
样本公司披露指数在 0.5 ~ 0.6，25% 的样本公司披露指数为 0.44；沪市样本
公司披露指数最大值为 0.67，最低值为 0.41，平均值为 0.55，25% 的样本公
司披露指数在 0.6 以上，50% 的样本公司披露指数在 0.5 ~ 0.6，25% 的样本
披露指数小于 0.5。沪深两市样本公司战略性信息披露指数最高值为 0.22，
最低值为 0.09，平均值为 0.15，深市 50% 的样本公司披露指数在 0.1 ~ 0.2；
沪市 83% 的样本公司披露指数在 0.1 ~ 0.2。

　　深市样本预测性信息披露指数最高值为 0.19，最低值为 0.07，平均值为
0.12，63% 的样本公司披露指数超过 0.1；沪市样本公司该项指数最大值为
0.2，最小值为 0.07，平均值为 0.11，42% 的样本公司披露指数在 0.1 ~ 0.2，
42% 的样本公司披露指数小于 0.1。深市样本公司财务分析信息披露指数最

高值为 0.28，最低值为 0.17，平均值为 0.23，75% 的样本公司该指数大于 0.2；沪市样本公司该指数最大值为 0.31，最小值为 0.13，平均值为 0.23，50% 的样本公司该项指数在 0.2 ~ 0.3。沪深两市样本公司社会责任方面的信息披露指数最大值为 0.11，最小值为 0.04，平均值为 0.06。

表 2 - 18　我国上市公司自愿性信息披露现状（十一）

M 综合类	VDI1	VDI2	VDI3	VDI4	VDI	M 综合类	VDI1	VDI2	VDI3	VDI4	VDI
000009	0.19	0.17	0.20	0.06	0.61						
000793	0.17	0.13	0.22	0.04	0.56	600811	0.09	0.11	0.13	0.06	0.39
平均值	0.18	0.15	0.21	0.05	0.58	600832	0.11	0.13	0.15	0.04	0.43
600415	0.13	0.09	0.20	0.11	0.54	600872	0.13	0.09	0.22	0.09	0.54
600635	0.09	0.11	0.19	0.09	0.48	600881	0.19	0.13	0.26	0.11	0.69
600653	0.20	0.17	0.24	0.06	0.67	600895	0.20	0.22	0.24	0.06	0.72
600770	0.19	0.20	0.19	0.04	0.61	平均值	0.15	0.14	0.20	0.07	0.56

综合类选取的深市样本公司自愿性信息披露指数平均值为 0.58，战略性信息披露指数的平均值为 0.18，预测性信息披露指数的平均值为 0.15，财务分析信息披露指数的平均值为 0.21，社会责任信息披露指数的平均值为 0.05。沪市样本公司自愿性信息披露最大值为 0.72，最小值为 0.39，平均值为 0.56，67% 的样本公司披露指数在 0.5 以上。沪市样本公司战略性信息披露指数最高值为 0.2，最低值为 0.09，平均值为 0.15，22% 的样本公司披露指数为 0.22，56% 的样本公司披露指数在 0.1 ~ 0.2。78% 的样本公司预测性信息披露指数在 0.1 ~ 0.23，均值为 0.14。56% 的沪市样本公司财务分析信息披露指数在 0.2 以上，其均值为 0.2。78% 的样本公司社会责任信息披露指数在 0.05 以上，其均值为 0.07。

四、研究结论

按照设计的自愿性信息披露评分标准对样本公司 2009 年的信息披露状况进行评分，在此基础上，通过 Excel 计算样本公司的自愿性信息披露指数。

从以上数据分析中可以看出各行业的自愿性信息披露状况。

表 2 – 19　上市公司自愿性信息披露总体水平分行业分析

VDI	A	B	C	D	E	F	G	H	J	K	L	M
MIN	0.24	0.22	0.28	0.41	0.46	0.43	0.37	0.39	0.41	0.44	0.52	0.39
MAX	0.38	0.76	0.85	0.79	0.67	0.76	0.63	0.67	0.69	0.63	0.61	0.72
AVRAGE	0.3	0.56	0.58	0.61	0.56	0.52	0.55	0.56	0.56	0.55	0.56	0.57

选取的样本公司涉及的 12 个行业，总体自愿性信息披露指数最大值为 0.85，属于制造业中的样本公司，披露指数最小值为 0.22，属于采掘业。各个行业的自愿性信息披露水平存在明显的差异，披露指数波动幅度最大的是采掘业，波动幅度最小的是传播与文化产业。各行业披露指数平均值最大值为 0.61，最小值为 0.3，83% 的行业即 10 个行业的总体信息披露指数平均值在 0.5 ~ 0.6。12 个行业的信息披露指数大部分在 0.5 左右，农、林、牧、渔业偏低，电力、煤气及水的生产和供应业的信息披露指数偏高。

表 2 – 20　上市公司战略性信息披露分行业分析

VDI1	A	B	C	D	E	F	G	H	J	K	L	M
MIN	0.04	0.09	0.07	0.09	0.09	0.09	0.06	0.09	0.09	0.11	0.13	0.09
MAX	0.19	0.24	0.26	0.22	0.19	0.2	0.13	0.19	0.22	0.2	0.2	0.2
AVERAGE	0.1	0.13	0.17	0.17	0.14	0.14	0.1	0.15	0.15	0.16	0.17	0.17

选取的 12 个行业，战略性信息披露指数的最大值为 0.26，在各个行业的战略性信息披露指数最大值中，1/3 的样本行业披露指数在 0.2 以上，1/3 的样本行业披露指数为 0.2，1/3 的样本公司战略性信息披露指数小于 0.2，平均值为 0.2。样本行业战略性信息披露指数最小值为 0.04，75% 的行业披露指数最小值在 0.05 ~ 0.1，17% 的样本行业披露指数大于 0.1，8% 的行业披露指数小于 0.05，平均值为 0.09。各个行业战略性信息披露指数的平均值中最大值为 0.17，有 4 个行业该披露指数的平均值为 0.17，分别为制造业、采掘业、建筑

业、文化与传播产业和综合类。各个行业战略性信息披露平均值最小值为0.1，分别为农、林、牧、渔业和信息技术业。战略性信息披露平均值为0.15。

表2-21 上市公司预测性信息披露分行业分析

VDI2	A	B	C	D	E	F	G	H	J	K	L	M
MIN	0.04	0.02	0.03	0.09	0.09	0.07	0.13	0.07	0.07	0.09	0.09	0.09
MAX	0.09	0.17	0.2	0.19	0.15	0.17	0.31	0.15	0.2	0.17	0.17	0.22
AVERAGE	0.06	0.12	0.12	0.12	0.12	0.11	0.24	0.12	0.12	0.12	0.13	0.15

各个行业预测性信息披露最大值中最高披露指数为0.31，属于信息技术业；58%的行业最高披露指数在0.1~0.2，制造业和房地产业的最高披露指数为0.2，农、林、牧、渔业的最高披露指数小于0.1；各行业披露指数最大值的平均值为0.18。各个行业预测性信息披露最小值中，披露指数最低的为0.02，来自于采掘业，最高披露指数为0.13，属于信息技术业，平均值为0.07。各行业预测性信息披露指数平均值最大值为0.24，属于信息技术业，农、林、牧、渔业该披露指数的行业平均值最低，为0.06；83%的行业披露指数平均值在0.1~0.2；预测性信息披露指数行业平均值的平均值为0.13。

表2-22 上市公司财务分析信息披露分行业分析

VDI3	A	B	C	D	E	F	G	H	J	K	L	M
MIN	0.06	0.09	0.09	0.17	0.22	0.17	0.06	0.06	0.13	0.13	0.2	0.13
MAX	0.15	0.31	0.33	0.31	0.28	0.31	0.3	0.3	0.31	0.28	0.24	0.26
AVERAGE	0.1	0.21	0.23	0.26	0.25	0.23	0.24	0.24	0.23	0.2	0.22	0.2

各个行业关于财务分析的信息披露指数行业最大值中制造业的行业披露指数最大值为各行业中的最大值为0.33，农、林、牧、渔业该指数最低为0.15，七个行业的财务信息披露最大值大于或等于0.3，平均值为0.28。各行业财务信息披露指数行业最小值中，农、林、牧、渔业，信息技术业，批发和零售贸易业的行业最大值在各个行业中最小，为0.06，建筑业该指数最大，为0.22，

平均值为 0.13。各个行业财务分析披露指数行业平均值最大值为 0.26，是电力、煤气及水的生产和供应业的预测性信息披露行业平均值，农、林、牧、渔业的行业平均值最小，为 0.1，该指数的行业平均值的平均值为 0.22。

表 2 - 23　　上市公司社会责任信息披露分行业分析

VDI4	A	B	C	D	E	F	G	H	J	K	L	M
MIN	0.04	0.02	0.04	0.04	0.06	0.04	0.04	0.04	0.04	0.04	0.04	0.04
MAX	0.04	0.13	0.2	0.11	0.04	0.17	0.11	0.11	0.11	0.11	0.06	0.11
AVERAGE	0.04	0.07	0.06	0.07	0.05	0.07	0.07	0.06	0.06	0.06	0.05	0.06

　　各个行业的社会责任信息披露行业披露指数最大值中，制造业的行业披露指数最大值在 12 个行业中是最大的，为 0.2，建筑业该指数行业最大值在各行业中最小为 0.04；行业指数最大值的均值为 0.11。社会责任信息行业披露指数最小值中，建筑业的行业最小值最大为 0.06，采掘业的行业指数最小值在各行业中最小，为 0.02，行业最小值的平均值为 0.04。社会责任信息披露指数行业平均值中，最大值为 0.07，包括采掘业，电力、煤气及水的生产和供应业，交通、运输、仓储业，信息技术业；采掘业的行业平均值最小，为 0.04，12 个行业社会责任信息披露指数平均值的平均值为 0.06。

第三章　公司自愿性信息披露策略研究

第一节　基本理论构建

一、专有性成本与披露策略

公司信息披露作为资本市场的基础性机制之一，对于提高资本配置效率、增加资本市场流动性、降低融资成本发挥着重要作用。既然披露能够为公司带来利益，那么为什么很多公司实际上并不愿意披露私人信息呢？这是因为任何信息披露都是有成本的，信息披露所产生的成本项目主要包括：资料收集整理成本、诉讼成本、政治成本、对管理者的行为约束成本等。其中，由于披露公司专有性信息（Proprietary Information）而产生的专有性成本（Proprietary Costs）是制约上市公司充分信息披露的最主要因素。

Jovanovic（1982）率先提出了"专有性成本"这一概念并解释了这一行为。"专有性成本"指的是与信息披露相联系的成本。专有性成本的内涵除了包括制造信息和传递信息的成本外，更主要的是竞争对手和市场其他参与方通过利用信息而给披露信息的公司带来的成本。与市场一般参与者相比，竞争对手更有可能利用这种信息，因而在 Foster（1986）中，专有性成本又被称为"竞争劣势成本"（Competitive Disadvantage Costs）。Dye（1986）将"专有性成本"定义为，这种信息的成本降低了披露信息的公司的现金流的净值。Darrough（1993）给出了这样一个专有性成本的定义：如果市场其他参与者出于自身利益策略性地利用了公司所披露的信息，则公开披露可能会对该披露信息的公司产生负面影响。

专有性成本理论基于这样的假定，如果没有这种成本的存在，公司就会有动机主动向市场披露相关信息从而降低信息不对称程度，因而能够降低资本成本（Verrecchia，1983；Diamond，1985），正如传统的信号理论所论述的那样（Spence，1973；Grossman，1981；Milgrom，1981；Morris，1987）。专有性成本的存在使得均衡模型中出现了一些噪声。Annalisa Prencipe（2004）通过对意大利上市公司的实证研究，证明了专有性成本与自愿性分部信息披露显著相关，从而降低了上市公司向市场披露专有性信息的动机。

与披露相关的专有性成本越高，投资者对于公司隐藏相关信息的反应越积极，公司就越倾向于不披露专有信息（Verrecchia，1983）。我们知道上市公司信息披露水平是资本市场运转良好的尺度，然而由于专有性成本的存在，过多的信息披露将导致公司在市场竞争中处于劣势，而较少的信息披露则可能引起投资者的疑虑而提高公司的资本成本。因此，从某种意义上来说，公司如何披露信息是管理层的两难选择。公司不得不基于成本与收益的比较，选择性地进行信息披露。关于自愿性披露的研究试图通过考察相互竞争的、以公司利益最大化为目标的公司的理性披露行为，来解决这一两难问题（Verrecchia，2001）。

在专有性成本的框架下，涉及的研究主要为公司是采取完全披露、不披露还是部分披露策略，在什么样的披露水平下，公司的利益实现最大化。

上述分析表明，公司信息披露，特别是专有性信息的披露是有成本的。

那么，面对信息披露的收益和竞争劣势等披露成本，公司将做出怎样的披露选择？公司的最优披露决策又是如何产生的呢？下面的模型揭示了专有性成本与自愿性披露水平决策的关系。

我们假定：上市公司以企业当前价值的最大化为目标，根据市场对产品的下一期需求来决定当期的产量，下一期的产品价格为 $P = \alpha + \beta \bar{y} - x$。$\alpha$、$\beta$ 是固定的正常量，$\bar{y}$ 是企业独有的关于下期产品价格的专有性信息，x 是企业当期生产的产品数量。也就是说，企业在当期生产 x，在下期获得收入 xP。

因为 $\tilde{y}$ 是专有性的信息，所以只有当企业披露时，才会被市场获悉；当企业不披露时，市场认为 $\tilde{y}$ 是一个在连续区间 $[-k, k]$ 中均匀分布的随机变量。为了保证当期产量和下期价格为非负，假定 $\alpha \geqslant \beta k$，$\tilde{y}$ 在连续区间 $[-k, k]$ 中的取值 y 与下期收入 xP 是正相关的（我们可以将更高的 y 理解为更好的消息，这也意味着更高的下期收入）。①

因为 $\tilde{y}$ 的取值 y 越高，意味着"越好的消息"，企业自然倾向于披露高的 $\tilde{y}$ 的值，以便在下期获得更高的收入。但是上市公司会面临着一个两难的困境：$\tilde{y} = y$ 是专有性的信息，它可以被其他竞争性的企业利用，并生产相同的产品和替代品。这就意味着企业披露私人信息必然面临着一个专有性成本。这里，我们假定存在与披露 $\tilde{y} = y$ 相关的专有性成本 c，c 是一个固定的正常量。那么，企业是否会披露它的专有性信息？

考虑以下这种情况下，企业生产 x 数量的产品，以最大化下期收入：

Max. $xE\left[\tilde{P} \mid \tilde{y} = y\right] = x(\alpha + \beta y - x)$

这一目标函数是关于 x 的凹函数，因此，当函数取最大值时，有

$x = \dfrac{1}{2}(\alpha + \beta y)$，并且下期价格 $P = \alpha + \beta y - x = \dfrac{1}{2}(\alpha + \beta y)$。

假如上市公司披露了 $\tilde{y} = y$，那么市场根据企业的下期收入来评估公司的价值；假如没有披露 $\tilde{y} = y$，那么市场根据对企业下期收入的预期值来进行评估。当披露 $\tilde{y} = y$ 时，市场知道企业的下期收入（包含专有性成本）为：

$E[xP \mid \tilde{y} = y] = \dfrac{1}{4}(\alpha + \beta y)^2 - c$。当没有披露 $\tilde{y} = y$ 时，因为 $\tilde{y}$ 的取值 y 与收入是正相关的，市场猜测是因为企业 $\tilde{y}$ 的取值 y 不能弥补专有性成本 c，也就是 y 低于某个临界值 $\hat{y}$。因此，当没有披露 $\tilde{y} = y$ 时，市场评估企业的下期收入为：

---

① 假定 $\alpha \geqslant \beta k$ 的一个结果是，当期的产量 x 和下期的价格 $P \setminus \left[x = P = \dfrac{1}{2}(\alpha + \beta y) \setminus \right]$ 对于所有的 $y \in [-k, k]$ 都取正值。除此之外，无论企业是否披露 $\tilde{y} = y$，它的下期收入都是 $xP = \dfrac{1}{4}(\alpha + \beta y)^2$。因为 $\dfrac{\mathrm{d}}{\mathrm{d}y} xP = \dfrac{1}{2}\beta(\alpha + \beta y) \geqslant 0$，所以 $\tilde{y}$ 的取值与收入是正相关的。

$$E\left[xP\mid\tilde{y}=y\leqslant\hat{y}\right]$$

$$=E\left[\frac{1}{4}(\alpha+\beta\tilde{y})^2\mid\tilde{y}=y\leqslant\hat{y}\right]=\frac{1}{12}\left[3\alpha^2+3\alpha\beta(\hat{y}-k)+\beta^2(\hat{y}^2-yk+k^2)\right]$$

这意味着当 $\tilde{y}=y$ 时，企业的当前价值在披露与不披露时的差异为：

$$E\left[xP\mid\tilde{y}=y\right]-c-E\left[xP\mid\tilde{y}=y\leqslant\hat{y}\right]$$

$$=\frac{1}{4}(\alpha+\beta y)^2-c-\frac{1}{12}\left[3\alpha^2+3\alpha\beta(\hat{y}-k)+\beta^2(\hat{y}^2-yk+k^2)\right]$$

当上式为正值时，存在激励相容约束，企业就有动力去披露 $\tilde{y}=y$；当上式为负值时，企业则不披露；当上式为 0 时，企业对披露和不披露持无所谓的态度，此时 $\tilde{y}$ 的取值就是披露的临界值 $\hat{y}$。因此，当 $y\geqslant\hat{y}$ 时，差异为非负，当 $y<\hat{y}$ 时，差异为负值。可解得：

$$\hat{y}=-\frac{1}{4\beta}\left[3\alpha+\beta k-\sqrt{9(\alpha-\beta k)^2+96c}\right]\qquad(3.1)$$

假定 $c>0$，则有 $\hat{y}>-k$。

对 $\hat{y}$ 的经济解释为：当 $\tilde{y}=y\geqslant\hat{y}$ 时，意味着对产品的需求旺盛，虽然披露要承担成本 c，企业仍然愿意将此信息提供给市场，以便得到高的市场评价；当 $\tilde{y}=y<\hat{y}$ 时，对产品的需求量少，企业披露信息对产品价格的影响不足以弥补成本 c，因此，企业不愿披露。

当 $c=0$ 时，$\hat{y}=-k$，也就是说，当不存在专有性成本时，均衡临界值 $\hat{y}$ 意味着完全充分的披露。随着 c 的增加，$\hat{y}$ 也增加，这意味着，随着专有性成本的提高，披露的临界值也将提高，企业越来越倾向于不披露。

现有的大多数有关内生性披露的文献关注披露的临界值（Jovanovic，1982；Verrecchia，1983）。但是从实证的角度来看，披露的临界值有可能不会被观察到。然而，通过反复的观察，披露的概率却潜在地可以被了解。因此，在考虑专有性成本的模型中，揭示披露的可能性或概率将更有价值。

因为 $\tilde{y}$ 是均匀地分布在 $[-k,k]$ 上的随机变量，基于上面的模型，披露的概率可写为：

$$\text{Max}\left[\frac{1}{2k}\int_{\hat{y}}^{k}\mathrm{d}y,0\right]$$

$$= \mathrm{Max}\left[\frac{1}{2k}\ (k-\hat{y}),\ 0\right] = \mathrm{Max}\left[\frac{1}{8\beta k}(5\beta k + 3\alpha - \sqrt{9\ (\alpha-\beta k)^2 + 96c}),\ 0\right]$$

资本市场投资者只知道 $\hat{y}$ 均匀地分布在区间 $[-k,\ k]$，随机变量 $\hat{y}$ 的方差为 $\frac{1}{3}k^2$，方差随着 k 的增大而增大。因而 k 可以衡量信息不对称的程度，或者说投资者与经理人之间事前的信息质量差异。

上述分析表明，专有性成本是公司信息披露决策中的重要影响因素。如果披露是没有成本的，那么任何公司都将选择完全披露。正是由于专有性成本的存在，公司在进行信息披露时，需要权衡其在资本市场上获得的收益和其在产品市场上保留的竞争优势这两者之间孰轻孰重。过多的披露将导致公司在产品市场竞争中处于劣势地位，而较少的披露则可能引起投资者的疑虑从而提高公司的资本成本。当披露的收益足以弥补其专有性成本时，公司将选择披露专有性信息；当披露的专有性成本非常高昂时，公司将选择保留专有性信息（Nagar，1999；Kim，1999）。本章后面的理论模型都将专有性成本的存在作为一个已知的条件。

二、产品市场竞争策略与公司披露政策

在专有性成本理论框架下，公司信息披露决策与市场竞争密切相关。公司在进行信息披露时，要在获得资本市场再评价利益和保护产品市场长期竞争优势两者之间对披露进行权衡（Verrecchia，2001）。通过预期竞争者关于披露的反应行为对公司的可能影响，进而考虑这种影响的净收益，是公司自愿性披露决策的基础。一家公司是否披露在很大程度上取决于其竞争对手可能的反应。市场竞争、信息性质与公司自愿性披露决策之间的关系构成了公司自愿性披露策略问题的核心部分。接下来，笔者考察的重点就是单个公司如何根据自身所处的市场竞争环境以及所拥有的信息类型来制定自愿性披露决策。具体来说，将公司所面临的市场竞争分为产品市场竞争与金融市场竞争。首先探讨的是公司仅面临产品市场竞争时的情况。

（一）产品市场竞争与披露水平选择

由于竞争与专有性成本的高度相关，信息披露决策与产品市场竞争密切相关，公司是否披露在很大程度上取决于其竞争对手可能的反应。许多文章认为产品市场竞争水平越高，公司自愿披露水平就越低（Darrough，1993；Penno，1997；Dye，1998）。Clinch 和 Verrecchia（1997）通过建立一个双头垄断模型，把前面对专有性成本的研究扩展到企业以最大化预期收入（而不是当前的价值）为目标对披露政策的选择。

假定有两家在产品市场销售其产品并拥有私人信息的上市公司（知情厂商），第一家上市公司的产品价格为 $P_1 = \alpha + \beta \tilde{y} - x_1 - \gamma x_2$，第二家上市公司的产品价格为 $P_2 = \alpha + \beta \tilde{y} - \gamma x_1 - x_2$。$x_1$、$x_2$ 分别代表企业 1 和企业 2 的产量，γ 代表两家企业产品的替代程度或竞争程度，例如 $\gamma = 0$ 表示两家企业之间不存在竞争（各自在产品市场上对其所生产的产品都是一个垄断者），$\gamma = 1$ 表示两家企业生产完全相同的产品。设 $\tilde{y} = \tilde{y}_1 + \tilde{y}_2$，假定第一家企业观察到 $\tilde{y}_1 = y_1$，第二家企业观察到 $\tilde{y}_2 = y_2$，这里 $\tilde{y}_1$ 和 $\tilde{y}_2$ 都均匀地分布在区间 $[-k, k]$ 上。

这里，每个企业都面临着两种决策：首先，根据所观察到的信息（第一家企业为 y_1，第二家企业为 y_2）来决定是否披露该信息；其次，决定产量是多少（分别为 x_1、x_2）。假定每个企业都根据自己观察到的信息和竞争者自愿披露的信息来决定最优的产量水平。与第三章第二节中的模型不同：由于每个企业都需要根据观察到的信息做出决策，这就意味着它们都以未来的预期收入最大化（而不是当前收入）为目标来决定产量；同时，因为没有对 α、β、k 之间的关系作出假设，模型允许负的价格和负的产量的存在。当 $P_1 > 0$ 时，企业 1 生产一个正的产量 $x_1 > 0$，获得一个正的收入 $x_1 P_1 > 0$；然而当 $P_1 < 0$ 时，企业 1 的产量为负 $x_1 < 0$，同样获得一个正的收入 $x_1 P_1 > 0$。[①]

可以证明，在这个模型中，i 企业披露 y_i 的均衡存在于当 $y_i \in \left[\dfrac{\gamma \beta \hat{y}_i - 4\alpha}{\beta (4 + \gamma)}, \hat{y}_i \right]$

---

① 对负产量、正收入的一个解释是：如果企业收储市场上多余的商品（负产量），将会获得一个市场折扣（正收入）。

时，其中 $\hat{y}_i$ 满足方程 $\hat{y}_i = E\left\{\tilde{y}_i \mid y_i \notin \left[\dfrac{\gamma\beta\hat{y}_i - 4\alpha}{\beta\,(4+\gamma)},\ \hat{y}_i\right]\right\}$。该区间存在的一个

条件是 $0 < \hat{y}_i < \dfrac{4\alpha}{\beta\gamma}$，也就是说区间是跨越 0 值的。可以理解为：当 $y_i \in \big[-k,$

$\dfrac{\gamma\beta\hat{y}_i - 4\alpha}{\beta\,(4+\gamma)}\big]$ 或 $y_i \in \big[\hat{y}_i,\ k\big]$ 时，意味着"很剧烈"的消息，于是均衡情况
是"不披露"。

当 $y_i = \hat{y}_i$ 时，i 企业对于披露或不披露是无所谓的，因为 j 企业的预期保持不变。

当 i 企业观察到 $y_i > \hat{y}_i$ 时，将选择不披露。因为，假如 i 企业观察到 $y_i > \hat{y}_i$ 并且不披露，j 企业根据它的预期（$\hat{y}_j$）来决定产量，然而 i 企业知道需求将更高（观察到 $y_i > \hat{y}_i$），于是 i 企业将能够从它的竞争对手 j 企业过少的生产中获利。

当 i 企业观察到 $y_i < \hat{y}_i$ 时，将选择披露。因为，i 企业如果选择不披露则会遭受损失，原因与 $y_i > \hat{y}_i$ 的情况相反：相对于 i 企业对需求的了解而言，j 企业将产量设的太高（因为 j 企业预期 $\hat{y}_i$），这会迫使两个企业的产品价格都下跌，于是 i 企业将披露 $y_i < \hat{y}_i$。

当 i 企业的观察值 y_i 大大低于 $\hat{y}_i$ 时（比如：$y_i < \dfrac{\gamma\beta\hat{y}_i - 4\alpha}{\beta\,(4+\gamma)}$）时，$i$ 企业
的反应是降低产量，因为这可以抵消"不披露"所带来的负面影响。

更进一步地说，当 y_i 的值足够低时，i 企业将会从 j 企业的过度生产中获利。这是因为，当需求很低时，价格将为负值，此时 i 企业可以通过选择一个负的产量 x_i，从而得到一个正的收入 $x_i P_i > 0$。结果是 i 企业选择不披露 $\tilde{y}_i$ 的值 y_i 大大低于 j 企业的预期值 $\hat{y}_i$。

根据模型，不管事前（在观察到有关信息之前）承诺采取何种披露政策，事后（在 i 和 j 分别观察到 y_i、y_j 之后）企业都会采取有选择地披露，因此，在这里企业的披露政策是内生的。

同时，通过模型，我们也可以看出披露与产品市场竞争之间的关系：披露的区间和披露的概率随着产品市场竞争程度的增大（用 γ 来表示）而减小，更激烈的产品市场竞争意味着更少的披露。也就是说，产品市场竞

争阻碍了企业对其专有性信息的披露，竞争程度越高企业披露的概率就越小。①

（二）　竞争性质与披露政策

由于产品市场类型和竞争策略的多样性，竞争与披露之间的关系不是一成不变的。信息披露带来的专有性成本的大小取决于公司所处的特定竞争环境，以及公司所拥有的私人信息类型。因此，不仅是竞争程度，企业在产品市场中的竞争策略选择也将影响企业的披露决策。

一些学者的研究已经开始涉及产品市场竞争类型与披露选择之间的关系。他们的研究广泛运用了博弈论中的有关理论，包括合作与非合作博弈，同时博弈与序列博弈，也与微观经济学的产业组织理论密切相关，为处于不同市场竞争环境中的公司提供了制定披露策略的理论依据。这些经典研究多是在寡头垄断或者双头垄断的行业竞争背景下进行的②，每个公司拥有其竞争对手也同样关注的一些私人信息，包括共同参数（市场需求等）和每个公司的特征参数（例如私人成本等），公司之间博弈均衡的结果要么共享信息，要么隐藏信息。

根据产业组织理论，厂商之间的产品市场竞争策略包括：产量竞争（Capacity Competition）和价格竞争（Price Competition），即 Cournot 竞争和 Bertrand 竞争这两种基本类型。从 20 世纪 80 年代，一些学者的研究开始涉及产品市场竞争类型与披露选择之间的关系。他们的研究多是在寡头垄断或者双

---

① 需要指出的是，随着模型假设条件的改变，与此相反的结论也是可能存在的。Darrough - Stoughton（1990）和 Verrecchia（1990b）认为，在一个竞争性的市场中，行业竞争越强，公司的信息披露水平就越高。而另外一些文章则提出了相反的观点，Penno（1997）和 Dye（1998）就认为市场竞争水平越高，公司自愿披露水平就越低。Darrough（1993）的研究也认为：在某一行业中，竞争程度越低，披露信息的可能性就越大。

② Vives（1990）将研究拓展到了垄断竞争情况下的披露问题，在这种竞争状况下，任何单个公司都不能影响市场总需求。研究结果表明，非排他性的披露破坏了共享信息的动机，而排他性的披露则维持了这一动机。在他建立的需求不确定的二次正态模型中，信息共享在 Cournot 竞争下提高了预期总收入，但是在 Bertrand 竞争下则降低了预期总收入。

头垄断这样一些简化的特定行业竞争背景下进行的。① 尽管研究方法各不相同，但结果均表明产品市场竞争策略是影响公司自愿性披露决策的关键因素。

考察这些文献，不难发现，公司所拥有的私人信息的性质也是影响公司披露决策的重要因素。每个公司都拥有其竞争对手也同样关注的一些私人信息，这些信息可以根据其性质分为两种类型：一种是共同参数性质的信息，这种信息是为单个公司所拥有的关于整个行业的一些信息，例如公司对整个市场需求的预测、对行业前景的展望等。另一种则是特征参数性质的信息，它是指公司拥有的关于自身的一些信息，公司的专有性信息就是典型的特征参数信息。在特定的产品市场竞争策略下，私人信息的性质决定了公司是否会选择披露这些信息。

产品市场竞争中对公司自愿性信息披露决策的研究主要就是通过引入上述两种竞争策略和两种信息类型来分析竞争对手公司之间的博弈。这两种产品市场竞争策略和两种私人信息类型可以形成四种不同的策略组合，即 Cournot 竞争策略下当公司拥有的私人信息为共同参数信息以及特征参数信息时公司的披露决策，在 Bertrand 竞争策略下当公司拥有的私人信息为特征参数信息以及特征参数信息时公司的披露决策（可以简化表示为 Cournot/共同参数，Cournot/特征参数，Bertrand/共同参数和 Bertrand/特征参数）。许多文献从理论上研究了产品市场竞争类型、信息性质与公司自愿性披露决策这三者之间的关系，得出这四种不同组合策略的均衡的结果要么是共享信息，要么是隐藏信息。

Vives（1984）、Gal – Or（1985）和 Clarke（1983）等研究了厂商拥有不确定线性需求的情况。Vives（1984）的研究表明，如果两家公司的两种产品具有替代关系②，在 Cournot 竞争（即价格竞争）下隐藏信息将是占优策略，而在 Bertrand 竞争下隐藏信息将是占优策略。他的进一步研究表明在 Cournot 竞争下市场总产出永远不能达到最优，但是在 Bertrand 竞争下共享信息时则

---

① Vives（1990）将研究拓展到了垄断竞争情况下的披露问题，在这种竞争状况下，任何单个公司都不能影响市场总需求。研究结果表明，非排他性的披露破坏了共享信息的动机，而排他性的披露则维持了这一动机。在他建立的需求不确定的二次正态模型中，信息共享在 Cournot 竞争下提高了预期总收入，但是在 Bertrand 竞争下则降低了预期总收入。

② 正如 Clinch 和 Verrecchia（1997）中指出的，不同厂商的产品具有替代关系是他们形成竞争的基础，可以用两种产品的替代程度表示两个厂商的竞争程度。

有可能达到最优。因而得出 Bertrand 竞争比 Cournot 竞争更有效率的结论。Gal – Or（1985）研究了在一个寡头垄断市场上采取 Cournot 竞争企业在面临不确定的产品需求时的情况。每个公司都观察到一个关于需求的私人信号，并且决定是否以及如何向其他公司传递该信号。在信息传递阶段结束后，公司选择它的产量水平。他们得出的结论是：纯粹的策略均衡是对称的，并且是完美子博弈均衡。并且，他们证明了无论私人信号之间的相关程度如何，博弈的唯一"纳什均衡"的结果是不分享信息。

Gal – Or（1986）和 Shapiro（1986）等则研究了不确定性私人信息是关于成本时的情况。他们认为，在需求不确定的情况下，每一个厂商观察到模型中参数的一个私人信号，这一信号以相同的方式影响每一个厂商的支付函数。在成本不确定的情况下，每一个厂商也观察到模型中参数的一个私人信号，但是它以不同的方式影响每一个厂商。在"拍卖理论"中，第一种场景被称为"共同价值"问题，第二种场景则被称为"私人价值"问题（Gal – Or，1986）。他们证明了当面临着不确定的私人成本时，企业的信息披露策略将与 Vives（1984）的结论刚好相反，即在 Cournot 竞争下共享信息是占优策略，而在 Bertrand 竞争下隐藏信息是占优策略。

Li（1985）研究了在 Cournot 双头垄断下厂商分享关于共同参数以及公司特征参数的动机。他假定公司接收到的私人信息具有相同的精确度，并且该信息服从线性条件预期特征。他发现当公司特征参数不确定时，完全披露即共享信息是一个唯一的均衡；当共同参数不确定时，隐藏信息是唯一的均衡。无共享均衡集中于一点，在这一点上分享的策略随着信息总量的增加而逐渐被采纳。因此，随着公司数目的增加竞争性的均衡达到了有效性。

Darrough（1993）的研究综合了上述一些研究成果，他建立了一个两阶段的、非合作博弈模型来分析双头垄断市场上公司披露私人信息的动机。他的研究包括事前预先制定披露政策的动机和事后自愿性披露的动机。他的研究结果表明，在事前，在 Cournot 竞争/需求情况下，以及在 Bertrand 竞争/成本情况下，两个公司都将选择隐藏信息；而在 Cournot 竞争/成本情况下，以及在 Bertrand 竞争/需求情况下，两个公司都将选择共享信息。

表 3 – 1 总结了一些学者对上述四种不同的策略组合研究的结论。有五位学者的结论认为在 Cournot/共同参数情况下，不披露信息是占优策略；三位

学者认为在 Bertrand/共同参数情况下，厂商有充分动机共享信息；五位学者得出在 Cournot/特征参数情况下，企业将选择披露信息；三位学者证明了在 Bertrand/特征参数情况下，厂商将隐藏信息（见表3-1）。

表3-1　产品市场竞争策略、信息类型与披露决策的关系

（ND：不披露；D：披露；—：未考察的情况）

	Cournot/共同参数	Bertrand/共同参数	Cournot/特征参数	Bertrand/特征参数
Clarke（1983）	ND	—	—	—
Fried（1984）	—	—	D	—
Vives（1984）	ND	D	—	—
Gal-Or（1985）	ND	—	—	—
Li（1985）	ND	—	D	—
Sakai（1986）	—	D	—	—
Gal-Or（1986）	—	—	D	ND
Shapiro（1986）	—	—	D	ND
Darrough（1993）	ND	D	D	ND

根据上述分析及表3-1，我们可以总结出在不同竞争类型和信息性质条件下，厂商披露关于共同参数以及特征参数信息的决策选择：在 Cournot 竞争市场，当公司特征参数不确定时，完全披露即共享信息是一个唯一的均衡；当共同参数不确定时，隐藏信息是唯一的均衡。在 Bertrand 竞争市场，当公司特征参数不确定时，不披露是其最优选择；当共同参数不确定时，共享信息则构成唯一的均衡（见表3-2）。

表3-2　公司自愿信息披露的决策矩阵

竞争环境	私人信息类型	
	共同参数（需求）	特征参数（成本）
Cournot 市场	不披露	披露
Bertrand 市场	披露	不披露

值得关注的一点是，Darrough（1993）在进一步研究了公司事后披露的动机与事前披露决策的结论时出现了分歧。他认为这是因为披露的收益取决于信号的实现价值，当私人信息的存在受到怀疑而不被披露出来时，不披露被归因为那些被更好地隐藏起来的信号，于是，在均衡点上，公司很难成功地隐藏信息。事实上，在 Cournot 竞争/需求情况下，私人信息的所有价值也将被披露。相反，在 Bertrand 竞争/成本情况下，则很少能够观察到信息的披露。他认为对于每一替代率水平而言，Bertrand 竞争比 Cournot 竞争更具竞争性，从而得到这样一个推论：Cournot 竞争型企业倾向于披露更多信息，其总体信息披露水平较高；Bertrand 竞争型企业倾向于披露更少，其总体信息披露水平较低。

三、金融市场竞争与公司披露的"羊群行为"现象

（一） 自愿性披露的"羊群行为"

Dye 和 Sridhar（1995）发现一些公司的自愿性披露会促使行业内其他竞争对手相应的披露。例如在花旗银行（Citibank）宣布它向第三世界发放贷款的偿还违约率时，许多其他货币中心银行也纷纷效仿。在 Chambers Development 签署了废物处置合约后，许多其他废物管理公司都签署了该合约。Hugo 和 Andrew 飓风以及洛杉矶地震发生后，许多保险公司都披露了他们对潜在损失的赔偿金额。同一行业的竞争对手在披露信息时表现出"羊群行为"，不仅如此，这些事件背后还隐含着另外一个共同特征：这些披露是受到经理人试图影响金融市场对公司价值评价这一动机的驱动，而不是受到其他公司在产品市场上行为的驱动。

Dye 和 Sridhar（1995）认为关于公司自愿性披露动机与决策的已有文献不能解释上述现象。研究公司自愿性披露动机的文献忽略了一个公司的披露对其他公司的影响，或者说将这一影响看做外生给定的（Dye，1985；Jung - Kwon，1988；Verrecchia，1983）。研究披露策略对公司之间相互影响的文献强调了披露对产品市场竞争的影响，而没有关注披露对金融市场竞争的影响

（Clarke，1983；Fried，1984；Feltham - Gigler - Hughes，1992；Darrough，1993）。他们认为，行业内披露的"羊群行为"是因为在考虑到其他公司行为的同时，每一个公司都选择使其预期金融市场价格最大化的披露政策，即金融市场竞争因素也与公司自愿性披露密切相关。

上市公司之间为什么会出现这种信息披露的"羊群行为"呢？在行业内，一个公司的信息获取与同行业中其他公司的信息获取往往是呈正相关关系的，但是这种相关关系本身并不造成各公司信息披露之间的相关关系。根据 Grossman（1981）和 Milgrom（1981）的观点，如果投资者得知某个公司获取了信息，该公司将披露信息以区别于那些业绩更差的公司。然而，如果投资者不知道某些公司获取了信息，一家公司的披露将引起投资者重新评价那些已经获取信息但是还没有披露的公司的价值。因此，只要公司的信息获取之间存在着正相关关系，投资者的重新评价将引起足够数量的公司披露信息，以至于其他公司披露信息的可能性也增加了。

进一步地，公司的披露决策取决于公司获取信息的类型（Dye 和 Sridhar，1995）。如果行业中的任何一家公司在一个期间内获取了关于其自身的私人信息，同行业的其他公司也将获取关于自身的私人信息。公司的均衡披露政策取决于该公司是否仅仅获取了与自身相关的信息（即"私人信息"的情况），还是同时也获取了关于其他公司的信息（即"行业内共同信息"的情况）。因为每一时段每一家公司的临界披露水平也是当没有公司披露时的预期价格。在私人信息的情况下，由于不披露公司的预期价格随着行业内公司数量的增加而减少，披露临界值随着行业内公司数量的增加而降低，每一家公司披露的意愿随着行业内获取信息的公司数量的增加而增加。相反，在行业内共同信息的情况下，由于不披露公司的预期价格随着行业内公司数量的增加而增加。也就是说，随着行业内公司数量的增加，披露的临界值会增加，因而单个公司的披露意愿会下降。

在这两种信息的前提下，都存在着这样的均衡：如果没有一家公司在获取信息后披露，则此后也不会有任何公司进行披露。然而，这一均衡却是不稳定的，因为一旦一家公司做出了披露，投资者就知道所有公司都获取了信息，此时"羊群行为"会随之产生。这说明随着更多的公司获取了信息，所有公司最终进行披露的概率增加了。

　　此外，上市公司的披露决策还与所获信息的性质有关。当公司拥有好消息时，它们倾向于尽早披露；而当公司拥有坏消息时，它们倾向于延迟披露。这是因为在资本市场上，没有披露信息的公司在观察到同行业中其他公司披露信息后即获取了信息，这迫使拥有坏消息的公司在接下来的期间也披露这些信息，以使自己区别于那些更差的公司。

　　综上所述，我们可以发现，上市公司"羊群行为"背后隐含的一个共同特征：这些披露是受到公司试图影响资本市场对公司价值评价这一动机的驱动，而不是受到产品市场竞争对手行为的驱动。这是因为，在考虑到其他公司行为的同时，每一个上市公司都选择使其预期资本市场价格最大化的披露政策，即资本市场竞争因素也与公司自愿性披露决策密切相关。

（二）关于披露的"羊群行为"的一个理论解说

　　为了进一步说明上市公司披露的"羊群行为"，我们根据上面的分析建立了一个两阶段的博弈模型。假定：i 公司现金流的预期价值为一随机变量 $\tilde{x}_i$，也就是说，如果 i 公司披露 x_i，i 公司的价值就是 x_i。在给定公司披露政策以及所有公司当前和未来披露的条件下，如果企业不披露任何信息，公司的价值就是 $\tilde{x}_i$。

　　由于"羊群行为"是多个公司之间的现象，可以假定 i 公司（$i \in \{1, 2, \cdots, n\}$）是否获悉随机变量 $\tilde{x}_i$ 的实现值与其他 $n-1$ 个公司是否获悉该信息呈正相关关系。为了表示这种相关关系，我们假定一对事件，"E"和"NE"，发生的概率分别为 $p \in (0, 1)$ 和 $1-p$。在 E（或者 NE）发生的情况下，每个公司获得信息的概率 $q \in (0, 1)$（或者 $\hat{q} \in [0, q)$），它与其他任何一家公司获得信息的概率都是相互独立的。

　　我们假定 i 公司和 j 公司的现金流 $\tilde{x}_i$ 和 $\tilde{x}_j$ 是相互独立的（对于 $i \neq j$）。$\tilde{x}_i$ 属于区间 $[\underline{x}_i, \bar{x}_i]$，$\underline{x}_i < \bar{x}_i$。$F_i(g)$ 和 $f_i(g)$ 表示 $\tilde{x}_i$ 的累积分布和密度函数 $f_i(g)$ 是连续的。

　　假定 i 公司仅获得关于公司现值的信息 $\tilde{x}_i$，其他没有获得信息的公司面对一个零披露的决策。如果一个公司获得了私人信息但是并不披露，公司的预期价格与信息将是相互独立的；相反，如果公司披露了 x_i，其价格将为 x_i。

　　考虑一个两阶段的博弈过程：第一阶段，存在一个初始的公司披露策略，即截距项 x_{i1c}^n（上标 n 表示公司的数目），可以定义截距的集合为 $\{x_{i1c}^n\}_i$；类似的情况也适合于第二阶段的披露，假定 i 公司在第一阶段没有披露，投资者对 i 公司是否获得信息的后验概率受第一阶段披露公司数量 k 的影响。相应地，i 公司在第二阶段的截距项 x_{i2c}^n（k）随着 k 的变化而变化，定义第二阶段截距项的集合为 $\{x_{i2c}^n (k)\}_i$。为了描述上述截距项，我们令 $\Pr_i (\inf o|k)$ 为当 i 公司以外的 k 个公司在第一阶段披露信息时，投资者对 i 公司拥有信息的后验概率；类似地，令 $\Pr_i(\inf o|k, l)$ 表示当 i 公司以外的 k 个公司在第一阶段披露信息，i 公司以外的 l 个公司在第二阶段披露信息时，投资者对 i 公司拥有信息的后验概率；最后，令 $\Pr_i (k|\inf o)$ 和 $\Pr_i (l|k, \inf o)$ 分别表示当 i 公司拥有信息时，它对第一阶段 k 个公司将披露信息概率的预期，以及对第二阶段 l 个公司将披露信息概率的预期。因此，模型的均衡解是披露策略的集合 $\{x_{iuc}^n\}_{i,t}$ 与价格的集合 $\{P_{it}^{ND}\}_{i,t}$，具体如下：

　　如果 i 公司获知私人信息 x_i，当且仅当 $x_i \geqslant x_{i1c}^n$ 时，它将在第一阶段披露 x_i。

　　如果 i 公司获知私人信息 x_i，但是 i 公司以外的 k 个公司在第一阶段进行了披露，则当且仅当 $x_{i1c}^n > x_i \geqslant x_{i2c}^n (k)$ 时，i 公司将在第二阶段披露 x_i。

　　模型的截距项 x_{iic}^n 必须满足：如果 i 公司获取的信息为 $\tilde{x}_i = x_{i1c}^n$，公司对于披露与否是无差异的。如果 i 公司披露信息，公司的价格将为 x_{i1c}^n；如果 i 公司没有进行披露，而其他 k 个公司进行了披露，那么 i 公司价格将为 $P_{i1}^{ND} (k)$。公司将截距项设定为在不进行披露时公司的价格，此时的期望值需要考虑在第一阶段可能进行披露的公司的数量。第二阶段的情况类似。于是，就有

$$x_{i1c}^n = \sum_{k=0}^{n-1} \Pr_i (k|\inf o) P_{i1}^{ND} (k);$$

$$x_{i2c}^n (k) = \sum_{k=0}^{n-1-k} \Pr_i (l|k, \inf o) P_{i2}^{ND}(k, l), \text{对于任意} k \in \{0, 1, \cdots, n-1\}$$

　　这里，如果公司 i 在某一阶段没有进行披露，那么在该阶段该公司的均衡价格是假定投资者知道该公司没有获得信息时的价格（$E[\tilde{x}_i]$）与假定投资者知道该公司拥有信息但是选择不披露时的价格（在第一阶段为 $E[\tilde{x}_i|\tilde{x}_i < x_{i1c}^n]$；在第二阶段为 $E[\tilde{x}_i|\tilde{x}_i < x_{ic}^n]$）的加权平均数。具体的：

　　i 公司没有披露信息，而 k 个公司在第一阶段进行了披露，i 公司在第一

阶段的价格将为 $P_{i1}^{ND}(k)$，这里，

$$P_{i1}^{ND}(k) = \Pr_i(\inf o|k)\, E[\tilde{x}_i|\tilde{x}_i < x_{i1c}^n] + \Pr_i(no\inf o|k)\, E[\tilde{x}_i]$$

i 公司没有披露信息，而在第一阶段 k 个公司披露了信息，在第二阶段 l 个公司披露了信息，i 公司在第二阶段的价格降为 $P_{i2}^{ND}(k,l)$，这里：

$$P_{i2}^{ND}(k,l) = \Pr_i(\inf o|k,l)\, E[\tilde{x}_i < x_{ic}^n(k)] + \Pr_i(no\inf o|k,l)\, E[\tilde{x}_i]$$

其中，$x_{ic}^n(k) = \text{Min}\{x_{\leq i1c}^n, x_{\leq i2c}^n(k)\}$

进一步地，对于私人信息模型，有 $1 > q > \hat{q} \geq 0$，如果对任意 $i \in \{1, 2, \cdots, n\}$，$\{\tilde{x}_i\}_i$ 是独立同分布的，并且 $x_i - E[\tilde{x}_i|\bar{x}_i \leq x_i]$ 随着 x_i 的增加缓慢增加[①]，则对于任意均衡的 $\{x_{i1c}^n\}_{i,t}$，$\{P_{it}^{ND}\}_{i,t}$，都有：

①对于任意 i 和第二阶段的任意非占优截距，$P_{i1}^{ND}(k)$ 都随着 k 的增加严格递减；

②存在着这样一个 $k^* \in \{1, \cdots, n-1\}$，使得：如果在第一阶段披露信息的公司数量 k 小于或者等于 k^*，那么，那些在第一阶段获得信息但是没有披露的公司都将不会在第二阶段披露信息，并且 $P_{i2}^{ND}(k,0) = P_{i1}^{ND}(k)$；如果在第一阶段披露信息的公司数量超过 k^*，那么，那些在第一阶段获得信息但是没有披露的公司，有可能会在第二阶段进行披露，并且对于任意 k 都有 $P_{i2}^{ND}(k,l)$ 随着 l 的增加严格递减。

总结上述模型，我们可以看到：随着更多的公司披露信息，投资者对于事件 E 发生的事后估计随之增加，由于 $q > \hat{q}$，于是没有进行披露的公司拥有信息的可能性也增加了。因为，当某家公司没有进行披露时，投资者很合理地会怀疑该公司是否已经获取了信息。而且，随着第一阶段披露信息的公司数目的增加，投资者的怀疑程度会提高。因此，$P_{i1}^{ND}(k)$ 随着 k 的增加而严格递减。同时，基于上述分析，模型描述了一种典型的资本市场竞争导致的公司信息披露的"羊群行为"。这一"羊群行为"具有这样的特征：一家公司披露的可能性随着先前已经披露过信息的其他公司的数目增加而增加。每当 $\tilde{x}_i$ 的现值在区间 $[x_{i2c}^n(k), x_{i1c}^n)$ 内下降时，i 公司就会发生这种"羊群行为"。模型说明，拥有上述信息的公司在第一阶段将不会进行信息披露，

---

①　该假设条件期望 $E[\tilde{x}_i|\tilde{x}_i \leq x_i]$ 的增加速度不超过向上增加的 x_i。许多同分布函数都符合这一条件，并且该条件许多时候都被用来刻画披露政策。

但是当且仅当 $k > k^*$ 家其他公司在第一阶段进行了披露的情况下，将在第二阶段进行披露。

第二节 产品市场竞争与上市公司自愿性 信息披露策略：实证研究

第一节从理论上分析了专有性成本框架下以及产品市场竞争环境下公司的披露政策选择。根据构建的理论，我们可以得到这样的基本研究假设：采用产量竞争策略的公司比采用价格竞争的公司更倾向于披露更多的信息。为了检验我国证券市场上市公司披露决策是否存在上述关系，我们运用 Kedia（1998）提出的竞争策略测度方法，以上证 180 指数权重公司为样本进行了经验研究。研究结果表明：我国上市公司的披露决策的确受到公司产品市场竞争策略的影响，表现出：产量竞争型公司倾向于更多披露，价格竞争型公司披露水平较低的特征。而且，受产品市场竞争策略与企业信息披露选择存在的上述关系的影响，价格竞争型企业和产量竞争型企业表现出不同的资本市场融资倾向。

一、产品市场竞争策略度量模型

根据前述的理论，我们将产品市场竞争策略划分为产量竞争和价格竞争两类。同一行业的公司是一组典型的生产替代性产品的竞争性企业。由于产品及行业性质的差异，不同行业中企业之间的产品竞争类型也各不相同，即存在产量竞争和价格竞争的不同策略选择。为了能够对同行企业间的产量竞争或价格竞争行为进行界定，Bulow、Geanakoplos 和 Klemperer（1985）提出了两个概念：策略性替代（Strategic Substitutes）和策略性互补（Strategic Complements）。[①] 当一家公司在采取某种行为 x^i 时，考虑到竞争对手的行为 x^j，

---

① 这与传统经济理论中通过判断公司的总利润是否随着竞争对手行为策略增加或者减少来区分是替代关系还是互补关系有所不同。

反应函数为 $x^i = R^i (x^j)$，如果与其自身行为相关的边际利润 π^i_{xi} $[R^i (x^j), x^j]$ 递减，或者 $R^{i'} (x^j)$ 为负数，我们就说该公司的行为是策略性替代；反之，该公司的行为就是策略性互补。

其中，x^i 和 x^j 分别为 i 公司与 j 公司的策略性行为，R^i 为 i 公司对 j 公司行为的反应函数，并且有 $x^i = R^i (x^j)$，π^i 为 i 公司的利润函数，既是 x^i 的函数，也是 x^j 的函数。

因此，i 公司利润最大化的一阶条件是 $\pi^i_{xi}[R^i (x^j), x^j] = 0$，根据此式，我们可以求得：

$$R^{i'} (x^j) = \frac{\pi^i_{xixj}[R^i (x^j), x^j]}{-\pi^i_{xixi}[R^i (x^j), x^j]}. \tag{3.2}$$

由于利润函数最大化的二阶条件 π^i_{xixi} 的值为非正数，所以 $R^{i'}$ 与 π^i_{xixj} 的符号相同。如果 $\pi^i_{xixj} > 0$，那么反应曲线将向上倾斜，两个公司的行为将被认为是策略性互补。如果 $\pi^i_{xixj} < 0$，那么反应曲线将向下倾斜，两个公司的行为将被认为是策略性替代。

Bulow 等（1985）的研究证明在线性需求函数和不变边际成本曲线的假设条件下，产量竞争通常为策略性替代行为，而价格竞争通常为策略性互补行为。[①] 即 x 为产量竞争行为时，$\pi^i_{xixj} < 0$；x 为价格竞争行为时，$\pi^i_{xixj} > 0$。令寡头垄断市场上 i 公司的一般需求函数为 $D^i (x^i, x^j)$，i 公司的成本函数为 $C^i (x^i, x^j)$，这里的 x 既可以是价格也可以是数量，为公司及其竞争对手的决策变量（选择变量）。当选择变量为价格时，$D^i (x^i, x^j)$ 是一个典型的需求函数。当选择变量为产量时，我们可以认为 $D^i (x^i, x^j)$ 是一个反转的需求函数。因此，i 公司的总利润函数为

$\pi^i = D^i (x^i, x^j) x^i - C^i (x^i, x^j)$

$d [\pi_i] = \beta_1 x^i dx^i + \beta_2 dx^i + \beta_3 x^i dx^j + \beta_4 dx^j$

其中，$\beta_1 = D^i_{ii}(x^i, x^j)$，$\beta_2 = 2D^i_i(x^i, x^j) - C^i_{ii}(x^i, x^j)$，

$\beta_3 = D^i_{ij}(x^i, x^j)$，$\beta_4 = D^i_j(x^i, x^j) - C^i_{ij}(x^i, x^j)$。

dx^j 的系数，即 π^i_{xixj}，由 $\beta_3 x^i + \beta_4$ 给出，也即 i 公司所采取的竞争策略。

----

① Bulow 等（1985）在他们的论文中论述到，虽然不能证明样本公司是否满足线性需求和不变边际成本曲线的假设，但是他们认为这与真实世界最接近。

如果上式两边同除以 x^i，则得到：

$$\frac{d\left[\pi_i^i\right]}{x^i} = \beta_1 dx^i + \beta_2 \frac{dx^i}{x^i} + \beta_3 dx^j + \beta_4 \frac{dx^j}{x^i} \tag{3.3}$$

二、产品市场竞争策略经验测度

（一）长期 Kedia 值和 CLM 检验

由于对反应函数斜率的测算需要运用公司层面的产量以及价格数据，而这些数据很难得到，因此需要寻找产量与价格的替代变量来进行测算。基于下述假定：当竞争类型是产量竞争时，价格保持不变；当竞争类型是价格竞争时，产量保持不变。Sundaram 等（1996）和 Kedia（1998）均采用销售额作为替代选择变量。他们证明了在线性需求和不变边际成本的假设下，运用销售额作为选择变量估计得到的反应函数的符号与当用产量或者价格作为选择变量时求得的真实反应函数的符号相同，尽管数值是不同的。

我们选取公司主营业务收入 s 作为替代变量对式（3.3）进行 OLS 估计，可以得到系数 β_3 和 β_4，由此估计策略性相互影响 $\beta_3 \bar{s} + \beta_4$ 的值。而通过回归模型我们可以控制成本函数随着时间的变动。这里 $\bar{s}$ 为 i 公司在统计期间内的平均销售收入。

竞争类型的判断标准为：如果零假设 $\hat{\beta}_3 \bar{s} + \hat{\beta}_4 = 0$ 在 10% 的显著性水平下不能被 F 检验拒绝，就可以认为公司不采取任何明确的策略性竞争行为；如果 $\hat{\beta}_3 \bar{s} + \hat{\beta}_4$ 显著为负，则认为公司的竞争策略为策略性替代，即产量竞争；如果 $\hat{\beta}_3 \bar{s} + \hat{\beta}_4$ 显著为正，则认为公司的竞争策略为策略性互补，即价格竞争。[1]

为了进一步区别具有明确竞争策略公司和竞争策略不清晰（或无竞争战略）公司的行业类型，需进一步测算公司实施不同类型竞争策略的程度。这里，我们运用 F 检验中的 P 值，引入竞争可能性检验，即 CLM（Competition

---

[1] Kedia（1998）检验应用的数据期间为 1987～1995 年，其检验结果指出，一旦公司被分类为典型的策略替代或策略互补，它们基本上在样本期都保持竞争性质不变。

Likelihood Measure) 检验。当 $\hat{\beta}_3 \bar{s} + \hat{\beta}_4 < 0$ 时，$CLM = 1 - \dfrac{P}{2}$；当 $\hat{\beta}_3 \bar{s} + \hat{\beta}_4 > 0$ 时，$CLM = \dfrac{P}{2}$。CLM 值分布在 [0，1] 区间上，代表 T 检验的积累密度函数。当 CLM 值不断趋近于 1 时，说明公司采取产量竞争策略的可能性不断提高；当 CLM 值不断趋近于 0 时，说明公司实行价格竞争策略的可能性不断提高。

（二）样本选取及说明

本书选择上证 180 指数的样本公司为研究对象，选取该样本对象的理由是：

（1）上证 180 指数所涵盖的公司在其所在行业中具有较强的代表性，大部分主要行业中规模大、效益好、实力强的企业均被包含其中。这些公司的行为会对市场产生重要影响，比较符合 Bulow 等（1985）模型中寡头垄断控制下的竞争性质，这些公司应用的竞争策略必然在其所在行业具有很强的代表性。

（2）具有行业领导性质的公司同样会将竞争对手设定在与其具有同等或者相近实力的公司范围内，因为一般来说小公司无论采取什么策略，都对大公司不构成威胁。大公司在做决策之前也不可能考虑到市场上每一家公司对自己决策的反应，他是通过研究同样可以左右市场的其他大公司的反应制定自身策略的。上证 180 的样本公司囊括了具有较强实力的同行业公司，以此范围考察大公司之间的竞争策略，比较符合行业竞争的实际情况。

（3）上证 180 样本公司所包含的行业主要是关系国计民生等支柱性行业，比如金属冶炼及压延加工业、食品业、建筑业、医药业、电子计算机业等，这些行业无论是在国内还是国外都是支持经济蓬勃发展的最重要、最活跃的因素，因此对上证 180 指数包含公司竞争策略的考察能较好反映市场经济中各种竞争策略应用。

我们对 180 家上证 180 指数样本公司进行了进一步的筛选，75 家公司因各种原因被剔除。其中，样本不连续 36 家，行业特征不明显 13 家，行业内样本太少或行业具有行政垄断性质 26 家。我们将剩下的 105 家样本上市公司归入 13 个行业类别，获得 105 家公司在 2001 ~ 2003 年间的各项相关指标。全部数据来源于浙江大学世华金融市场实验中心和国泰安公司的 CSMAR 数据库。

（三）　检验结果及分析

运用 OLS 进行回归，得到 $\hat{\beta}_3\bar{s}+\hat{\beta}_4$ 值和 CLM 值，详见附表 1。

模型回归分析的结论如下：

能源业。能源在总体上的稀缺性必然导致其生产经营以产量竞争为主，但是由于政治（如国际原油市场受国家政治左右）以及区域性（如煤炭采掘地等局部地区供给过剩）等原因，个别公司也会采取价格竞争的策略。

电器业。近年来，我国家用电器（如彩色电视机、电冰箱等）制造业展开了大规模的价格战，因此这一行业无疑是最典型的应用价格竞争策略的代表性行业，回归分析的结果也很有力地证明了这一点。

房地产业。由于该行业在 2002～2003 年得到了迅猛发展，市场正日趋饱和，同时房地产业的产量也要受客观条件限制，如可开发土地、建设周期等，因此产量竞争行为受到制约，行业整体上趋向于价格竞争。

纺织业。行业可以按产品用途细分为诸多子业，每个二级子业都有适应产量竞争或价格竞争策略的自身特点，因此行业竞争策略不明显。但由于中国的纺织品大量出口，存在产量竞争的趋势。

交通运输服务业。主要包括各种交通设施的建设和运输服务企业。近年来我国经济高速发展，对交通运输服务的需求持续增加，该行业还处于供不应求的发展阶段，因此行业竞争策略以产量竞争为主。

化学原料及化学制品业。由于化学制品的多样性，该行业包含众多细分的二级行业，竞争策略也不尽相同，特征不明显。

计算机业。IT 业在中国的发展还不成熟，停留在较低级的程序复制阶段，不能靠高科技降低成本或增加高附加值，因此仍以产量竞争为主，但是个别相对实力较强的公司可以应用价格竞争策略。

运输设备制造业。该行业属生产资料行业且附加值变化较大，各公司市场定位不同，竞争策略选择也存在显著差异。

金属冶炼业。典型的规模经济产业，由于寡头垄断下的行业定价受制于领导价格，因此采取产量竞争策略。

食品业。由于食品种类繁多，涵盖宽泛，既可以实现产品差异化产量竞争，也可以有同质产品价格竞争倾向，行业竞争策略不明显。

通信及相关设备制造业。检验结果反映此行业竞争策略不明显，这可能是由于目前该行业存在同一市场的价格竞争和市场拓展中的产量竞争并存的局面，还没有形成行业主流的竞争策略。

建筑业。该行业属基础性产业，具有生产周期长、建设成本高、行业利润平均化等特点，是一个典型的产量竞争行业。

医药制造业。该行业是涉及国计民生的特种行业，由于受一定程度的价格管制，因此采取产量竞争策略。

根据上述分析，我们可以发现 105 家样本公司的行业竞争策略相当丰富（见表 3-3）。总的来说，行业 CLM 值在区间 [0，0.4] 和区间 [0.7，1] 的企业，表现出较为典型而清晰的产量或价格竞争策略，而行业 CLM 值位于区间 (0.4，0.7) 的企业，一般不存在典型、明确的竞争策略。

表 3-3　上证 180 指数样本公司行业 CLM 值和竞争策略

行业类型	公司家数	CLM 值	行业竞争策略
电力、煤炭及能源业	11	0.602	不典型产量竞争
电器、电子机械及器材制造业 *	10	0.057	典型价格竞争
房地产开发与经营业 *	8	0.378	典型价格竞争
纺织服装业	7	0.551	混合竞争
公共设施、交通运输服务业 *	12	0.744	典型产量竞争
化学原料及化学制品制造业	6	0.505	混合竞争
计算机及相关设备制造业	5	0.632	不典型产量竞争
交通运输设备制造业	5	0.554	混合竞争
金属冶炼及压延加工业 *	15	0.772	典型产量竞争
食品制造业	7	0.46	混合竞争
通信及相关设备制造业	5	0.529	混合竞争
建筑业 *	5	0.998	典型产量竞争
医药制造业 *	9	0.749	典型产量竞争

注：带 * 的为具有典型竞争策略的行业，共包括 59 家企业。

三、竞争策略与自愿性披露关系分析

（一）模型构建

我们构建如下总体回归模型来分析产品市场竞争策略与自愿性披露策略之间的关系：

$$DL_{it} = \alpha_0 + \alpha_1 CA_{it} + \alpha_2 PA_{it} + \alpha_3 S_{it} + \alpha_4 FP_{it} + \alpha_5 FGO_{it} + \alpha_6 DFL_{it} + \varepsilon_{it} \quad (3.4)$$

其中：因变量 DL 为公司自愿披露水平。目前国内还没有一个类似于 AIMR 披露指数的关于上市公司自愿披露水平的权威度量指标[1]，因此，本书借鉴 Botosan（1997，2002）的方法，采用检验期间公司每年披露的临时公告数量作为反映公司披露水平的指标。

自变量：CA 为产量竞争虚拟变量，当公司采用典型产量竞争策略时，取值为 1，否则为 0；PA 为价格竞争虚拟变量，当公司采取典型价格竞争策略时，取值为 1，否则为 0。

控制变量：模型设置了 4 个影响公司自愿披露水平的控制变量。其中，S 代表公司规模（Size），本书用检验期间每年 12 月 31 日该上市公司股票收盘价计算的市场价值的自然对数作为公司规模的参量表征；FP 为公司的业绩表现（Firm Performance），本书采用 EPS 为检验指标；FGO 为公司未来成长期望（Future Growth Opportunity），本书采用滞后一期的主营业务增长率为检验指标；DFL 为公司财务杠杆。

i 代表第 i 家公司，t 代表检验年份。

（二）数据及结果

我们以上述 105 家上证 180 指数样本公司为样本，数据收集过程中剔除

---

[1]　美国投资管理研究协会（Association for Investment and Management Research，AIMR）公布的信息披露指数是被广泛引用的权威性指标。

了 2 家公司，原因是样本数据不全。我们对 103 家公司在 2001～2003 年共
309 个样本数据进行统计分析。变量相关性检验如表 3-4 所示。

表 3-4　回归模型各变量的相关系数矩阵

	DL	CA	PA	S	FP	FGO	DFL
DL	1.000	0.402	-0.269	0.105	0.070	0.156	0.127
CA	0.402	1.000	-0.372	0.065	0.093	0.190	-0.059
PA	-0.269	-0.372	1.000	0.099	-0.067	-0.049	-0.045
S	0.105	0.065	0.099	1.000	0.289	0.042	-0.105
FP	0.070	0.093	-0.067	0.289	1.000	0.042	-0.196
FGO	0.156	0.190	-0.049	0.042	0.042	1.000	-0.069
DFL	0.127	-0.059	-0.045	-0.105	-0.196	-0.069	1.000

　　表 3-4 数据表明，各解释变量之间的相关关系不明显，只有 CA 与 PA 之
间系数偏大，原因在于样本数据中不同虚拟变量数量相对于数据总量比例较高，
随着样本数据的增加，两者之间的关系将趋近于不明显。因此，可以不考虑多
重共线性对模型结果的影响。模型（3.3）回归分析的结果如表 3-5 所示。

表 3-5　回归模型的 OLS 估计

	系数	标准差	T 统计	P 值
CA	6.479	1.099	5.898	0.000
PA	-3.527	1.393	-2.532	0.012
S	1.728	0.912	1.895	0.059
FP	0.845	1.637	0.516	0.606
FGO	2.498	1.428	1.749	0.081
DFL	0.550	0.498	3.114	0.002
R^2	0.22		F 统计量	14.021
D. W. 统计量	1.876276		P 值	0.000

　　本书所选样本数据为面板数据（Panel Data），即包含时间序列的横截面数
据。一般而言，采用时间序列数据样本的计量模型易产生序列相关性，而采用

横截面数据样本的计量模型易产生异方差性。在表3-5结果中，D. W. 统计量检验值接近于2，说明模型不存在一阶自相关性。进一步地，我们运用"怀特检验"（White Test，1980）对模型的异方差性进行检验，结果如表3-6所示。

表3-6　回归模型异方差性的"怀特检验"值

F 统计量	2.659175	P 值	0.004015
χ^2 统计量	25.30250	P 值	0.004801

表3-6结果显示，在1%显著水平下我们应拒绝原回归方程误差同方差的零假设，接受回归方程误差项存在异方差的备选假设。因此原方程不能满足古典线性回归模型随机扰动项 ε_{it} 须同方差的重要前提。也就是说，总体回归模型存在一定程度的异方差问题（见图3-1）。

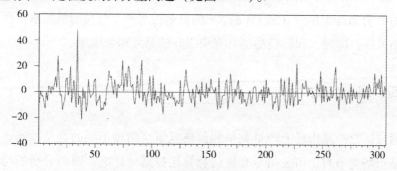

图3-1　回归方程残差的散点分布图

针对上述异方差问题，我们运用加权最小二乘法（WLS），对回归模型（3.4）进行异方差性修正，WLS估计的结果如表3-7所示。

表3-7　加权回归分析的结果

变量	系数	标准差	T 统计量	P 值
CA	6.474414	0.125790	51.47004	0.0000
PA	-3.181058	0.102434	-31.05462	0.0000
S	0.117099	0.006053	19.34453	0.0000
DFL	1.204977	0.158889	7.583764	0.0000

变量	系数	标准差	T 统计量	P 值
FP	1. 112443	0. 222956	4. 989517	0. 0000
FGO	2. 307563	0. 271225	8. 507917	0. 0000
R^2	0. 999701		F 统计量	1631. 692
D. W. 统计量	1. 822928		P 值	0. 000000

表 3 - 7 结果显示，模型进行异方差修正后各项指标均得到改善，模型的解释能力进一步增强。根据统计检验的结果，CA，S，FP，FGO 和 DFL 与自愿披露水平 DL 均呈正相关关系，PA 与自愿披露水平呈负相关关系，这与前述 Darrough（1993）结论一致。其中，CA 与 PA 变量 T 统计量的绝对值均大于 2，说明本书所考察的竞争策略自变量的显著性较好。CA 与 PA 变量 F 检验下的 P 值趋近于 0，CA 和 PA 在 5% 的显著性水平下与自愿披露水平存在明显的相关性。同时，回归模型也具有相当好的总体拟合优度。

四、研究结论

通过区分产品市场上产量竞争和价格竞争这两种不同的竞争策略，检验了产品市场竞争对上市公司专有性信息自愿披露的影响。回归分析的结果显示，变量 CA 与因变量 DL 呈正相关关系，且在 5% 的水平下显著，表明采取产量竞争策略的公司倾向于进行更多的自愿披露；变量 PA 与因变量 DL 呈负相关关系，同样在 5% 的水平下显著，表明采取价格竞争策略的公司倾向于减少自愿披露。这一结论证明了我们在本节开头提出的理论假设。同时，运用中国上市公司数据取得的这一实证结论也与 Bulow 等（1985）、Darrough（1993）和 Kedia（1998）的研究结论取得一致，说明产品市场竞争策略对上市公司信息披露的影响具有普遍性。

研究结论还显示，产品市场的竞争性质可能影响到企业与资本市场的关系。根据表 3 -3 所示，在我们所选择的 105 家上证 180 指数公司样本中，属于典型价格竞争的仅 2 个行业 18 家公司，占样本公司数的 17.1%；而属于典型价格竞争的则达6个行业57家公司，占样本公司数的54.3%。可见，由于资本市场存在强制性信息披露要求，价格竞争型企业有可能为了避免支付披露信息带来的专有性成本，而降低在资本市场融资的积极性；与此相反，由于存在自愿披露动机，资本市场往往成为产量竞争型企业愿意选择的重要融资渠道。

第三节 披露的"羊群行为"：基于资本性支出预告的实证研究

笔者以我国上市公司为研究对象，考察了我国上市公司在自愿性信息披露方面是否存在"羊群行为"。自愿性信息披露包括许多方面的内容，通过对我国上市公司信息披露行为的长期观察，笔者发现上市公司在资本性支出预告披露方面表现出较为明显的"羊群行为"特征。因而本书选择以资本性支出预告披露为研究对象，检验了我国交通运输行业上市公司的自愿性披露是否存在"羊群行为"。

实证结果表明该行业的上市公司在披露资本性支出预告方面的确存在着某种程度的"羊群行为"，即单个公司披露的概率与同行业中已经披露的公司比率呈正相关关系，同时这一概率还随着已有披露的内容和精确度的变化而变化。通过引入声誉变量，我们还发现声誉较差的公司产生"羊群行为"的概率较高。基于理性"羊群行为"理论，笔者深入分析了披露的"羊群行为"产生的两条途径：即受到同行业中其他公司已有披露的影响（"信息羊群行为"）以及出于维持好的管理声誉的动机（"声誉羊群行为"）。

一、研究假说

当做出一个披露决策的可能性随着做出相同决策的公司数量的增加而增加时，就出现了披露的"羊群行为"。通常来说，当各个公司的经营策略相似时，公司价值、私人信息以及信息获取之间的相互关系体现得更显著。因此，同行业披露的"羊群行为"要更为显著，而在行业之间独立的披露决策则占主导地位。因此，我们这里仅研究行业内披露的"羊群行为"。为了识别这种"羊群行为"，笔者考察了公司披露资本支出预告的概率是否与同行业中已经披露该信息的公司的比例呈正相关关系。这就是本书的核心假说：

假说1：公司披露资本性支出预告信息的概率与行业内已经披露该信息的公司的比例呈正相关关系。

假定公司的披露决策具有连续性特征，我们进一步考察了公司披露资本性支出预告的概率是否随着同行业中已有披露的方向（即披露资本性支出将增加还是减少）与性质（即是定性的披露还是实质内容）以及信息质量的变化而变化。当同行业中其他公司的总体方向呈现正向特征（即正向的支出预告）时，我们有理由假定主体公司进行正向披露的概率将增加。而当行业内已有披露的精确度较高时，我们认为"羊群行为"将表现得更加明显，这是因为更精确的披露传递了更多的私人信息。于是，我们可以得到第二个和第三个假说：

假说2：公司披露资本性支出预告的概率与同行业其他公司已经披露的资本支出预告的总体方向呈正相关关系。

假说3：公司披露资本性支出预告的可能性与同行业其他公司已经披露的资本支出预告的精确程度呈正相关关系。

二、研究方法

（一）Cox 比例风险模型

将采用事件史分析（Event History Analysis）[①] 方法中经典的连续时间模型[②]——Cox 比例风险模型（Cox Proportional Hazards Model）的基本原理对我

---

① 参见 Yamaguchi, Kazuo. 1991. Event History Analysis. Applied Social Science Research Methods Series Volume 28. Newbury Park, CA：Sage Publications, Inc：1。

② 事件史分析模型分为离散时间模型和连续时间模型。如果时间单位很大，就可以称之为离散时间；如果时间单位小，则称之为连续时间。在实际操作中通常的原则是当时间单位为一年或者更长时间的话，就将其作为离散时间对待，采用离散时间模型处理；如果单位是月、星期甚至更小的单位，我们就将其作为连续时间对待，采用连续时间模型处理。

国上市公司资本性支出预告披露是否存在"羊群行为"进行实证研究。Cox
比例风险模型的标准形式如下：①

$$h\ [t\,|\,X\ (t)\ ]\ =h_0\ (t)\ \exp\ [X\ (t)\ \beta]\qquad\qquad(3.5)$$

这里，$t=1, 2, \cdots, T$ 表示一系列离散的时间间隔（如月或者星期），任意
$T\geqslant1$ 表示持续期（Spell 或 Duration），即披露发生的等待时间；X (t) 表示随时
间变化的协变量②（Time – varying Covariates）的向量；应变量 h $[t\,|\,X$ $(t)\ ]$ 是
在 t 时期披露发生的"风险率"（Hazard Rate）或者说是概率③，以到时期 t 为止
的协变量的历史数据为条件；β 是系数向量；而 h_0 (t) 是指不确定的基准风
险函数（Baseline Hazard Function），它是在所有协变量均为 0 时披露发生的
一般概率，它可以以任何形式出现。该模型的基本原理在于用每一家公司发
生披露的持续期来估计协变量对 t 时期披露发生概率的影响。在估计出系数
（β_1, β_2, $\cdots$, β_n）后，我们就可以根据 $\exp\beta_i$ 估计出协变量 x_i 的变动对风险
率即披露概率的影响程度，可以看出这种影响程度是一个固定倍数，这就是
Cox 模型被称为比例风险模型的原因。

Cox 比例风险模型中几个最重要的概念是风险集（Risk Pool）、风险率
（Hazard Rate）、持续期（Spell）和删截（Censoring）。风险集表示在不同时
点上经历某一相同事件风险的个体集合。对于离散时间模型，风险率可以解
释为在特定时间某一特定主体发生某一事件的概率（前提是在这个特定时间
该主体属于风险集），对于连续时间模型，风险率可以解释为每一事件发生
的瞬时概率密度。持续期则是指从开始观察的时点到事件发生的时间间隔或
者说等待时间。如果到观察结束时事件尚未发生，我们就称该研究主体被删
截了。在实际操作中，我们设定一个 event 变量，在观察期内事件发生了，我
们赋予 event = 1，如果发生了删截，我们赋予 event = 0。

---

① 参见 Cox，David R，1972，Regression Models and Life Tables，Journal of Royal Statistical Society
B34：187 – 220。

② 在 Cox 比例风险模型中，自变量被称为协变量。

③ 对于风险概率（Hazard Rate）的精确定义为：事件在很短的时间段 [t, $t+\Delta t$) 内发生的概率，
可以表示为：$h\ [t\,|\,X\ (t)\ ]\ =\lim\limits_{\Delta t\to0}\dfrac{P\ [t\leqslant T<t+\Delta t\,|\,T\geqslant1,\ X\ (t)\ ]}{\Delta t}$。

（二）PWP 模型

在标准的 Cox 回归中，通常单个事件对于每一主体仅发生一次（例如，死亡、初次生育、初次结婚），而传统的持续期分析将重复事件看做是独立的，并且没有考虑到后续事件（Subsequent Events）有可能会受到先前事件的影响。然而我们所要研究资本性支出预告披露是可以重复的，并且单个公司的多个预告是一种自然排序的事件（Naturally Ordered Events），也就是说，新的预告不可能发生在初始预告公布之前。基于资本性支出预告披露的上述特征，我们借鉴 Prentice、Williams 和 Peterson（1981）[①] 三位学者提出的条件事件间时间模型（Conditional Interevent Time Model）来处理自然排序下重复事件的情况，我们将其简称为 PWP 模型。PWP 模型可以表示如下：

$$h_k\left[t\,|\,X\left(t\right),\ k-1\right]=h_{0k}\left(t-t_{k-1}\right)\exp\left[X_k\left(t\right)\beta\right] \qquad (3.6)$$

这里 $h_k\left[t\,|\,X\left(t\right),\ k-1\right]$ 是在到 t 时期为止发生第 k 次披露的概率，以协变量的历史数据和已经发生 $k-1$ 次披露为条件；$h_{0k}\left(t-t_k\right)$ 是发生第 k 次披露的基准风险；$X_k\left(t\right)$ 是随时间和披露次数 k 的变化而变化的时间变量（Time – varying Covariates）的向量。可以看出，PWP 模型通过允许在第一次披露之后继续对风险函数（Hazard Function）进行估计从而修正了 Cox 模型，使得我们对于多重事件每一次发生概率的分析也变得行之有效。

图 3 - 2　多次资本性支出预告的风险集划分

关于 PWP 模型中重复事件的自然排序特征，我们可以用图 3 - 2 简单地

---

① 对于风险概率（Hazard Rate）的精确定义为：事件在很短的时间段 $[t,\ t+\Delta t]$ 内发生的概率，可以表示为：$h\left[t\,|\,X\left(t\right)\right]=\lim\limits_{\Delta t\to 0}\dfrac{P\left[t\leqslant T<t+\Delta t\,|\,T\geqslant 1,\ X\left(t\right)\right]}{\Delta t}$。

进行描述。从图 3 - 2 中我们看到一家公司只有在披露了第 k - 1 次资本性支出预告后才有可能披露第 k 次预告，也就是说，t 时期位于第 k 个风险集的公司数量仅限于那些已经披露了第 k - 1 次预告的公司数量。

在该模型中，每一家公司每次披露的持续期采用两次披露之间的时间间隔来计算。图 3 - 3 和表 3 - 8 举例说明了多次披露的持续期计算及风险集划分。三家公司在观察期开始时都位于风险集 1，公司 1 直到第 3 个月才发生披露，那么第一次披露的持续期就是 3，在发生了第一次披露后公司 1 进入风险集 2。公司 2 在第 2 个月发生了披露，第一次披露的持续期为 2，此后进入风险集 2；在第 4 个月又发生了披露，第二次披露的持续期为 (4 - 2)，此后进入风险集 3。而公司 3 一直到观察期结束时都没有发生披露，我们说公司 3 发生了删截，它始终位于风险集 1。

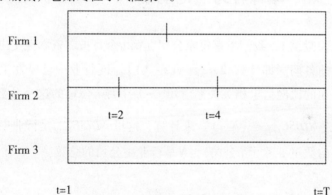

图 3 - 3　披露的持续期 (Spell)

表 3 - 8　公司持续期数据面板

公　司	披露的月份	Event	Spell	风险集 (k)
1	1	0	1	1
1	2	0	2	1
1	3	1	3	2
1	T	0	T - 3	2
2	1	0	1	1
2	2	1	2	2
2	3	0	1	2

续表

公　司	披露的月份	Event	Spell	风险集（k）
2	4	1	2	3
2	T	0	T－4	3
3	1	0	T	1

三、模型构建

（一）对"羊群行为"的判断

为了检验假说 1，我们考察每家公司在第 t 个月披露资本性支出预告的概率是否与以前各期（即 $[1, 2, \cdots, (t-1)]$）同行业中已经发生过一次以上披露的公司的比例呈正相关关系。第 $t-1$ 个月 i 公司的这一参数 $PCTDISC_{it-1}$ 可以用 $\sum_{t=1}^{t-1} NDISC_{l \neq i,t} / (N-1)$ 来计算，这里 $NDISC_{l \neq i,t}$ 是行业中进行预测披露的公司的数量（除了 i 公司），N 是行业中公司的总数。

（二）对披露方向的度量

为了检验假说 2，我们设立了披露的方向 DIR_{it} 这一指标。如果资本性支出预测将增加支出，则 DIR_{it} 取 1；如果预测将减少支出，则 DIR_{it} 取 -1。我们将所有 $t-1$ 个月里的披露方向值进行加总，就得到了行业内所有公司披露信息总的度量值，即 $IND\_DIR_{it-1} = \sum_{t=1}^{t-1} DIR_{l \neq i,t} / (N-1)$。

（三）对信息精确度的度量

为了检验假说 3，我们采用序数变量 $SPEC_{it}$ 来衡量每一家披露的精确度。

当披露为定性时，则 $SPEC_{it}$ 取 1，当披露为定量时，则 $SPEC_{it}$ 取 2。行业的总体指标为 $IND\_SPEC_{it-1} = \sum_{t=1}^{t-1} \dfrac{SPEC_{l \neq i,t}}{NDISC_{l \neq i,t}}$。

（四）　控制变量——对于声誉的度量

影响上市公司资本性支出预告披露的因素很多，我们这里主要考虑上市公司的管理声誉对其披露决策的影响。笔者构建了三个指标从不同角度比较全面地衡量了上市公司的管理声誉。这三个指标分别为：$FORT_{it}$，在最近三年内只要有一次被《财富》中文杂志评为中国上市公司 100 强的企业该值就取 1，否则取 0；LMF_{it}，是否海外上市，如果样本公司在海外上市，则该值取 1，否则取 0；$COMP_{it}$，是否为上证 180 指数成份股，是则取 1，否则取 0。

根据前述理论，可以得到检验资本性支出预告披露"羊群行为"的基本模型：

$$h_k\left[t \mid X(t),\ k-1\right] = h_{ok}\left(t - t_{k-1}\right) \exp\left[\begin{array}{c}\beta_1 PCTDISC_k + \beta_2 IND\_DIR_k \\ + \beta_3 IND\_SPEC_k + \beta_4 FORT_k \\ + \beta_5 LFM_k + \beta_6 COMP_k\end{array}\right] \quad (3.7)$$

四、样本及数据

（一）　样本选取

笔者选择在上海证券交易所上市的所有交通运输行业的上市公司为研究对象，样本总数为 39 家公司。研究期间为 2002 年 7 月 1 日到 2005 年 7 月 1 日三年时间。由于有 8 家公司上市晚于 2002 年 7 月 1 日，另外有 4 家公司在观察期间曾经被 ST 或者暂停交易，因此剔除了这 12 家公司，最终确定的研究样本为 27 家公司。[①]

---

① 由于目前我国尚没有关于公司资本性支出预告披露信息的专门数据库，手动搜集数据的难度与工作量非常大，因此笔者以有限的精力只能尝试对某一特定行业进行披露的"羊群行为"研究。对于其他行业或者跨行业的研究方法类似。

（二）　数据获得

所有关于资本性支出预告信息的披露均来源于上海证券交易所关于上市公司的临时公告摘要。我们以月份作为时间间隔来进行分析，因此共分为 36个研究期间。协变量均用月度数据来衡量的（如果没有月度数据，则采用可获得的最小时间单位数据），所有的变量值都在第 $t-1$ 月的月末度量。对于 1个月内发生的多次披露我们只计一次，图 3-4 反映了考察期间内所有样本公司资本性支出预告披露的按月分布图。

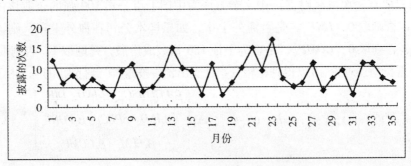

图 3-4　资本性支出预告披露的按月分布图

如果月度内发生两次以上披露，且披露的方向相反，我们综合考虑月度内多次披露总体方向赋予 DIR_{it} 1 或者 -1 值；如果月度内多次披露的精确度不一致，我们根据月度内最为详尽的一次披露赋予 $SPEC_{it}$ 1 或者 2 值。单个公司披露方向与精确度的赋值方法见附表 2 中的具体例子。根据前述对于三个主要协变量的定义以及对单个公司特征值的统计，我们可以得到每一期协变量的取值。而控制变量中的三个声誉指标只要通过公司基本信息或者《财富》中文杂志就可获得。

五、结果分析

根据我们的模型（式 3.7），我们运用 SPSS 统计软件包中生存分析中的

Cox 回归分别对 $k=1$，2，3 三种情况进行了资本支出预告披露的"羊群行为"检验。三种情况下的回归结果分别是：

（1）$k=1$。这种情况下检验的是所有样本公司首次进行资本性支出预告披露是否存在"羊群行为"。有关协变量的数据见附表3，回归的结果见表3-9a和3-9b：

表3-9a 方程中变量的回归系数及其检验

	B	SE	Wald	df	Sig.	Exp（B）
$PCTDISC_1$	-2.002	2.873	0.485	1	0.486	0.135
IND_DIR_1	3.850	5.376	0.513	1	0.474	46.973
IND_SPEC_1	-2.192	2.161	1.029	1	0.310	0.112
$FORT_1$	0.146	0.982	0.022	1	0.882	1.157
LFM_1	-0.188	1.145	0.027	1	0.870	0.829
$COMP_1$	-0.063	0.462	0.019	1	0.891	0.938

表3-9b 模型的检验

-2Log Likelihood	Overall（score）			Change From Previous Step			Change From Previous Block		
	Chi-square	df	Sig.	Chi-square	df	Sig.	Chi-square	df	Sig.
87.247	22.803	6	0.001	51.453	6	0.000	51.453	6	0.000

表3-9a输出了 $k=1$ 时方程中协变量的回归系数及其检验值。我们看到 $PCTDISC_1$ 及 IND_SPEC_1 的系数为负数，说明这两个变量与单个公司的披露概率呈负相关，这与经验事实并不符合，回归的结果并不理想，"羊群行为"不明显。笔者认为回归结果不理想的原因是观察期间的第一次披露具有很强的偶然性，研究的期间都是从0开始，各公司真正的披露间隔期要大于我们所观察的期间数据。

但是从回归的结果我们可以看出各公司披露决策受到行业内资本性支出预告总体披露方向 IND_DIR_1 的正向影响，此外，声誉指标之一是否为《财富》中文上市公司100强指标 $FORT_1$ 也与公司披露决策具有正相关关系。

图 3 – 5a 是协变量均数的累积风险函数图，其横轴表示持续期，纵轴表示累计的披露概率。从图中我们看到各公司在前 8 个月发生披露"羊群行为"的可能性不大。图 3 – 5b 是协变量均数的 Log minus Log（LML）函数图，以 ln（– ln）转换后的累计生存函数估计值图，用来检验比例风险的假设。从图中我们可以看出由于曲线的变化幅度较大，所以不符合比例风险的假设。

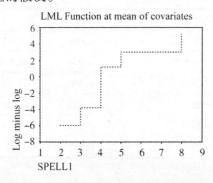

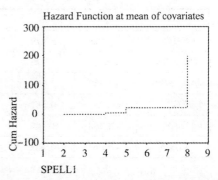

图 3 – 5a　协变量均数累积风险函数图　　　图 3 – 5b　协变量均数 LML 函数图

（2）$k = 2$。这种情况下检验的是所有样本公司第 2 次进行资本性支出预告披露是否存在"羊群行为"。有关协变量的数据见附表 4，回归的结果见表 3 – 10a 和表 3 – 10b。

表 3 – 10a　方程中变量的回归系数及其检验

	B	SE	Wald	df	Sig.	Exp（B）
$PCTDISC_2$	0.544	5.875	0.009	1	0.926	1.723
IND_DIR_2	2.719	5.732	0.225	1	0.635	15.159
IND_SPEC_2	– 0.412	0.377	1.192	1	0.275	0.663
$FORT_2$	– 1.242	1.024	1.472	1	0.225	0.289
LFM_2	1.319	0.900	2.149	1	0.143	3.741
$COMP_2$	– 0.722	0.569	1.609	1	0.205	0.486

表 3 – 10b　模型的检验

–2Log Likelihood	Overall（score）			Change From Previous Step			Change From Previous Block		
	Chi – square	df	Sig.	Chi – square	df	Sig.	Chi – square	df	Sig.
125. 770	9. 462	6	0. 149	10. 486	6	0. 106	10. 486	6	0. 106

　　从表 3 – 10b 中我们看到检验值 –2Log Likelihood 和卡方值都比较合理，此次回归的结果较为理想。表 3 – 9a 输出了 $k = 2$ 时方程中协变量的回归系数及其检验值。$PCTDISC_1$ 及 IND_SPEC_1 的系数均为正值，较好地支持了假说 1 和假说 2。根据比例风险的含义，我们可以得到这样的结论：当同行业其他公司之前所有期间披露的比例增加 1 个单位时，单个公司本期披露的概率是原来的 exp（0. 544）= 1. 723 倍。此外，单个公司披露决策仍然受到行业内资本性支出预告总体披露方向 IND_DIR_2 的正向影响。

　　此次回归生成的协变量均数累积风险函数图和 LML 函数图如图 3 – 6a、图 3 – 6b 所示。我们从图 3 – 6a 中可以看出，在首次披露后的 5 个月内，公司披露出现"羊群行为"的概率稳步上升，在 5 个月后出现较大幅度的增加，"羊群行为"显著。LML 函数曲线的变化幅度相对于图 3 – 6b 比较平稳，较好地拟合了比例风险的假设。

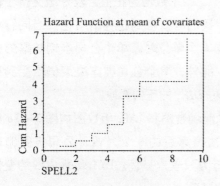
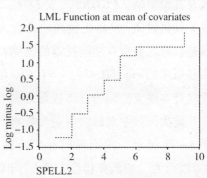

图 3 – 6a　协变量均数累积风险函数图　　图 3 – 6b　协变量均数 LML 函数图

　　（3）$k = 3$。这种情况下检验的是所有样本公司第 3 次进行资本性支出预告披露是否存在"羊群行为"。有关协变量的数据见附表 5，回归的结果见表 3 – 11a 和表 3 – 11b。

表 3 - 11a　方程中变量的回归系数及其检验

	B	SE	Wald	df	Sig.	Exp（B）
$PCTDISC_3$	0.429	2.875	0.022	1	0.881	1.536
IND_DIR_3	1.242	3.475	0.128	1	0.721	3.463
IND_SPEC_3	-2.442	1.224	3.980	1	0.046	0.087
$FORT_3$	0.068	1.207	0.003	1	0.955	1.071
LFM_3	-0.003	1.226	0.000	1	0.998	0.997
$COMP_3$	-0.038	0.447	0.007	1	0.932	0.963

表 3 - 11b　模型的检验

-2Log Likelihood	Overall（score）			Change From Previous Step			Change From Previous Block		
	Chi - square	df	Sig.	Chi - square	df	Sig.	Chi - square	df	Sig.
129.700	7.066	6	0.315	5.742	6	0.453	5.742	6	0.453

　　从表 3 - 11b 中我们看到检验值 - 2Log Likelihood 和卡方值基本合理，此次回归的结果也比较理想。表 3 - 11a 输出了 $k = 3$ 时方程中协变量的回归系数及其检验值。$PCTDISC_3$ 及 IND_SPEC_3 的系数均为正值，较好地支持了假说 1 和假说 2。根据比例风险的含义，我们可以得到这样的结论：当同行业其他公司之前所有期间披露的比例增加 1 个单位时，单个公司本期披露的概率是原来的 exp（0.429）＝1.536 倍。此外，单个公司披露决策仍然受到行业内资本性支出预告总体披露方向 IND_DIR_3 的正向影响。

　　此次回归生成的协变量均数累积风险函数图和 LML 函数图如图 3 - 7a 和图 3 - 7b 所示。我们可以看出，在首次披露后的 8 个月内，公司披露出现"羊群行为"的概率稳步上升，"羊群行为"较为显著。LML 函数曲线的变化幅度比较小，较好地拟合了比例风险的假设。

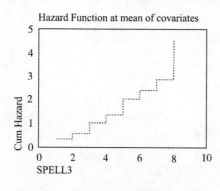
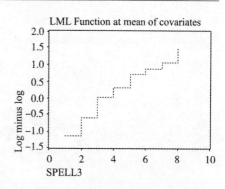

图 3 –7a　协变量均数累积风险函数图　　　图 3 –7b　协变量均数 LML 函数图

运用 Cox 比例回归分别对 $k=1$，2，3 三种情况下上市公司资本性支出预告信息披露是否存在"羊群行为"进行了实证检验。我们可以看到，除了 $k=1$ 时不支持本文的原假设外，$k=2$，3 时都很好地证实了披露的"羊群行为"的存在。第一次回归结果不理想在很大程度上归因于各公司在观察期间内第一次披露具有很强的偶然性，我们人为的假定研究的期间都是从 0 开始，实质上各公司真正的披露间隔期要大于等于我们所观察的期间数据。

（4）$k=2$，3 时，我们观察到的披露行为已经覆盖到整个研究期间的第 31 个月，已经非常能够说明问题，我们无须继续对 $k\geqslant4$ 的情况进行重复工作。当 $k\geqslant4$ 时，许多公司都将发生删截的情况。

附 录

附表 1 作为竞争策略检验样本的上证 180 指数权重公司

$(\hat{\beta}_3\bar{s} + \hat{\beta}_4$ 和 CLM$)$

代码	名称	行业类别	$\hat{\beta}_3\bar{s} + \hat{\beta}_4$	CLM
	总计数	105		
	电力、煤炭及能源业	11		0.602
600098	广州控股	电力、蒸汽、热水的生产和供应	0.018228885	0.398
600121	郑州煤电	电力、蒸汽、热水的生产和供应	− 0.0176373	
600011	华能国际	电力、蒸汽、热水的生产和供应	− 0.024675184	
600642	申能股份	电力、蒸汽、热水的生产和供应	− 0.024979527	
600744	华银电力	电力、蒸汽、热水的生产和供应	− 0.008622949	
600795	国电电力	电力、蒸汽、热水的生产和供应	− 0.024862189	
600863	内蒙华电	电力、蒸汽、热水的生产和供应	− 0.022821891	
600123	兰花科创	煤炭采选业	− 0.019920379	
600188	兖州煤业	煤炭采选业	− 0.023823731	
600395	盘江股份	煤炭采选业	− 0.017755888	
600508	上海能源	煤炭采选业	− 0.021506404	
	电器、电子机械及器材制造业	10		0.0565
600183	生益科技	电器机械及器材制造业	0.518547887	
600690	青岛海尔	电器机械及器材制造业	0.520629132	
600835	上菱电器	电器机械及器材制造业	0.520545412	
600854	春兰股份	电器机械及器材制造业	0.52014572	
600171	上海贝岭	电子元器件制造业	0.518763989	
600207	安彩高科	电子元器件制造业	0.519433759	

续表

代码	名称	行业类别	$\hat{\beta}_3\bar{s}+\hat{\beta}_4$	CLM
600602	广电电子	电子元器件制造业	0.515415921	
600060	海信电器	日用电子器具制造业	0.518766473	
600637	广电信息	日用电子器具制造业	0.515166487	
600839	四川长虹	日用电子器具制造业	0.519918124	
	房地产开发与经营业	8		0.3775
600064	南京高科	房地产开发与经营业	1.557440889	
600322	天房发展	房地产开发与经营业	1.599528354	
600383	金地集团	房地产开发与经营业	1.509830899	
600638	新黄浦	房地产开发与经营业	1.621889366	
600639	浦东金桥	房地产开发与经营业	1.610481983	
600641	中远发展	房地产开发与经营业	1.576456174	
600663	陆家嘴	房地产开发与经营业	1.352615934	
600675	中华企业	房地产开发与经营业	1.34324813	
	纺织业	7		0.5505
600156	ST鑫泰	纺织业	− 0.232799599	
600626	申达股份	纺织业	− 0.19161849	
600630	龙头股份	纺织业	− 0.083469832	
600851	海欣股份	纺织业	− 0.10465541	
600086	ST多佳	服装及其他纤维制品制造业	0.031048098	
600177	雅戈尔	服装及其他纤维制品制造业	− 0.067886596	
600555	茉织华	服装及其他纤维制品制造业	− 0.137880262	
	公共设施、交通运输服务业	12		0.7435
600008	首创股份	公共设施服务业	− 0.859797958	
600741	巴士股份	公共设施服务业	− 0.834594006	
600033	福建高速	公路运输业	− 0.808272634	
600548	深高速	公路运输业	− 0.851101812	
600386	北京巴士	公路运输业	− 0.589195404	
600115	东方航空	航空运输业	− 0.770721829	
600221	海南航空	航空运输业	− 0.817948567	

代码	名称	行业类别	$\hat{\beta}_3\bar{s}+\hat{\beta}_4$	CLM
600270	外运发展	航空运输业	− 0.822977388	
600009	上海机场	交通运输辅助业	− 0.836594135	
600018	上港集箱	交通运输辅助业	− 0.851370958	
600377	宁沪高速	交通运输辅助业	− 0.839609038	
600717	天津港	交通运输辅助业	− 0.80624995	
	化学原料及化学制品制造业	6		0.5045
600871	仪征化纤	化学原料及化学制品制造业	− 0.111083523	
600096	云天化	化学原料及化学制品制造业	− 0.087544334	
600135	乐凯胶片	化学原料及化学制品制造业	− 0.103966502	
600309	烟台万华	化学原料及化学制品制造业	− 0.12626027	
600315	上海家化	化学原料及化学制品制造业	− 0.086789542	
600727	鲁北化工	化学原料及化学制品制造业	− 0.487156275	
	计算机及相关设备制造业	5		0.6315
600498	烽火通信	计算机及相关设备制造业	0.131253243	0.3685
600588	用友软件	计算机及相关设备制造业	− 0.02611669	
600100	清华同方	计算机应用服务业	− 0.067324084	
600657	青鸟天桥	计算机应用服务业	− 0.051916357	
600718	东软股份	计算机应用服务业	− 0.013525692	
	交通运输设备制造业	5		
600006	东风汽车	交通运输设备制造业	0.052672408	
600104	上海汽车	交通运输设备制造业	0.038966844	
600151	航天机电	交通运输设备制造业	− 0.040314908	0.554
600890	长春长铃	交通运输设备制造业	0.013841554	0.446
600372	昌河股份	交通运输设备制造业	− 0.062867863	
	金属冶炼及压延加工业	15		0.772
600001	邯郸钢铁	金属冶炼及压延加工业	− 0.014980226	
600005	武钢股份	金属冶炼及压延加工业	− 0.014357514	
600010	钢联股份	金属冶炼及压延加工业	− 0.014577877	

续表

代码	名称	行业类别	$\hat{\beta}_3\bar{s}+\hat{\beta}_4$	CLM
600019	宝钢股份	金属冶炼及压延加工业	−0.021217858	
600102	莱钢股份	金属冶炼及压延加工业	−0.014514746	
600126	杭钢股份	金属冶炼及压延加工业	−0.014127381	
600282	南钢股份	金属冶炼及压延加工业	−0.013344835	
600307	酒钢宏兴	金属冶炼及压延加工业	−0.014013154	
600569	安阳钢铁	金属冶炼及压延加工业	−0.013810369	
600665	沪昌特钢	金属冶炼及压延加工业	−0.013719536	
600748	浦东不锈钢	金属冶炼及压延加工业	−0.014519517	
600808	马钢股份	金属冶炼及压延加工业	−0.013003196	
600894	广钢股份	金属冶炼及压延加工业	−0.012897695	
600205	山东铝业	金属冶炼及压延加工业	−0.01563933	
600362	江西铜业	金属冶炼及压延加工业	−0.013713887	
	食品制造业	7		0.46
600519	贵州茅台	食品制造业	4.256986374	
600127	金健米业	食品制造业	4.34388397	
600073	上海梅林	食品制造业	3.682596381	
600186	莲花味精	食品制造业	3.081350762	
600887	伊利股份	食品制造业	−0.940211142	0.54
600600	青岛啤酒	食品制造业	3.875521409	
600779	全兴股份	食品制造业	1.005691414	
	通信及相关设备制造业	5		0.5285
600076	青鸟华光	通信及相关设备制造业	−883.0556139	
600122	宏图高科	通信及相关设备制造业	−883.4253163	
600345	长江通信	通信及相关设备制造业	−883.0704282	
600654	飞乐股份	通信及相关设备制造业	−883.1173985	
600776	东方通信	通信及相关设备制造业	−884.2402436	
	建筑业	5		0.998
600528	中铁二局	土木工程建筑业	−0.08490856	
600068	葛洲坝	土木工程建筑业	−0.204017896	
600170	上海建工	土木工程建筑业	−0.081991913	

续表

代码	名称	行业类别	$\hat{\beta}_3\bar{s}+\hat{\beta}_4$	CLM
600266	北京城建	土木工程建筑业	−0.128615752	
600820	隧道股份	土木工程建筑业	−0.12815722	
	医药制造业	9		0.749
600062	双鹤药业	医药制造业	−0.029411096	
600085	同仁堂	医药制造业	−0.029009721	
600129	太极集团	医药制造业	−0.029144506	
600196	复星药业	医药制造业	−0.028845612	
600267	海正药业	医药制造业	−0.028755108	
600332	广州药业	医药制造业	−0.030111459	
600380	健康元	医药制造业	−0.028777517	
600664	哈药集团	医药制造业	−0.030161099	
600849	上海医药	医药制造业	−0.030462337	

说明：删除公司共75家，类型包括样本不连续公司36家，行业特征不明显13家，行业内样本公司太少或行业具有行政垄断性质26家。

附表2　资本性支出预告披露方向与精确度的赋值方法
——以东方航空（600115）为例

日期	INDDIR	INDSPEC	资本性支出预告披露内容
2002−08−19	+1	2	中国东方航空股份有限公司和武汉市国有资产管理委员会（办公室）、上海均瑶航空投资有限责任公司、武汉高科控股集团有限责任公司签署的合营合同已于2002年8月16日获民航总局批复，决定共同投资设立一家提供航空运输服务及其延伸服务的有限责任公司——东航武汉有限公司，投资公司注册资本为陆亿元人民币。公司出资形式为货币形式，出资金额为人民币贰亿肆仟万元整，占40%。投资期限为30年

日期	INDDIR	INDSPEC	资本性支出预告披露内容
2003 - 08 - 26	+1	1	中国东方航空股份有限公司于 2003 年 8 月 25 日召开 2003 年第三届董事会第四次例会暨第 17 次普通会议，会议审议通过同意与中国东方航空集团公司合资组建东方航空食品投资有限公司，注册资本为 3.5 亿元人民币，公司占 45% 的股权，公司以下属的航空食品公司的资产经评估后投入，不足部分以现金补足
2004 - 04 - 09	+1	1	公司计划对西北航和云南航航空主业及关联资产进行收购。到目前为止，该项资产收购尚未完成
2004 - 10 - 11	+1	1	中国东方航空股份有限公司于 2004 年 10 月 9 日与空中客车公司（下称：空客）签订《飞机购买协议》，向空客购买 20 架 A330 - 300 飞机。此项购机交易合同的市场公布价格每架飞机为 1.629 亿到 1.70 亿美金，该价格同时受到飞机设计重量和所选发动机（配置发动机为罗尔斯罗伊斯公司制造的 TRENT772B 发动机）等影响。上述 20 架飞机计划自 2006 年 1 月开始交付，至 2008 年 8 月交付完毕

资料来源：上海证券交易所网站。

附表 3　k = 1 时变量的基本数据

	公司简称	$Spell_1$	Event	PCTDISC$_1$	INDDIR$_1$	INDSPEC$_1$	FORT$_1$	LFM$_1$	COMP$_1$
1	东北高速	10.00	1.00	21.15	15.00	15.30	0	0	0
2	上海机场	2.00	1.00	0.00	0.00	0.00	0	0	1
3	上港集箱	2.00	1.00	0.00	0.00	0.00	0	0	1
4	中海发展	2.00	1.00	0.00	0.00	0.00	1	1	1
5	福建高速	9.00	1.00	17.69	13.08	13.50	0	0	1
6	南京水运	8.00	1.00	16.54	11.92	11.50	0	0	0
7	重庆路桥	14.00	1.00	31.92	23.46	23.50	0	0	0
8	东方航空	2.00	1.00	0.00	0.00	0.00	1	1	1
9	铁龙物流	2.00	1.00	0.00	0.00	0.00	0	0	0

	公司简称	$Spell_1$	Event	$PCTDISC_1$	$INDDIR_1$	$INDSPEC_1$	$FORT_1$	LFM_1	$COMP_1$
10	锦州港	2.00	1.00	0.00	0.00	0.00	0	0	0
11	海南航空	2.00	1.00	0.00	0.00	0.00	0	0	1
12	赣粤高速	2.00	1.00	0.00	0.00	0.00	0	0	1
13	外运发展	4.00	1.00	6.92	3.85	3.80	0	0	1
14	港九股份	2.00	1.00	0.00	0.00	0.00	0	0	0
15	营口港	9.00	1.00	17.69	13.08	13.50	0	0	1
16	西藏天路	4.00	1.00	6.92	3.85	3.80	0	0	0
17	五洲交通	9.00	1.00	17.69	13.08	13.50	0	0	1
18	宁沪高速	9.00	1.00	17.69	13.08	13.50	1	0	1
19	北京巴士	2.00	1.00	0.00	0.00	0.00	0	0	0
20	中远航运	2.00	1.00	0.00	0.00	0.00	0	0	0
21	深高速	5.00	1.00	10.00	6.15	5.70	0	1	1
22	亚通股份	4.00	1.00	6.92	3.85	3.80	0	0	0
23	天津港	3.00	1.00	4.62	3.08	2.00	0	0	1
24	中储发展	2.00	1.00	0.00	0.00	0.00	0	0	0
25	宁波海运	3.00	1.00	4.62	3.08	2.00	0	0	0
26	中海海盛	9.00	1.00	17.69	13.08	13.50	0	0	0
27	厦门航空	20.00	1.00	51.54	38.46	35.20	0	0	0

附表4 k=2时变量的基本数据

	公司简称	$Spell_2$	Event	$PCTDISC_2$	$INDDIR_2$	$INDSPEC_2$	$FORT_2$	LFM_2	$COMP_2$
1	东北高速	3.00	1.00	2.85	2.08	21.60	0	0	0
2	上海机场	9.00	1.00	2.50	1.88	17.10	0	0	1
3	上港集箱	1.00	1.00	0.42	0.27	2.00	0	0	1
4	中海发展	1.00	1.00	0.42	0.27	2.00	1	1	1
5	福建高速	2.00	1.00	2.50	1.81	17.10	0	0	1
6	南京水运	2.00	1.00	2.08	1.46	15.30	0	0	0
7	重庆路桥	1.00	1.00	3.73	2.81	25.30	0	0	0
8	东方航空	4.00	1.00	1.15	0.77	7.50	1	1	1

续表

	公司简称	$Spell_2$	Event	$PCTDISC_2$	$INDDIR_2$	$INDSPEC_2$	$FORT_2$	LFM_2	$COMP_2$
9	铁龙物流	4.00	1.00	1.15	0.77	7.50	0	0	0
10	锦州港	3.00	1.00	0.96	0.58	5.70	0	0	0
11	海南航空	3.00	1.00	0.96	0.58	5.70	0	0	1
12	赣粤高速	1.00	1.00	0.42	0.27	2.00	0	0	1
13	外运发展	3.00	1.00	1.42	1.12	9.50	0	0	1
14	港九股份	2.00	1.00	0.65	0.42	3.80	0	0	0
15	营口港	5.00	1.00	3.15	2.31	23.50	0	0	1
16	西藏天路	1.00	1.00	0.96	0.58	5.70	0	0	0
17	五洲交通	5.00	1.00	3.15	2.31	23.50	0	0	0
18	宁沪高速	13.00	1.00	5.73	4.42	39.10	1	0	1
19	北京巴士	1.00	1.00	0.42	0.27	2.00	0	0	0
20	中远航运	2.00	1.00	0.65	0.35	3.80	0	0	0
21	深高速	2.00	1.00	1.42	1.04	9.50	0	1	1
22	亚通股份	6.00	1.00	2.08	1.46	15.30	0	0	1
23	天津港	5.00	1.00	1.62	1.15	11.50	0	0	1
24	中储发展	4.00	1.00	1.15	0.77	7.50	0	0	0
25	宁波海运	1.00	1.00	0.65	0.42	3.80	0	0	0
26	中海海盛	5.00	1.00	3.15	2.31	23.50	0	0	0
27	厦门航空	1.00	1.00	5.35	4.04	37.50	0	0	0

附表5　k=3时变量的基本数据

	公司简称	$Spell_3$	Event	$PCTDISC_3$	$INDDIR_3$	$INDSPEC_3$	$FORT_3$	LFM_3	$COMP_3$
1	东北高速	5.00	1.00	4.54	3.38	31.20	0	0	0
2	上海机场	6.00	1.00	4.42	3.35	29.20	0	0	1
3	上港集箱	1.00	1.00	0.62	0.31	3.80	0	0	1
4	中海发展	3.00	1.00	1.12	0.81	7.50	1	1	1
5	福建高速	1.00	1.00	2.62	1.92	19.60	0	0	1
6	南京水运	4.00	1.00	3.12	2.27	23.50	0	0	0
7	重庆路桥	1.00	1.00	4.08	3.08	27.30	0	0	0

续表

	公司简称	$Spell_3$	Event	$PCTDISC_3$	$INDDIR_3$	$INDSPEC_3$	$FORT_3$	LFM_3	$COMP_3$
8	东方航空	4.00	1.00	2.04	1.42	15.30	1	1	1
9	铁龙物流	3.00	1.00	1.69	1.23	13.50	0	0	0
10	锦州港	8.00	1.00	2.81	2.04	21.60	0	0	0
11	海南航空	1.00	1.00	1.12	0.73	7.50	0	0	1
12	赣粤高速	9.00	1.00	2.62	1.92	19.60	0	0	1
13	外运发展	3.00	1.00	2.04	1.50	15.30	0	0	1
14	港九股份	1.00	1.00	0.92	0.62	5.70	0	0	0
15	营口港	5.00	1.00	4.96	3.73	33.20	0	0	1
16	西藏天路	1.00	1.00	1.12	0.73	7.50	0	0	0
17	五洲交通	7.00	1.00	8.81	6.65	55.90	0	0	0
18	宁沪高速	2.00	1.00	6.62	5.23	42.80	1	0	1
19	北京巴士	1.00	1.00	0.62	0.31	3.80	0	0	0
20	中远航运	3.00	1.00	1.38	1.00	6.50	0	0	0
21	深高速	2.00	1.00	1.69	1.23	13.50	0	1	1
22	亚通股份	2.00	1.00	2.62	1.92	19.60	0	0	0
23	天津港	2.00	1.00	2.04	1.42	15.30	0	0	1
24	中储发展	8.00	1.00	3.12	2.27	23.50	0	0	0
25	宁波海运	5.00	1.00	1.69	1.31	13.50	0	0	0
26	中海海盛	1.00	1.00	3.69	2.77	25.30	0	0	0
27	厦门航空	3.00	1.00	6.62	5.23	42.80	0	0	0

第四章　自愿性信息披露
监管理论研究

第一节　自愿性信息披露监管概论

一、监管的界定

关于监管，学术界至今还没有形成一个能被各个方面学者普遍接受的定义。尼德汉（Needhan，1983）认为，"监管是一个经济个体通过各种手段试图有意识地影响另一个经济个体或者其他多个经济个体行为的活动"。[①] 植草益（1992）的定义是"依据一定的规则对构成特定社会的个人和构成特定经济的经济主体的活动进行限制的行为"。[②] 斯通（Stone，1982）认为"监管是国家凭借政治权力对经济个体自由决策所实施的强制性限制"。[③] 斯巴尔珀（Spulber，1989）则认为，管制是"行政机构为直接或通过改变消费者和厂商供求决策间接干预市场分配机制而颁布的通则和采取的特定行动"。[④]

监管的定义还有许多。从关于监管的不同定义中，我们还是可以发现一

---

① D. Needham, 1983, The Economics and Politics of Regulation: A Behavioral Approach, Little and Brown and Company.

② 植草益：《微观规制经济学》，北京：中国发展出版社，1992年。

③ A. Stone, 1982, Regulation and Its Alternatives, Congressional Quarterly Press.

④ D. F. Spuller, 1989, Regulation and Markets, MIT Press.

些共同的地方，即监管需要具备监管的四大要素：监管主体、监管对象、监管方式和监管目标。从以上四大要素出发，本书将监管界定为：监管主体为了实现监管目标而利用各种监管手段对监管对象所采取的有意识的和主动的干预和控制活动。

监管有多种分类。根据植草益等人提出的监管经济学理论，监管可以分为三类：经济性监管、社会性监管和反托拉斯监管。

经济性监管主要针对存在自然垄断的部门（如电力、铁路运输、自来水等）和存在严重信息不对称的领域（典型的是金融保险行业），是为防止或纠正无效率的资源配置，确保资源被需求者公平利用，而对企业的进入、退出、价格、服务以及财务会计等方面的活动进行的监管。社会性监管则主要针对卫生健康、安全、环境保护等领域，它不像经济性监管那样以特定行业和部门为监管对象，而是围绕如何达到上述的社会目标实行跨产业、全方位的监管，主要包括对生产过程的监控、对产品种类和质量等的规定、对环境污染的控制等。反托拉斯监管则主要集中在反垄断领域，主要监管对象是垄断企业，目标是保护社会公平竞争和维护市场竞争机制正常运行。[1]

在经济性监管中，对存在严重信息不对称的领域（主要是金融行业）的监管在监管原理、监管方式等方面明显有别于对自然垄断行业的监管。因此，怀特（White，1996）提出应该将"信息监管"作为一个单独的监管类别分列出来加以专门研究。[2] 本书赞同怀特的观点。长期以来，"信息监管"作为经济性监管的一个分支与自然垄断监管合并研究，其独特性和重要性没有得到应有的重视，相关研究发展缓慢。直到信息经济学和监管经济学诞生以后，信息监管逐步成为一个单独的研究领域，相关研究才获得了长足的发展。本书的研究重点将放在信息监管的一个分支领域，即证券市场的自愿性信息监管。

---

① 王俊豪：《政府管制经济学导论——基本理论及其在政府管制实践中的应用》，北京：商务印书馆，2001 年。

② L. J. White, 1996, The Industrial Organization and Regulation of the Securities Industry, Chicago: Univ. of Chicago Press, p. 207.

二、证券信息监管的界定

以下将从前文提到的监管主体、监管对象、监管方式和监管目标四大要素出发，进一步界定证券信息监管的范畴。

（一）监管主体

证券信息监管的主体包括政府部门和自律组织两大类。在英国、澳大利亚、新加坡等自律性监管传统比较浓厚的国家，自律组织的监管职责较政府监管部门更大一些。而在美国、加拿大、韩国、德国、日本等实行政府性监管体制的国家，政府部门则承担更多的监管职责。

中国和美国一样实行集中型证券监管体制，都设有全国性的专门证券监督管理机构来对全国证券市场进行集中统一监管。中国证监会是中国证券信息监管的主要监管主体，对证券信息披露、传递、运用的全过程进行集中统一监管。当然，在目前阶段，财政部、审计署、新闻出版署等国家机关对证券信息监管也有一定的监管职能。比如财政部归口管理注册会计师和会计师事务所，并负责制定会计准则；审计署对证券市场参与者如交易所、证券公司、上市公司等有权进行审计监督；新闻出版署对证券信息传递也负有一定的监管职责。除了与上述部门进行监管合作以外，中国证监会在信息监管过程中还必须得到人大常委会、最高人民法院、最高人民检察院、公安部等立法和司法机关的配合。

目前，中国证券业协会、中国注册会计师协会、上海和深圳证券交易所、中国证券业协会、证券分析师专业委员会等自律性组织是在国家证券监管机关的认可和授权之下，对会员单位及相关行业进行自律监管，承担了一定的证券信息监管职能，其中证券交易所还承担了一线信息监管职能。但相对于政府监管机构，我国自律组织的证券信息监管职能非常有限。

（二）　监管对象和内容

证券信息监管对象和内容的界定则必须结合第一章证券信息传递总过程图（图 1 - 2）加以说明。

信息监管的对象是证券信息披露、传递和运用过程的所有参与者，包括上市公司、市场中介（证券公司、会计师事务所、资产评估机构、证券律师事务所等）、媒体（包括报纸、杂志、电台、电视等）、证券信息传递网络、证券投资咨询机构、内幕人员、投资者等。

以上参与者在证券信息披露、传递和运用中的一切行为和活动，以及由这些行为和活动所产生的各类关系和后果，都可能成为证券信息监管的内容。当然，哪些行为和活动必须由政府监管，哪些则可以由市场监督，具体的监管举措哪些必须由政府部门施行，哪些则可以由自律组织施行，这些问题必须综合考虑我国证券市场的发育程度及现状、监管者的能力和资源、监管的环境和条件以及监管的成本和效益等因素后才能加以妥善解决。

（三）　监管的方式

证券信息监管的方式主要包括两方面的内容。

一是监管制度的建立和完善。信息监管制度包括正规的制度安排和非正规的制度安排。前者是指具有强制约束力的国家制定的法律（包括《证券法》、《公司法》、《刑法》等）以及由法律授权的政府监管机构制定的各种法规（包括证监会和财政部发布的会计准则、信息披露规则、独立审计准则等各种准则、公告、通知等），而后者则包括各自律组织的自律规章、规范等。信息监管制度的建设和完善还包括信息监管制度环境的完善，这既包括我国整体证券市场发展的规范化，也包括诸如上市公司治理结构优化、市场中介机构的独立性提高等微观制度环境的改善。

二是具体监管执行。信息监管的具体手段包括机构准入和退出的审核、现场和非现场检查、调查、稽核、处罚等（在现实的信息监管中，监管主体一般会对同一个监管对象同时施以各种不同的监管手段和措施）。证券信息监管要取得成效必须依靠监管技术和监管能力的提高以及各监管部门和组织之间加强合作。

（四）　监管目标

证监会国际组织（IOSCO）在 1998 年 5 月结束的巴黎会议上发布了《证券监管目标与原则》的宣言，指出证券市场监管的目标为：一是保护投资者；二是确保市场公平、有效和透明；三是减少系统风险。① 这同时也是证券信息监管的目标。

加强信息监管是为了确保市场信息透明从而达到市场有效、公平。加强信息监管也是为了减少证券市场的系统风险。但证券信息监管的首要目标是保护投资者（尤其是中小投资者）的合法权益。

投资者是证券市场的主要参与者，是证券市场得以建立、维持和发展的基础。只有加强信息监管，克服和纠正信息披露、传递和运用中的不合法或不合理的行为和现象，才能有效地保护投资者的合法权益，树立投资者对证券市场的信心。也只有这样，证券市场才能持续、健康、稳定地发展，从而促进经济增长和经济发展。反之，如果证券信息披露、传递和运用过程中违法违规及不合理行为盛行，导致证券信息严重不对称，投资者将会对证券市场上所有股票都折价（Discount）购买，② 一部分投资者更会"用脚投票"，退出证券市场。而这将导致证券市场流动性和交易量下降，企业通过证券市场融资的成本提高。③ 如果大量投资者都"用脚投票"退出证券市场，证券市场优化配置资源的功能将不能正常发挥，整个社会经济发展也将受到影响。

从各国证券信息监管的实践来看，切实保护投资者利益都是核心的监管

---

① IOSCO：《证券监管目标与原则》第 41 条，1998 年。

② Bernard S. Black，2000，The Core Institutions that Support Strong Securities Markets，Business Lawyer. Vol. 55.

③ C. Leuz，R. Verrecchia，2000，The Economic Consequence of Increased Disclosure，Working Paper，Unifversity of Pennsylvania.

目标。《1934 年美国证券交易法》将立法目标定为保护"公众利益"。我国占据证券市场投资者主体的个人投资者，由于自身的知识、经验、资金、心理认知能力等因素在证券市场中处于明显的信息弱势地位，更易成为虚假陈述、内幕交易等信息违法违规行为的受害者。琼民源、银广夏、蓝田、杭萧钢构等案例已经充分说明了这一点。通过信息监管，使得投资者能平等、及时、准确地获得信息，才能体现真正意义的公平，实现对我国投资者合法权益的有效保护。

因此，我国的证券信息监管也必须将保护投资者（尤其是中小投资者）的合法权益设为首要监管目标。

三、信息披露管制体制

（一）信息披露管制体制的比较

就目前世界各国的状况来看，可以说，几乎每个国家都对企业会计实施了管制。但是不同的国家，管制体系有所不同。狭义上，上市公司信息披露的管理体制主要指的是信息披露的管理机构组成及其管制职责划分；广义上，还包括确定管理机构管制职责以及规范上市公司信息披露活动的法律制度体系（何伟，2002）。国际信息披露管制体制一般可以分为集中立法型、自律型和中间型三大类，近二十年来，集中的证券管制体制逐渐成为主流（上官文力，2007）。

1. 集中立法型管制体制

集中立法型管制体制是指政府通过设立专门的全国性证券管制机构，制定和实施专门的证券市场信息披露管理法规对全国证券市场信息披露进行统一管理。美国就是这种模式的典型代表。美国经济"大萧条"之后，美国建立起了以联邦立法为核心的证券信息披露制度，美国的信息披露以充分披露为原则，以规范化为特点，其目的是防止证券欺诈、恢复投资者对市场的信心。安然事件爆发之后，美国总统布什于 2002 年 7 月颁布了《萨班斯—奥克斯利法案》，对信息披露提出了更高的要求。根据美国 1933 年《证券法》和 1934 年《证券交易法》而设立的证券管制委员会（SEC）为全美证券管制的唯一权威机构，SEC 负责对上市公司会计行为进行全面的管制，拥有立法、审判和执行权，可以对任何影响会计信息"公正完整"披露的组织和个人实施惩罚（杨雄胜，2001）。其民间管制主体为 CPA 审计，CPA 审计通过对上市公司信息披露的真实性、合法性、公允性进行直接鉴证。在这种模式下，专门的立法统一了管制的口径，并且统一的管制机构和严密的立法使管制更超然，更能够代表公众利益（陕西省审计学会课题组，2002）。

2. 自律型管制体制

自律型管制是指政府除了国家立法之外，较少干预证券市场，更注重证券交易所、证券行业协会等对上市公司信息披露进行管制。一般不设立专门的证券管制机构，自律组织通常拥有对违法违规行为的处置权。英国是典型的自律型管制国家，证券交易所是信息披露的中心。交易所的披露规则比政府立法要求更为细致和严格，对社会公众发布披露信息的工作由交易所具体操办。英国的证券信息披露具体由伦敦证券交易所公司信息发布办公室通过"规管新闻服务系统"将披露信息发布给媒体和公众（何伟，2002）。1986年英国颁布了《金融服务法》，首次以立法形式对证券业进行管制，1997 年又成立了单一管制机构——金融服务局，形成了政府主导与市场自律相结合的体制。自律组织依靠法律赋予的地位，利用内部规则、道德力量有效地管理着整个证券业。

3. 中间型管制体制

中间型管制体制是介于集中型管制体制和自律型管制体制之间的一种管制体制，是两者相融合的产物，既集中统一立法管制，也强调自律管理。德国是中间型管制体制的代表性国家。德国把证券业与银行业融于一体，中央银行对参与证券业的商业银行进行管理。德国于 1993 年制定了《内幕交易法》和《持股信息新规则》，并于 1994 年成立证监会。因而其信息披露管制既有"立法管理"成分，也有"自我管理"色彩。

（二）我国信息披露管制体制

我国证券市场会计信息披露管制制度是在借鉴美国等国家管制体制的基础上，结合我国的具体情况建立和完善的。具体而言，我国采用的是集中型的管制体制，政府通过制定和实施专门的信息披露法规，并设立全国性证券管制机构来统一管理，由证监会、证券业协会、证交所和 CPA 审计组成。证监会依法对证券业、证券市场进行全面管理。在会计信息披露管制过程中，既需要对信息披露进行监督，又要对 CPA 审计过的会计信息进行复审；CPA 审计是对上市公司会计信息披露管制的非约束性机构，对会计信息进行鉴证；证券交易所遵行证监会规定，对上市公司信息披露进行具体的管制；上市公司内部控制制度通过内部审计和审计委员会等机构进行管制，直接抑制信息披露的舞弊行为（陕西省审计学会课题组，2002）。管制效果的研究表明，中国现行信息披露管制效果差。证监会的管制力度太小，并且管制时间滞后，总体来说管制并未形成威慑力（陕西省审计学会课题组，2002）。毛志荣（2002）研究了从 1993 年至 2000 年 10 月上旬，171 家上市公司因信息披露违规受到的 218 次处罚，认为在受到信息披露违规处罚的上市公司中，对信息披露违规的处罚没有起到增加违规成本、防止再犯的效果；市场对上市公司信息披露违规处罚的反应程度（股价下跌）与处罚的公开性和处罚力度正相关；以内部批评为主的处罚手段，对公司的再融资能力和机会影响很小。

进一步地说，计小青、曹啸（2003）对我国上市公司信息披露管制失效的根本原因进行了深入考察，认为我国上市公司信息披露管制制度是借鉴成熟市场经济国家经验，通过模仿和移植而建立的一项外生性制度安排，并非资本市场内生出来的，从而导致我国信息披露管制没有自我实施的功能，我国信息披露管制基本上归于无效，具体表现为以下几个方面。

（1）上市公司没有寻求信息披露管制、自律遵行管制规则的激励。中国新股上市实施"配额管理、计划控制"（现在虽然改为核准制，但没有根本上的改变），因而上市资格不是取决于上市公司经营状况和财务状况，而是取决于地方政府与中央政府的谈判能力，以及企业对地方政府的寻租能力。并且上市公司缺乏追求长期利益的所有者和管理者，因而，往往追求短期利益，披露虚假财务报告。

（2）CPA审计等中介机构只能配合上市公司的虚假信息披露行为。一方面，很多事务所依靠和政府部门的关系分割和垄断了业务，造成了局部范围内的竞争不足，执业水平得不到提高；另一方面，事务所数量激增，造成了全国范围内的恶性竞争，为了生存和盈利丧失了独立的地位，选择配合上市公司造假。

（3）地方政府帮助并且保护上市公司进行虚假信息披露。地方政府利益与上市公司利益息息相关，地方政府对上市公司的保护降低了上市公司违规的风险和成本。

（4）证监会无力制定出合理的管制规则和支付巨大的管制成本，也没有利益动机揭露上市公司违规信息披露行为。证监会的管制理念是进行全面管制、最大限度的行政干涉，并且更注重市场准入的管制而非信息披露的管制，这样不仅加大上市公司为寻租而进行的虚假信息披露，而且为了自身政绩的考虑证监会亦没有动力揭露上市违规信息披露行为。

（5）投资者没有利益动机去揭露上市公司虚假信息披露。散户投资者无力揭露，而庄家希望维持市场人气，甚至更愿意配合上市公司违规披露进行炒作。

针对上述分析，计小青、曹啸（2003）认为为改善我国信息披露管制体制效果应该采取如下措施：首先，加强信息披露管制，使其发挥作用的前提是市场准入等基本层面管制的放松，因而应该转变证监会管制理念和职能，变全面管制为重点进行信息披露管制；其次，应该完善信息披露管制规则的形成程序，使相关利益集团参与规则的制定；再次，应该使CPA审计与政府脱钩，控制会计师事务所数量，提高其独立性；最后，还需要引入内控机制、完善法律体系、充分利用舆论力量抑制虚假信息披露行为。

第二节　自愿性信息监管的经济理论

一、信息不对称与监管解决理论

（一）证券市场的信息不对称

关于信息不对称的研究从 20 世纪六七十年代形成以来发展迅速，现已成为当代经济学研究中一个极其活跃的领域，不完全信息模型已成为一种不可或缺的经济分析工具。1996 年和 2001 年的诺贝尔经济学奖都授予了在信息不对称研究领域做出突出贡献的经济学家：美国哥伦比亚大学的威廉姆·维克瑞（William Vickery）、英国剑桥大学的詹姆斯·莫里斯（James A. Mirlees）、美国加利福尼亚大学的乔治·阿克洛夫（George Akerlof）、斯坦福大学的迈克·斯彭斯（Michael Spence）以及哥伦比亚大学的约瑟夫·斯蒂格利茨（Joseph Stiglitz）。

信息不对称在证券市场广泛而普遍地存在。事实上，只要是存在证券交易的地方都不同程度地存在信息不对称问题。其原因在于：第一，人的知识和认知能力是有限的，由于社会分工不同，造成了不同市场参与者获取信息和认知信息的能力不对称；第二，搜寻信息需要成本，只要市场参与者认为信息搜寻成本高于预期收益，他就不会通过信息搜寻来克服信息劣势；第三，存在信息优势方对信息的垄断。证券市场的信息不对称现象主要表现为：

（1）信息源不对称。内幕人员可以直接从初始信息源（上市公司）获得信息，而中小投资者大都只能间接从媒体或证券分析师那里获取证券信息。

（2）信息时间不对称。有些市场参与者能比其他的市场参与者较早地获得证券信息，因而处于信息优势地位。

（3）信息数量不对称。有些市场参与者能比其他的市场参与者获得更多的证券信息，因而获得信息优势。

（4）信息质量不对称。有些市场参与者能比其他的市场参与者获得更为真实、准确和完整的证券信息，因而处于相对优势地位。

（5）信息混淆。市场参与者获得的信息往往是由两个或两个以上难以辨别真伪的分量信息混合而成，处于信息劣势的市场参与者往往很难识别。

证券市场的信息不对称一方面造就了证券市场的活力。如果信息完全对称，市场参与者拥有同量同质的信息，市场将达到并维持在平均利润率，市场交易将变得异常冷清，只有市场存在信息不对称，市场参与者才有动力去搜寻、获取、分析和运用信息以获取超额收益，基于不对称信息的不同投资决策才会使市场交易活跃。但另一方面，证券市场信息不对称又会使证券市场的风险放大和强化。由于证券市场存在着大量的机会主义行为（Opportunistic Behaviors）①，如果不加遏制，信息不对称会趋于自我强化，严重的信息不对称将带来逆向选择、道德风险等问题，进而影响证券市场的正常运行和发展。

逆向选择（Adverse Selection）源于保险市场的保险费率研究。② 在证券市场上，以上市公司与投资者的博弈为例，两者在公司经营状况信息的占有方面存在信息不对称。上市公司确切地知道自身的经营状况，而投资者则很难了解公司的实际经营业绩，只能根据自己以往的经验推断全体上市公司的经营状况分布概率，并据此推定全体上市公司的平均经营状况。在这种情况下，价格保护机制将自发产生作用，投资者只愿意根据全体上市公司的平均经营状况来确定股价。这样，实际经营状况优于平均经营状况的公司便会因为股价低于自己的预期而退出股票市场，另觅融资途径；而实际经营状况低于平均经营状况的公司则因为股价高于其预期价格而愿意进入或留在证券市

---

① 按照经济学家威廉姆斯的定义，"机会主义"是指人们总是试图用狡诈来损人利己的行为。在证券市场上，机会主义行为包括信息优势方垄断信息、有选择地公开部分信息、扭曲信息、提供误导信息等。

② 在保险市场上，投保人与承保人的信息是不对称的，投保人知道自己的类型和特征，而承保人则不能有效地区分投保人。因此，承保人很难对不同风险类别的投保人制定不同的保险费率，只能给出同质的以平均风险概率为基础的保险费率。这样，高风险的投保人将购买更多的保险，而低风险的投保人将少购买甚至不购买保险。

场筹集资金。这使得通过证券市场融资的上市公司实际经营状况普遍低于原有全体上市公司的平均经营状况。投资者在知悉这一信息后，再次购买股票时愿意支付的股价将进一步调低，从而驱使更多实际经营状况较优的公司退出市场，由此形成"劣币驱逐良币"的恶性循环，最终促使证券市场只剩下经营状况最差的公司，此时的证券市场成为"柠檬市场"，又称"次货市场"。信息不对称导致的这种逆向选择问题的存在，极大地削弱了证券市场优化资源配置的功能，甚至影响到证券市场的存续能力。

道德风险（Moral Hazard）则是指"从事经济活动的人在最大限度地增进自身效用时做出不利于他人的行为"。① 它一般存在于以下情况：签约双方在订立契约以后，一方（委托方）由于未能掌握足够的信息，所以无法有效监督另一方（代理方）的行为，于是，代理方可能在追求自身效用最大化的同时侵害委托方的利益。道德风险是委托—代理关系在信息不对称情况下产生的难以克服的顽症。在证券市场上，股东与上市公司之间、投资者与证券信息中介之间的委托—代理关系中都存在道德风险。亚当·斯密在《国富论》中就指出"在钱财的处理上，股份公司的董事是为他人尽力；而合伙企业的合伙人，则纯为自己打算。所以，要想股份公司的董事们监视钱财的用途，像合伙企业的合伙人那样用意周到，那是难以做到的。"② 代理人的败德行为，将增加代理成本，使委托人的利益受损。

（二）证券信息不对称的监管解决理论

1. 市场机制的缺陷

针对证券市场出现的信息不对称及市场的非有效性，监管派学者指出仅靠市场机制不能解决问题，市场机制有时甚至会使问题复杂化、严重化。

首先，市场机制在缓解信息不对称及市场非有效性过程中会产生市场失灵（Market Failure）。市场失灵的现象包括：

（1）社会资源的浪费。从投资者个人角度而言，信息甄别或搜寻是符合

---

① 参见《新帕尔格雷夫经济学大辞典》"道德风险"词条。
② 亚当·斯密：《国富论》，北京：商务印书馆，1972 年。

成本—效益原则的，否则就不会有信息搜寻行为。但从整个社会来看，让每个投资者都去搜寻证券信息，其中很大一部分是重复搜寻同质信息，就会带来社会资源的巨大浪费。相对于通过市场机制让每个投资者自行搜寻信息，通过监管强制信息披露的社会成本要低得多。投资者总体的信息搜寻成本将大大降低，而信息披露成本的增加并不多，因为绝大多数的公司信息（尤其是会计信息）只是上市公司内部会计制度的副产品而已。

（2）产生新的信息不对称。一方面，市场参与者通过市场机制甄别或搜寻信息将产生新的信息不对称。Arrow（1974）最早发现了信息规模效益递增的特征，即随着信息规模的增加，单位规模的信息成本下降，而单位规模的信息收益不变，其结果是信息规模收益不断增加。证券市场上资金规模较大的信息搜寻者，如投资基金、券商等，可以凭借规模优势获得信息规模收益，而中小投资者因其资金规模和实力较小，信息劣势更加明显。实证研究也表明，资金雄厚的投资者比资金规模小的投资者因信息规模经济（Economy of Scale）而获得更多的投资收益。[1]

另一方面，依靠上市公司或市场中介机构的声誉机制来担保信息质量、缓解信息不对称也不可靠。首先，机会主义倾向仍然存在。股价上升，上市公司的管理层可以从股票、期权中获得更多报酬，投资银行可以获得更多佣金收入，会计师事务所的审计收费也会提高。巨大利益的诱惑总会驱使某些上市公司、中介机构及其员工不惜牺牲声誉而铤而走险。安达信在安然案中的表现、中天勤在银广夏案中的所作所为都说明声誉机制不可能完全防止机会主义行为。其次，声誉机制本身也存在外部性。通过大量投资、长期积累建立起优良声誉的上市公司和市场中介机构无法阻止新进入公司（或机构）以及有道德风险的公司（或机构）通过"搭便车"（Free Riding）分享由于前者的努力而使整个行业提高的声誉。少数"害群之马"的违法违规行为却很容易就使整个行业的声誉受到损害，而且由于人们很难在事前（Ex Ante）辨别哪些是"害群之马"，所以，声誉机制解决证券市场信息不对称的作用也大打折扣。

---

[1] B. Lev, 1988, Toward a Theory of Equitable and Efficient Accounting Policy, The Accounting Review.

（3）信息供给不足。通过透信机制主动披露信息，虽然会在一定程度上缓解信息不对称，但也会带来信息供给不足的问题。原因有以下三个方面。

①上市公司公开披露的信息具有公共物品的性质，即具有消费的非排他性和非竞争性，增加信息分享者数目并不导致成本的增长；严格排除任何个人或机构对信息的分享却要花费巨大成本。信息消费者无须为获得的公共信息付费，公共信息的供给方无法将成本转嫁给信息消费者。因此证券信息供给方在信息披露方面激励不足。

②证券信息的自愿披露也会导致外部效应。福斯特（Foster，1980）将其分为两类：信息披露时间所导致的外部性和信息披露内容所导致的外部性。① 前者是因同类企业披露时间先后有别而引发，率先信息披露的企业往往会引发股价较大幅度的变动，而后披露的同类企业发布的类似信息所引发的股价变动则会小得多，原因是人们已经有了预期。后者则是因为后披露企业可以根据先披露企业披露的信息做出决策调整所引发，先披露企业往往担心因披露核心信息（如投资方向、研究与开发项目、成本等）而可能会在同行竞争中处于劣势。这些都使证券信息供给方在信息披露方面激励不足。

③诉讼成本。自愿披露的信息越多，相应的信息出现差错的可能性也就越高。投资者若因披露的错误信息而蒙受损失，则披露信息公司将面临法律诉讼，公司可能要承受的诉讼成本及败诉所导致的声誉损失和经济损失也会增加。这也会使自愿披露的信息不足。以盈利预测为例，由于盈利预测信息是出现差错可能性较大的信息，因此上市公司的盈利预测信息往往供给不足，那些自愿披露盈利预测的公司往往是盈利比较平稳的公司。②

2. 监管的优点

市场机制是有缺陷的，为了弥补这些缺陷，政府的干预和管制是必不可少的。证券信息的政府监管不但能弥补市场失灵，而且还具有一些市场机制无法比拟的优点。

（1）监管可以节约交易成本。波斯纳（R. A. Posner）在1977年出版的

---

① G. Foster, 1980, Externalities and Financial Reporting, Journal of Finance, Vol. No. 2.

② Y. H. Gilliam, 1995, Disclosure that Enhance the Value of Corporate Reports, Contemporary Issues in Accounting, Addison－Wesley Publishing Inc.

《法律的经济学分析》一书中指出，当交易成本很低时，法律主张将资源所有权的分配留给市场决定；但当交易成本很高时，法律倾向于决定由政府干预这种分配。在证券信息的供给、披露和传递过程中，市场机制下的交易成本是很高的。因此，通过政府以统一的内容和格式强制要求公司披露信息，可以大大节约投资者的信息搜寻成本以及为达成合适的自愿披露契约而产生的交易成本；同时政府强制禁止内幕交易，也可以避免为达成内幕交易的契约而产生的较高的交易成本。

（2）监管具有权威性。监管注重立法及执法。法律的稳定性、明确性和强制性以及法律面前人人平等的原则，使监管具有严肃性、公正性和权威性，而执法过程中的强制性以及对于违法违规行为的处罚，可以对市场参与者起到惩戒和震慑的作用。

（3）监管有利于公共利益。"公共利益论"认为政府在很大程度上可以代表社会公共利益，政府监管时考虑更多的往往是社会总收益和社会总成本，而不是单个企业或个人的成本和收益。由此，监管是政府对公众要求纠正某些社会个体或社会组织的不公正、不公平和无效率（或低效率）做法的一种回应，[1] 它将带来更多的社会收益，具体包括：①融资成本降低；②资本的有效配置；③资本市场流动性的增强；④企业竞争效率；⑤投资者保护；⑥外部不经济的抑制等。

（4）信息监管有利于维护投资者的信心。美国证券与交易委员会（SEC）指出"除操纵市场外，没有其他事件比选择性的信息披露和滥用内幕信息更损害投资大众对公司制度和证券市场的信心了"，"投资者如果感觉到其处于不利地位的话，将要或已经不愿意投资于证券市场"。信息监管，包括对信息披露、传递、加工的监管以及对内幕交易等信息私用的禁止等，有利于确保投资者平等享有信息，从而有利于维护投资者的信心。相关的实证研究也证实了这一点。达奥克等（Daouk 和 Bhattacharya，1999）的研究发现，在其他条件不发生变化的情况下，禁止内幕交易可以使投资者信心上升，使股票价格上涨5%。[2]

---

① 赵锡军：《论证券监管》，北京：中国人民大学出版社，2000 年。
② U. Bhattacharya & Hazem Daouk, 1999, The World Price of Insider Trading, Working Paper.

（5）信息监管有利于打破投资者与证券信息供给者之间的"囚徒困境"（Prisoners' Dilemma）。

在没有信息监管的情况下，上市公司与投资者的支付矩阵如表 4 - 1 所示。

表 4 - 1　上市公司与投资者的博弈矩阵

		上市公司	
		信息真实	信息虚假
投资者	购买股票	+a, A	-b, B
	不购买股票	0, C	0, D

注：a，b 是投资者的预期收益率，A、B、C、D 是上市公司得到的支付。在没有信息监管的情况下，上市公司提供虚假信息得到的支付大于提供真实信息得到的支付，并且投资者购入股票时上市公司得到的支付大于投资者不购入股票时所得的支付，即 B > A > D > C。投资者买入股票后，如果上市公司披露信息真实，预期收益率为正，否则为负。

在没有信息披露监管的情况下，纳什均衡将是（0，D），即投资者选择不购买股票，而上市公司选择提供虚假信息。显然这是一个"囚徒困境"，投资者不愿投资，同时虚假信息盛行，这对整个社会经济发展不利。

在引入信息监管以后，假定企业如提供虚假信息定会被发现且遭到处罚，处罚为 D。这样，引入监管后的上市公司与投资者的支付矩阵见表 4 - 2。

表 4 - 2　引入监管后的上市公司与投资者的博弈矩阵

		上市公司	
		信息真实	信息虚假
投资者	购买股票	+a, A	-b, B - D
	不购买股票	0, C	0, D

只要 A > (B－D)，即在投资者买入股票的情况下，上市公司发布真实信息得到的支付大于发布虚假信息而受到处罚后的支付，这时就会产生新的纳什均衡 (＋a，A)，即上市公司愿意披露真实信息，而投资人愿意投资于证券，从而达到帕累托改进。

二、信息披露监管、市场透明度与投资者保护

1. 信息披露与市场透明度

关于信息披露制度对证券市场效率性、公平性和流动性的影响，国外学者多使用"市场透明度"（Market Transparency）的概念。由于在证券市场上信息对市场所有参与者都有着重要的影响，反映信息公开披露程度的证券市场透明度日益得到人们的重视。例如，国际证监会组织（IOSCO）在《证券监管的目标和原则》中明确提出"监管应该提高交易的透明度"，国际证券交易所联盟（FIBV）在《市场原则》中也指出"市场的透明度是公平的至关重要的因素，必须随时得到保障"。为此，美国证券交易委员会、英国公平交易办公室（OFT）等监管机构都将证券，市场透明度作为改善证券市场质量的重要举措加以落实。

那么，什么是市场透明度呢？其实，证券市场透明度也是现代金融市场微观结构理论中的一个重要课题。在市场微观结构理论中，证券市场透明度一般是指证券交易信息透明度，即有关证券买卖价格、数量等交易的公开披露程度。IOSCO 最早对证券市场透明度的定义为"市场参与者观察诸如价格、数量以及涉及经纪商等交易特征的能力"，哈特（Hara）则将市场透明度定义为"市场参与者在交易过程中观察信息的能力"。2001 年，IOSCO 在一份研究报告中进一步指出，市场透明度就是与目前交易机会及近期已完成的交易等相关的信息的可得性。根据时空分布的不同，这些信息可以分为交易前信息（即指令簿信息）和交易后信息（即成交信息）两类。显然，上述对市场透明度的定义无疑侧重于从市场微观结构的角度进行分析，即我们前文所提到的信息生产第二层次，在此，我们不妨将 IOSCO、哈特等对市场透明度的理解界定为狭义的市场透明度。如前所述，信息生产不仅包括交易信

息，更广泛意义上还包括上市公司相关信息（信息生产第一层次的事件信息）。为此，我们认为有必要将市场透明度内涵进一步适度拓展，将此概念定义为证券市场参与者观测相关信息的能力，这些信息不仅包括交易信息，而且包括事件信息。当然，与市场透明度相关的两类信息并非割裂的，而是与市场参与者相关活动密切相连的。因为在证券市场上，上市公司信息披露越充分，市场参与各方获取信息的机会就越多，相应证券的价格就越能反映各种信息，证券价格信息导向功能就越强，证券交易就越能使经济资源达到有效配置。同时，上市公司信息披露越公平，市场参与各方获取信息的能力越平等，证券市场上现实的和潜在的参与者越能共享信息，证券市场的竞争性就越强，市场交易就越公正。

对于市场透明度，一般可以用信息披露广度、信息披露深度和信息披露速度进行衡量。信息披露广度，涉及事件相关信息、交易信息（买卖指令价格、成交双方身份、委托数量、成交数量、交易时间等）。信息披露深度则是指事件信息和交易信息披露的详细程度。显然，信息披露程度越详细，市场透明度就越高。信息披露速度指的是信息披露的时效性，即实时披露还是延迟披露。

2. 市场透明度与投资者保护

市场透明度和投资者保护之间存在着密切的内在关联，信息不对称程度和较差投资者保护环境呈正相关性，不对称信息增加将恶化投资者保护环境。一般认为，市场透明度提高，有助于市场质量改进和投资者权益保护。而维护证券市场透明度，则需要有效的证券监管。在证券监管职能中，信息监管是证券市场监管体系的基石，高质量信息监管是抑制证券投机、防止内幕操纵、保护投资者利益、减少证券市场外部性的重要手段。信息监管的重要功能就是增强信息的对称程度，防止未披露信息的"泄露"（Tipping）以及非法的内幕交易行为（Insider Trading）发生，维护信息在不同投资者之间的公平性和对等性。

衡量信息监管是否有效的重要标志，就是证券监管是否提高了证券市场上相关信息的质量。那么，什么是证券市场信息质量呢？按照国际会计准则委员会（IASC）公布的《关于编制和提供财务报表的框架》，信息质量的主要内涵是以可靠性和相关性为基本特征。可靠性的标志是"没有重要差错或偏差并如实反映其所拟反映或理当反映的情况而提供给使用者作依据";而对相关性的判断则是"通过使用者评估过去、现在或未来的事件或通过确证或纠正使用者过去的评价,影响到使用者的经济决策"。其实,信息质量内涵的可靠性和相关性特征,正是体现了证券监管部门对信息披露"三性"(及时性、充分性和准确性)信息监管最基本、最重要的要求。及时性是衡量信息质量的一般原则和制约因素;充分性是会计信息质量"相关性"的重要内容,它为投资者提供足够多的信息,以便其降低搜寻私人信息的成本和时间;准确性是衡量信息质量"可靠性"的本质特征。

强化信息监管,提高市场透明度,决定着披露信息质量高低,直接关系到证券市场上参与者利益,即投资者保护,尤其是弱势群体——中小投资者的权益保护。而证券市场的强制性监管——信息公开披露主要有两大目标:保护投资者和维护市场质量(见图4-1)。信息披露监管的实质就是维护市场透明和保护投资者利益,这本身就是证券监管部门的核心职责。可见,对投资者保护是与高质量的证券市场密切联系的,而高质量市场的基本特征就是高质量的证券信息,只有这样才能保证证券市场有序运行,保障证券市场基本功能得以实现。

对于信息监管对投资者保护的这种效能,同样可以从信息生产的两个层次加以剖析:

一方面,信息监管有助于提升事件信息质量,提高上市公司运作透明度,尽量减少经营者与所有者之间的信息不对称,保障外部投资者公平获取信息的权利,这是发挥证券市场功能、推动上市公司治理改进的基础条件,也是证券监管部门保护投资者特别是中小投资者权益的核心任务。证券市场上公司"内部人控制"、盈余操纵及其他对外部股东的"掠夺"行为存在的重要根源,在于信息披露质量不高与缺乏市场不透明。在委托—代理条件下,倾向于内部控制人利益的代理人可能出现隐藏行动或隐藏信息的道德风险,甚至向市场参与者传递"噪声"。公司大股东或内部股东利用公司信息优势和控制权优势对中小股东或外部股东进行掠夺,侵占外部股东利益。在中小股东利益被掠夺的情况下,处于信息劣势的外部股东(投资者)不愿意继续持有公司股票而"用脚投票"，或对公司股票只愿意付出较低的市场价格，从而导致公司市场价值下跌，证券市场就会呈现为"柠檬化"市场（Lemon Market）。随着信息披露质量提高，上市公司信息可以及时、有效、充分地向外部投资者传递，信息供给程度提高，外部投资者与内部股东之间的信息不对称程度减少，有利于形成有效监控机制与约束机制，减少内部人对外部股东"掠夺"，控制"内部人控制"和提高公司治理水平，限制公司管理层的财务舞弊和盈余操纵行为，保障中小股东的投资知情权，以此保护外部投资者及其利益相关者的利益。可见，有效的信息披露制度是防止证券欺诈行为出现、保护外部投资者利益的一个关键因素。

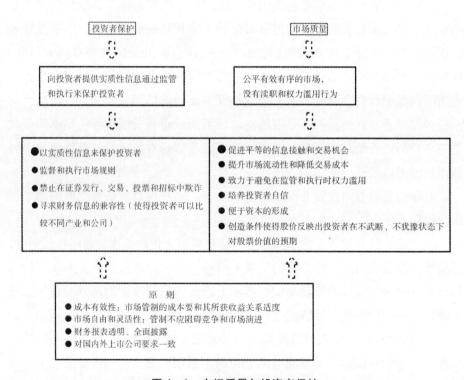

图 4 - 1　市场质量与投资者保护

另一方面，信息监管有利于提升交易信息质量，保障证券市场交易公平、公正和公开。交易信息越公开市场透明度越高，投资者越方便监控经纪代理其交易的质量，证券市场的价格发现功能就越强，投资者对市场公平的信心就越强。反之，如果证券市场交易信息失真，外部投资者知情权缺失，内幕操纵严重，则市场上参与者的利益必然被内部交易者非法掠夺，中小投资者的投资信心必然会遭受严重打击，这种现象在证券市场初级阶段以及新兴市场较为严重。保障中小投资者权利、维护证券市场公平就成为证券信息监管的重要使命。

三、自愿性信息披露监管：基于证券监管理论的诠释

（一）现代市场监管理论

在现代经济体系下，如果完全依靠市场机制能够实现资源的最优配置状态，即实现帕累托最优均衡，那么当然不需要政府的干预，也不需要政府部门监管。但是，在现实经济世界中，由于垄断性、外部性、信息非均衡和市场不完全等因素的影响，纯粹的市场机制不能使经济运行达到帕累托最优均衡状态，社会资源不可能得到最优配置，出现"市场失灵"问题不可避免。为减少"市场失灵"的负面影响，尽量避免社会福利损失，有必要引进政府力量予以干预，政府作为监管者弥补市场的内在缺失。证券市场作为市场体系的重要组成部分，由于"市场失灵"不可避免，有必要引入相应的监管机制对市场进行监管。

证券监管是政府监管机构对证券市场上各种主体与活动的限制约束，"监管的本质是以政府的命令作为一种基本的制度手段代替市场的竞争机制，以确保获得一个更好的经济效果"。证券监管是指证券监管部门为了消除因市场机制失灵而带来的证券产品和证券服务价格扭曲以及由此引起的资本配置效率下降，确保证券市场高效、平稳和有序地运行，通过法律、行政和经济的手段，对证券市场运行的各个环节和各个方面所进行的组织、规划、协调、监督和控制的活动和过程。通俗而言，即政府"有形之手"对市场"无形之手"补充完善。可以说，"政府对证券市场的管理就是政府与市场的关

系问题"，① 通过这种外部介入方式，减少实效效率损耗和社会福利损失。关于现代市场监管理论，代表性理论主要有三种，即公共利益论、俘虏论和监管经济学。下面，我们分别对这三种监管理论进行阐述。

1. 公共利益论

公共利益论是被经济学家所接受的有关监管的正统经济理论。公共利益论从市场失灵的原因和后果出发论述了监管存在的理由、可能的监管范围，认为通过监管可以消除市场失灵带来的价格扭曲，从而弥补市场机制在资源配置过程中的效率损失。该理论代表人弗朗茨（1993）认为"市场是脆弱的，如果放任自流就会趋向不公平和低效率，而公共管制正是对社会的公正和效率需求所做的无代价的、有效的和仁慈的反应"，监管是政府对公众要求纠正某些社会个体或社会组织的不公正、不公平或无效率、低效率的一种回应。监管的目的在于改善资源配置或收入的手段，提高资源配置效率，增进社会福利。

公共利益论是目前关于监管方面的最为成熟的理论，但是，该理论无法说明监管的需求是如何转化为监管实际的，也不能说明为什么监管者会背离初衷而与被监管者形成了相互依赖的关系。

2. 俘虏论

公共利益论虽然是解释监管行为的正统理论，但在 20 世纪 70 年代以后日益受到其他理论学说的挑战。例如，S. Pletzman（1976）认为："尽管公共利益的观点仍然是监管理论的主流，因为它所生存依赖的基础——福利经济学为人们提供了一个研究监管者应该如何有效监管的有力工具，但是监管者是否做到它应该做的却日益受到人们的质疑。"经济学家开始把注意力从研究"市场失灵"转向决策的具体过程，尤其是公共政策的制定过程，在此基础上产生了一种新的监管理论——俘虏论。1978 年，R. Chatov 构建了一个关于监管的"生命周期"模型，将监管的生命周期分为"产生期—青春期—成熟期—老化期"四个阶段，较好地概括了俘虏论的思想和内容。该模型的基本假设认为，监管机构是某种消费团体或者社会公众在共同利益的驱使下，

---

① 杨志华：《证券法律制度研究》，北京：中国政法大学出版社，1995 年，第 37 页。

通过成立短暂的同盟并迫使立法机关成立的、旨在保护自身利益的机构。监管机构在其生命周期中，力量逐渐被监管对象成功削弱并最终反被置于被监管者的影响之下（即被称为被监管者"俘虏"），[①] 而无法始终如一地对监管对象实施积极有效的监管。

俘虏论是继公共利益论之后出现的另一种关于监管的理论。俘虏论在西方获得了较为广泛的支持。虽然不同的学者有不同的诠释，但是该理论的支持者基本上都认为监管与公共利益无关，监管机构不过是被监管者俘获的猎物或者俘虏而已。该理论从监管机构本身出发，较为完整地论述了监管产生和发展的整个过程。但是该理论无法说明为什么被监管者是唯一可以影响监管机构的利益集团，以及为什么一个行业只能俘虏现有的监管机构而不能设法创造一家监管机构来促进自己的利益。

3. 监管经济学

监管经济学最早的理论基础是斯蒂格勒的《经济管制论》，他首次运用经济学的基本范畴和标准分析方法来解释监管行为的产生，揭示监管活动的实践过程，从而开创了监管经济学（Regulation Economics）。监管经济学认为，经济监管可以被看做一种产品，它也受供求关系的影响。为此，斯蒂格勒（1971）曾将监管视为经济系统的一个内生变量，由监管需求和监管供给共同来决定。他认为，生产者对立法过程的影响较之消费者有更明显的优势，监管的结果必然有利于生产者。此后，Posner（1974）、Peltzman（1976）、Becher（1983）在斯蒂格勒的基础上进一步发展了监管经济学。该理论的核心观点是，既然市场会失灵，监管是市场中政府提供的一种产品，它也需要通过市场机制来发挥作用，就不可避免地会失灵。这"有助于发现影响监管对个人和集团的价值的各种因素，因为在其他条件相同的情况下，某种产品总是优先供应给那些出价最高的买主，同时也有助于发现获得监管的代价"（Posner，1974）。

总之，监管经济学是在内容上将对政治行为的分析与大量的经济分析结合在一起，对政府监管活动的过程以及作为其结果的市场均衡进行了系统研

---

① 2004年发生的"王小石事件"，是中国证券市场上监管者成为被监管者"俘虏"的一个典型案例。

究。可以发现，监管经济学比监管的公共利益理论更前进了一步，它不仅研究了监管的需求方面而且着重研究了监管的供给方面。因此，监管经济学实际是在公共利益论和俘虏论的基础上发展而来的，秉承了公共利益论的基本思想，因而在一定意义上可以认为，监管经济学不过是对公共利益论加以形式化而已。

（二）　证券监管的重心：强调市场效率和投资者保护

在现代市场经济体系中，市场监管存在多种形式，如产业监管、银行监管、证券监管和保险监管等。但是，各种监管的重点和监管目的是不同的，对 Gilbert（2004）归纳的一般产业监管与 Allen 和 Herring（2001）总结的金融监管进行比较，可以发现对于大多数产业（如电信、电力、交通等）而言，监管的目的主要是引进竞争机制，提高市场效率；与证券业同属金融业的银行业，则侧重于防范系统性金融风险；而证券业的监管，则是尤其强调市场效率和投资者保护（见表 4 –1）。

证券监管的重点在于市场效率和投资者保护，这是由证券市场的特性所决定的。证券市场所交易的产品——证券产品（股票、债券以及金融衍生品等），除了具有一般市场上交易商品的共性外，还具有证券产品的特性。这些特性集中表现为：①证券产品的虚拟性；②信息非对称性；③风险分散或风险交换的不完全。证券产品的这些特殊属性，可直接造成市场效率的损失和市场风险的加剧。它不但造成证券市场运行效率损耗，同时会对市场参与者——广大社会公众投资者的权益造成严重损害，这必然会沉重打击投资者参与市场的信心，最终可导致整个证券市场萧条和衰退。20 世纪 90 年代后期，捷克证券市场的沉沦就是这方面的明证。与其他东欧国家和中欧国家相比，捷克共和国是 1989 年东欧崩溃后经济转轨最为成功的一个国家。当时，捷克通过认股权私有化建立起了正在发挥作用的资本市场和一个真正私有化了的公司体制。然而正是由于政府监管方面不足，在私人化过程中大股东将上市公司掏空的"隧道行为"泛滥，证券私人化公司的经理和投资基金的经理勾结串通，通过种种安排将公司的利润或资产转移，从而肆无忌惮地攫取中小投资者的财富。在捷克，1996 年这种任意掠夺中小投资者的行为就开始出现，并很快地蔓延开，到 1997 年已经发展到极致。如 1997 年 3 月，大约 7.5 万股民在 Trend 和 CS 两个投资基金中就损失 7900 万美元。到 1997 年 4 月，估计共有大约 75 万捷克投资者由于"隧道行为"而利益受损。这种严重损害中小投资者利益的"隧道行为"，不仅极大地损害了广大投资者的信心，也造成了捷克证券市场的严重萎缩，西方证券投资者纷纷逃离布拉格证券市场。

正是基于证券产品的上述特性，决定了证券监管必须提供有效的外部手段或措施，打击内幕交易和证券欺诈行为，强化市场信息供给，减少证券市场的信息非对称性，维护市场运行的公正性、透明性和规范性，保护社会公众投资者的合法权益，维护投资者的投资信心。具体见表 4 - 3 "证券业监管"的内容和重心。

表 4 - 3　产业监管、证券业监管与银行业监管的比较分析

监管形式	社会政治目的	防范系统性风险	保护投资者	提高市场效率
A. 一般产业监管				
（1）公有化	√			
（2）专营权的竞争				√
（3）价格制定			√	√
（4）反垄断	√			
（5）分拆	√			
B. 银行业监管				
（1）市场准入限制				
（2）存款利率上限		√	√	√
（3）资产组合限制		√	√	
（4）资本充足率要求	√	√	√	
（5）存款保险制度		√	√	
（6）流动性要求		√	√	
C. 证券业监管				
（1）登记要求			√	√
（2）信息披露标准			√	√
（3）禁止内幕交易			√	√

监管形式	社会政治目的	防范系统性风险	保护投资者	提高市场效率
（4）禁止操纵股价			√	√
（5）保护少数股东			√	
（6）接管规制			√	√

资料来源：Gilbert（2004）、Allen 和 Herring（2001），转引自沈坤荣（2005）。

（三）　自愿性信息披露监管：基于证券监管理论的诠释

证券市场自 1680 年世界第一个证券交易所——荷兰阿姆斯特丹证券交易所——创立以来的三百余年间，从最初的"乔纳森咖啡馆"、"梧桐树协定"（The Button Agreement）发展到现今孕育科技巨人的 NASDAQ 市场（National Association of Securities Dealers Automated Quotation）的历程，得力监管的保驾护航可谓功不可没。

然而，政府的监管是否必要、如何进行有效监管是颇有争议的问题。一些当代经济学学派，例如，以哈耶克为代表的新经济自由主义、爱德华·肖的金融深化理论以及以斯蒂格勒为代表的芝加哥学派的监管成本危害说、布坎南公共选择理论的"监管失灵"分析等现代理论对政府监管的功效提出质疑，并由此提出解除管制（Deregulation）的主张。解除管制，即放松政府监管实际上成为全球经济市场化、自由化思潮的代名词，西方主流经济政策"华盛顿共识"（Washington Consensus）的核心纲领。

应该说，现代社会政府职能与市场机制之间是一种良性互动关系，已不再是内在的矛盾和冲突。证券监管作为公共权力对私人领域的介入，能够弥补证券市场所不能及，实现政府的外在他动机制与市场自生自动机制完美的链接耦合，而非两者敌视的排斥对抗。但是，为了发挥监管对市场的积极作用，证券监管需要适时根据现实的需要进行变革，从而不断调适政府与市场之间的距离，清扫旧有管制中的各种限制竞争、妨害效率和限制消费者选择的障碍，解除对证券市场不应有的束缚，释放出市场被压制的潜在效率，提供市场成长的弹性空间。为此，各国的变革在两个方面展开——监管的放松（Deregulation）与监管的重构（Re - regulation）。前者旨在"革旧"，顺应市场创新拓展，解除过度监管压制，以激活"无形之手"的力量，提升本国证券市场市场效率与竞争力；后者重在"立新"，于变化的市场基础上重构上层监管体系，完善健全市场，确保市场机制在更深、更广的层面上正常运作。

证券监管是政府监管机构对证券市场上各种主体与活动的限制约束，"监管的本质是以政府的命令作为一种基本的制度手段代替市场的竞争机制，以确保获得一个更好的经济效果"（Kahn，1970）。通俗而言，即政府"有形之手"对市场"无形之手"进行补充完善。可以说，政府对证券市场的管理就是政府与市场的关系问题。

以上分析可见，与其他市场监管形式相比较，证券监管的重心是强调市场效率和投资者保护。这种监管重心的差异在于证券监管的特殊属性，具体表现在以下三个方面。

1. 契约不完备

契约的不完备是相对于契约的"最优"设计而言的。最优契约设计是一种帕累托最优的状态，现实经济世界中交易成本总是存在的，完全契约和最优的激励合同就不可能被执行（哈特，1998）。哈特的不完备契约引申出了"法律的不完备性"理论。由于法律的不完备性，这就使得要想使法律设计达到最优是不可能的。在法律不完备的情况下，如果仅依赖法庭被动执法，肯定会导致对违法行为或是阻吓不足，或是阻吓过度。在这种情况下，或是内幕交易者利用法律的不完备性钻法律的空子，从而弱化法律的阻吓作用；或是一旦出现违法行为，就采取非常严厉的立法措施，严重地扼杀证券市场的发展。因此，引入监管机构，以主动方式执法可以改进法律效果，弥补法律不完备性的不足。

由此可见，契约与法律的不完备是引入证券监管的重要动因。通过引入外部监管，可以启动投资者保护的立法和司法程序，禁止损害投资者的行为。证券市场的法律历史证明，某些市场参与者诡计多端，他们策划的欺诈社会公众投资者的阴谋已经再三被证实超出现有的法律能力。试图仅仅依赖提高契约和法律的完备性来对这类行为进行阻吓，已被证明是不成功或不现实的选择，因为法律法规总是滞后于证券市场的发展，包括滞后于欺诈公众投资者的新方法。"立法者和执法者仅仅依靠现已制定的法律合约，显然无法预防层出不穷的证券欺诈和内幕操纵行为，最终不得不让位于监管者的出现——证券监管者最早是以证券交易所的形式出现，后来又以政府监管的形式出现。即使这些监管机构并未使证券监管领域的执法尽善尽美，它们仍提高了执法的有效性"（皮斯托、许成钢，2002）。

2. 信息非均质

证券市场本质上是信息市场，证券价格是信息的一种反应。然而，信息非均质却是证券市场的一种常态和表现形式。首先，上市公司和外部投资者之间信息非对称，上市公司对自身资金投资、经营项目风险和收益的了解远远胜于外部投资者，上市公司明显处于信息占优一方。其次，机构投资者和中小投资者之间，由于信息搜集需要成本，而且信息传递存在时间和空间的差异，以及知识储备和信息处理能力之间的差异，不同实力的投资者获得的信息数量和质量不同，机构投资者明显处于信息优势地位。另外，证券信息内幕操纵行为的存在，更是构成了证券市场运行中的人为信息不对称。内幕交易人利用提前获得的信息或公众投资者无法获取的信息实施操纵，从而可以从证券价格的异常波动中牟取非正常超额收益。其实，这种扭曲信息正常传递渠道的行为不但严重损害了外部公众投资者的利益，而且会使得众多中小投资者偏好打探内幕信息，形成信息资源的滥用和弱化，以致扭曲了证券市场信息传递、信息定价和信息配置的机制。

因此，从信息不对称的理论出发，针对证券市场内幕操纵的政策可能向两个方向发展。阿克洛夫（Akerlof）曾经指出过，并不能由信息不对称的理论中得出结论：政府干预是解决不对称信息问题的必然手段。他指出，事实上，解决"次品难题"可以有更好的办法：保修和信誉机制。斯蒂格利茨从信息不对称中得出的另一个政策方向是：由于市场是不完善的，因而需要政府干预。可见，基于新兴证券市场信息不对称和市场不完善的状况，或许两个方面都需要加强，不仅是信用制度和声誉机制，而且加强法律建设及其严肃执行都是防范内幕交易的必要措施。

3. 风险分散市场的不完全

证券市场作为一个若干状态变量构成的复杂随机系统,市场运行具有内生多变性,这具体表现为市场体系内状态变量的事前不确定性。作为一个风险分散市场,投资者通过彼此间某种形式的契约交换分散风险,即不同的市场参与者通过金融产品交换来转移风险和对冲风险。然而,证券市场信息的非均衡属性致使证券市场存在信息不对称和金融风险的不确定性,进而导致风险分散不完全。

正是风险分散不完全的特殊性质,导致了证券市场运行效率的损耗,甚至使"市场失灵"问题产生。在市场不完全或"市场失灵"条件下,证券监管当局介入成为维护市场透明度和保护社会公众投资者权益的一种必要手段。那么,什么样的市场状态属于市场不完全呢?根据 Allen 和 Gale(2004)的观点,当金融市场中的"阿罗证券"(Arrow securities)① 小于决定资产回报和流动性偏好的总体数量时,该市场是不完全的。在市场不完全的状态下,为提高资源配置效率和保护投资者的权益,就需要从市场外部寻找一个力量来帮助找到新的均衡点,这一均衡点的实现是依靠证券监管介入来完成的。因此,证券监管的基本目标就应该是纠正"市场失灵",保护投资者权益,提高市场效率,确保公开、透明、有效的市场体系,发挥证券市场应有的风险分散和风险交换的基本功能(IOSCO)。

四、新兴市场自愿性信息披露适度监管理论

在转轨时期的中国证券市场,新兴市场制度不完善的市场属性,导致严重市场失灵的存在,从而使得市场达不到帕累托效率,政府对证券市场进行有效监管、实施帕累托改进成为一种必然。但是,由于存在信息非对称性和监管部门有限理性,政府部门监管过度同样可能导致"政府失灵",为此,

---

① 阿罗(Arrow)通过对一般均衡框架中有价证券的研究发现,只要针对未来的每一潜在的可能性设计出相应的条款,就能够构造出一种"阿罗证券"来确保总体经济的一般均衡。不过,阿罗也注意到,投资者理性决策依赖一定的信息条件,如果该条件得不到满足,金融产品的合同安排就可能不完全,比如,在金融市场会出现"道德风险"问题。

提出了适合新兴市场的适度信息披露监管思路。

（一）有限信息与政府有限理性：适度信息披露监管的理论前提

根据交易费用理论，政府对市场监管需要付出成本。不仅市场运作存在交易费用，而且组织监管的成本也绝不可低估。监管机构的设立、人员经费、制定监管规则、监管信息的收集及实施监管等都是要花成本的，而且还存在监管对象为遵守有关监管规定所要承担的成本、监管所导致的寻租与设租成本及反腐败的成本、过度监管所导致的效率损失等。正因为监管成本的存在，监管者的监管行为并非能够找到一个合适的均衡点，证券监管失灵同样存在。比如，监管经常会出现意想不到的结果，甚至于走到制度安排的反面，再加上监管效应的滞后，所以，当一项监管措施被证明错误时，监管者已无法纠正。

市场信息不对称是导致证券市场失灵的重要原因，而监管者同样面临信息不对称的困境。在有限信息这一前提下，监管部门不但具有收集、分析和反馈信息的高成本，而且对市场的监管行为存在着认识时滞（Recognition Lag）、决策时滞（Decision Lag）、实施时滞（Execution Lag）和实效时滞（Effectting Lag）。

由于信息非对称性，监管部门无法有效观测到证券市场上经济主体的所有行为，因此政府部门制定的监管合约一定是不完备的，很难有效地抑制经济主体道德风险。为说明有限信息条件下的政府有限理性行为，在此假定 R 为政府监管程度，θ 为证券经营机构的道德风险程度，且 $0 \leqslant R \leqslant 1$，$0 \leqslant \theta \leqslant 1$。这里存在两个极端情况：$R=1$，$\theta=1$ 为最差状态，即政府对市场主体的监管程度最高，市场主体的道德风险也最大；$R=0$，$\theta=0$ 为最优状态，即在没有政府监管的条件下，通过市场主体的自律行为而将道德风险降至最低，但这在现实经济中是不可能存在的。由于信息不对称和监管成本约束，监管部门无法观测到经济个体的 θ 值，最多是知道 θ 的分布情况，即其概率密度函数 $f(\theta)$ 和分布函数 $f(\theta)$。

在政府部门监管过程中，由于监管部门观测不到具体的 θ 值，只能根据 θ 的分布确定监管水平 R，θ 的期望值为 $\int_0^1 f\theta(x) \mathrm{d}(\theta)$，与此相对应的监管水平为 R_0。

市场主体可以观测到 R_0，并根据 R_0 调整自己的 θ 值。如果 $\int_0^1 f\theta(x) \mathrm{d}(\theta) > \theta$，即市场主体发现政府监管过严，经济主体按照原先的经营水平和努力程度将无利可图，则会相应地进行调整，选择退出证券行业或者提高自己的 θ 值。第一种选择是市场主体的消亡，这必然有损于新兴证券市场的发展；第二种选择表明，在行业退出成本高的情况下，经济主体只能提高其道德风险水平。如果 $\int_0^1 f\theta(x) \mathrm{d}(\theta) > \theta$，市场主体发现政府监管过松，即经济主体观测到按照目前的 θ 值将有超额收益，因此没有必要降低 θ 值，道德风险继续存在。从上述两种情况分析得知，整个市场的道德风险水平 θ 值不但没有降低，反而提高。随着 θ 值的变大，监管部门对 θ 的新期望值大于原先的期望值。根据前文分析，若监管部门据此进一步提高监管水平 R，达到 $R_2 (R_2 > R_1)$，必然导致经济主体道德风险水平 θ 值的进一步提高。尽管证券监管部门可以通过强化上市公司、证券商、证券投资基金等市场主体的信息披露，减少监管部门与市场主体的信息不对称程度，从而控制市场主体道德风险水平提高，但是无论如何，政府监管部门无法消除证券市场的信息非对称问题，从而容易陷入两难选择的"悖论"之中，导致有限信息条件下的政府有限理性行为发生。

（二）　基于监管效率均衡的适度证券监管模型分析

有限信息和政府监管的有限理性，决定了适度证券监管是证券监管的方向。适度证券监管与证券市场的关系是补充市场和弥补市场缺陷，而不应该是取代市场的内在功能。任何监管都有其局限性，并且监管也需要成本，监管的边际效率也会递减，当达到一定的监管水平时，即使增加更多的投入，监管效果也不会增加多少，也不能完全防止丑闻公司的出现。对于有效的证券市场，"过度管制"不仅扼杀了市场机制，而且也不可能"防患丑闻公司于未然"（张新，2001）。因此，政府对证券市场进行监管的目标，应定位于改善市场失调和其他市场缺陷的能力，从而形成市场增进（Market Enhancing）效应。

为解释适度证券监管，在此建立了证券监管效率的均衡模型进行说明。在图4-2中，横轴表示监管强度，可用监管数量 Q 指标表示；纵轴 R_a 表示监管效率，监管效率函数表达式为 $R_a = f(Q)$。由于在证券市场发展的特定时期，一定的监管数量（监管强度）相对应一定的监管效率，因此 $R_a = f(Q)$ 也可表达为监管成本—效率曲线。I区域表示监管强度达到 Q_0 之前，证券监管的边际收益超过边际成本，存在 $\frac{dR}{dQ} > 1$，这说明在监管区域 I 内，只要监管强度未达到 Q_0，证券监管都符合效率增进原则，政府的监管行为具有帕累托效率改进效应。可见，F 代表监管效率最优点，对应的 Q_0 是满足效率最大化的监管强度。区域 II 内 $Q_0 < Q < Q_e$，$0 < \frac{dR}{dQ} < 1$，表示证券监管的边际成本大于边际效率，新增的监管数量与监管强度并不符合效率原则。区域 III 内 $Q > Q_e$，$\frac{dR}{dQ} < 1$，即证券监管的边际收益为负，此时新增证券监管缺乏效率性，不符合政府行为理性原则。

证券监管效率的均衡模型表示的监管效率最优，并不一定代表监管行为最优化。因为，新兴证券市场发展呈现政府导向型制度变迁特征，证券监管层的监管目标存在多重性，不但注重市场效率目标，而且考虑市场深化、提高直接融资比重、对外开放，甚至国有企业改造与筹资等目标。这样，在多极目标导向下，证券监管数量可能扩展到超过监管强度 Q_0 对应的最优效率数量。当然，这种超过监管强度 Q_0 的证券监管行为，必然以效率损失为代价。

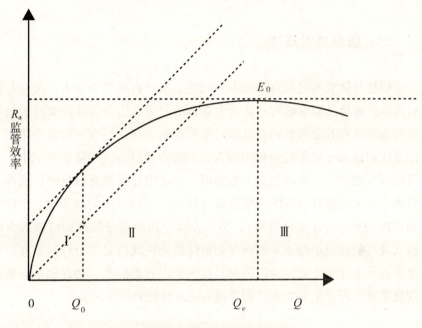

图 4 - 2　适度证券监管条件下的效率均衡

为此，由 $\dfrac{\mathrm{d}R}{\mathrm{d}Q}=0$ 条件决定的效率均衡点 Q_e 可以作为参考点，表明 Q_e 为监管部门潜在的最大收益，当 $Q > Q_e$ 时，新增的证券监管不但不能增加监管收益，反而导致监管收益下降。因此，监管强度 $Q_0 \sim Q_e$ 对应的区域Ⅱ，表示证券监管适度区域，在该区域能够有效协调证券市场效率与证券市场发展的多重目标。而监管强度 $Q \sim Q_0$ 对应的区域Ⅰ称为监管不足域；超过监管强度 Q_e 对应的区域Ⅲ称为监管过度域。

第三节　自愿性信息监管应注意的问题

信息监管虽然克服了一些市场失灵，并在缓解证券市场信息不对称、提高证券市场有效性方面起到了巨大的作用，但信息监管本身也会带来一些新的成本和新的问题。

一、信息监管成本

信息监管成本包括直接成本和间接成本。直接监管成本，又称监管的运行成本，指信息监管机构在监管中耗费的资源。信息监管需要政府设立监管机构或在已有的监管机构增设部门来负责制定和执行有关的法令条例，这样的立法和执法过程要耗费相当的人力、物力和财力。间接监管成本，又称监管的服从成本，一方面包括上市公司、市场中介机构及信息中介机构等被监管者在服从监管时承担的内部成本（如上市公司年报的制作费、审计费、在指定报刊上的信息发布费等）；另一方面包括因遵守规则而可能减少的业务收入或可能被扼杀的业务创新（如审计独立性规则要求会计师事务所对某一企业提供审计服务的同时不得向其提供管理咨询服务，会计师事务所严格遵守此项规定而产生的管理咨询费损失就是监管的间接成本）。

二、信息过剩

信息监管的目的之一是为了解决信息供给不足的问题。但由于公共物品的消费是无成本的，因而信息监管往往使投资者高估其信息需求，证券信息反而可能出现实际供给过剩的局面。1983 年美国财务经理研究基金会赞助的一项研究表明，由于实行强制信息披露，股东在年报中收到了过量的信息，对于这些过量披露的信息，股东并没有能力理解和运用，因而也不会因此获得额外收益。[1]

三、监管者"被俘虏"的可能性

"俘虏论"（Capture Theory of Regulation）是从 20 世纪 70 年代开始出现的质疑监管者作用的一种理论，代表人物是斯蒂格勒（G. J. Stigler）、佩尔兹

---

[1]　Financial Executives Research Foundation, 1984, Summary Reporting of Financial Information, Vol. 2.

曼（S. Peltzman）、贝克尔（G. Becker）、波斯纳（R. A. Posner）等。在斯蒂格勒和佩尔兹曼所设立的监管均衡模型中，监管者（政客）通过调节利益集团之间的价值转移，达到自身选票数量及政治支持的最大化。[①] 而贝克尔设立的政治均衡模型（Becker Model）则从被监管的利益集团之间的竞争出发，指出监管往往被更具影响力的利益集团利用，用来增加其利益。波斯纳甚至提出监管机构的产生就是某些利益集团活动的结果，这些利益集团为逃避市场竞争和保护自己的利益，要求政府提供监管。[②]

　　一个例证便是 20 世纪 80 年代在美国要求立法禁止内幕交易的游说活动中，大的证券投资机构发挥了重要的作用。究其原因是由于一旦内幕交易被禁止，在拥有信息优势并能够运用信息优势谋利方面排名第一的利益集团将不再是内幕人员，而是拥有强大信息搜集、整理和分析能力的大型证券投资机构，而游说者鼓吹所要保护的"广大投资者"的信息劣势地位并没有改变。

四、监管带来的道德风险

　　对信息监管持怀疑态度的人认为，就像人们为自己的房子买了火灾保险以后反而会放松防火警惕性一样，信息监管将导致投资者放松对信息质量应有的审慎态度，反而可能使一些投资者如果谨慎本可以避免的风险，并为不法机构或个人利用虚假信息牟利提供机会。目前，有人提出在被公认为信息披露监管最为严格的美国接连发生安然事件、世界通讯公司事件等财务造假丑闻，究其原因之一便是监管使投资者放松了应有的警惕。

---

① G. J. Stigler, 1971, The theory of Economic Regulation, Bell Journal of Economics, Vol. 2; S. Peltzman, 1976, Towards a More General Theory of Regulation, Journal of Law and Economics, Vol. 19, p. 211 - 240.

② R. A. Posner, 1974, Theories of Economic Regulation, Bell Journal of Economics and Management Science, Vol. 2.

五、对监管能力的质疑

信息监管是证券监管中最为复杂、难度最大的部分，比如内幕交易监管就因其认定和取证困难而被称为"永远无法取胜的战争"。① 信息监管机构的硬件设备及工作人员的能力和水平能否应付这场战争值得怀疑。同时由于监管人员作为公务员薪酬较低，这可能导致一方面监管机构难以吸引到高水平的人才，另一方面现有监管人员可能经受不住利益诱惑而产生寻租行为。

上述这些问题必须在监管过程中加以注意。但需要指出的是，不能因为这些问题的出现就否认信息监管的必要性。事实上，有些问题在监管的不断完善中就可以加以解决或缓解。

在我国，加强证券信息监管的必要性和紧迫性更为突出。我国的证券市场兼具"新兴市场"和"转轨经济市场"双重特性。与西方发达国家的证券市场自发渐进的发展进程不同，② 我国证券市场的发展模式更类似于一种由政府主导推进的"空降"模式，即为释放国有银行主导型金融体系风险，同时为过度负债的国有企业引入新的直接融资渠道，在短时间内通过政府的设计迅速建成，并通过一系列的权宜之计暂时回避了若干的尖锐矛盾，以功能和制度局限为代价，实现了市场规模的快速扩张。比如，在股权结构安排上引入国有股、法人股等，其中国有股作为非流通股占绝对控股地位，从而实现了公有制在证券市场的成功移植；再如，为了维持国家的主导地位，在证券发行制度上实行严格的额度制和行政审批制等。"新兴市场"和"转轨经济"的双重特征使我国证券市场存在诸多容易诱发信息披露、传递和运用过程中违法违规行为的因素：

（1）证券市场的规范化远远落后于市场规模的快速扩张，表现为法规不健全、监管技术落后、执法力度不够等。

---

① A. M. Louis, 1981, The Unwinnable War on Insider Trading, Fortune, 13th, July.

② 西方发达国家的证券市场产生和发展大都是长期和自发的，较少见到政府干预的影子。在美国，证券交易起源于18世纪初，当时人们自发集中在纽约华尔街68号的梧桐树下，从事证券交易活动。1792年5月17日，这些商人订立了著名的"梧桐树协定"，成为纽约证券交易所的起源。

（2）转轨过程中由于计划与市场两种体制摩擦，导致了政府机构及其人员寻租行为泛滥、上市公司普遍存在法人治理结构不完善以及内部人控制、中介机构与政府部门关系密切而独立性不够等许多制度性问题。

（3）证券市场功能囿于筹资，市场由个人投资者主导，换手率略高，市场波动程度大，呈现出较强的投机性和不稳定性。

（4）证券市场缺乏信用基础。由于市场经济发展时间短，市场机制不完善，证券市场目前主要还是靠政府的信用来支撑，缺乏真正的市场信用，而且违反"诚实信用"原则的行为正由特权阶级向整个市场渗透，有普遍化的趋势。

为保护投资者权益、恢复投资者信心，我国证券信息领域（包括证券信息披露、传递和运用全过程）的监管亟待加强。事实上，这也正是广大投资者的期望。根据2002年由深圳证券交易所综合研究所主办的"中国股市个人投资者状况调查报告"，位列个人投资者最支持的政府措施前三位的分别是：证监会加强监管力度、完善信息披露制度及建立民事诉讼与赔偿机制，支持率分别达64.4%、53.4%和51.5%。

第五章 基于信息传递过程的我国自愿性信息监管现实研究

第一节 上市公司自愿性信息披露监管现实研究

一、上市公司自愿性信息披露的现状及存在问题

信息的主动披露将引发良性连锁反应。在业绩优异的公司率先自愿披露公司信息后，其余未披露公司信息的上市公司之间其实还继续存在实际经营状况的差异。其中经营较好的公司自然不愿与经营较差的公司为伍，所以也将自愿披露公司信息。经营状况较差的公司虽然可以不披露公司信息，但考虑到"沉默"即会被市场认为是"坏消息"，股价波动可能更大，在此压力下也只好对外披露公司信息。上市公司信息的自愿披露很大程度上可以改善证券市场的信息不对称现象，使上市公司的优劣自判。2001 年 4 月证监会发布的《公开发行证券的公司信息披露编报规则第 13 号——季度报告内容与格式特别规定》只强制要求股票交易实行特别处理（ST）的上市公司披露季报。但上港集箱、东方铝业等上市公司在 2001 年第一季度也公布了季报，其目的是向市场主动传递公司业绩优良的信息，以增强投资者对这些公司的信心。近年来，一些绩优企业开始加大自愿性披露力度，尽管我国上市公司在自愿性披露上存在一些问题，但我们也应该看到，一些业绩优秀的大型上市公司已经日益意识到自愿性披露的重要性，在年报中自愿性披露的内容也日

益增多。以中国石化 2005 年和 2006 年的年报为例,中石化连续两年详细地披露了研究与开发的投入、获得的专利数目以及实现工业化的工艺,这些将对公司未来的发展产生重大的影响,甚至关系到公司核心竞争力的提升。同时详细披露了其健康安全环境计划,展示了其强烈的社会责任意识。2005年,中石化第一次在年报中披露了人力资源培养和开发方面的信息:公司重点开展高层管理人员、高级专业技术人才和国际化经营人才培训,三年总部共组织各类培训五千多人次,建立完善了经营管理、专业技术、技能操作三类人才队伍的开发管理体系。人力资源的投入是公司未来发展的一个前瞻性指标,中石化的自愿披露向投资者展示了其未来持续发展的能力。近阶段,我国上市公司自愿性会计信息披露的内容更加丰富、完善,主要有:公司核心竞争能力、管理层的讨论与分析、环境会计信息、社会责任会计信息、人力资源会计信息等。

上市公司主要通过以下三个渠道来进行自愿性信息披露:第一,在公司定期报告(如上市公告书、年报、中报、季报)中公布。上市公司倾向于以这种形式披露一些"定性"信息,如公司治理信息、管理层的分析与评价、环境保护与社会责任等。在依托定期报告进行自愿性信息披露的基础上,以临时公告渠道进行的自愿性信息披露越来越多。第二,与证券经销商、机构投资者、专业证券分析师的信息沟通。这种沟通具有私人沟通的性质,一般是在定期报告之后或公司宣布了重大投资事项之后,券商、机构投资者和专业证券分析师常常要求上市公司就定期报告内容及投资行为的动机和效果进行进一步的解释和澄清。第三,上市公司通过新闻媒体将有关公司核心竞争能力、环境保护和社会责任的信息发布出去。这种形式的信息的优点是传播速度快,影响面广,市场反应及时;缺点是成本较高,风险较大。因为一旦公开承诺的事情无法兑现,除了可能面临投资者的诉讼外,经理人员还可能在人力资本(信誉、能力)方面遭受惨重损失。

实践中我国上市公司进行自愿性信息披露的企业日益增多。但是自愿性信息披露发展水平较低,与国外差距较大,主要表现在以下两个方面。

(1)自愿性披露程度低。由于信息披露是一个抽象概念,对于自愿性信息披露的程度,基本上都是通过构造自愿性信息披露指数(Voluntary Disclosure Index，VDI）来度量，过去文献上主要采用以下两种方法：一是美国财务分析师协会（Financial Analysts Federation，FAF）的披露指数[1]；二是采用内容分析法衡量的披露指数[2]。指数度量法主要依据上市公司所在地的信息披露法规和上市公司年报（或季报）内容，选择一些恰当的指标，然后根据每个上市公司的具体披露情况给予赋值，最后得到公司自愿性信息披露指数。国际上对自愿性信息披露指标的构建方法并未形成一个统一的标准，因为各国经济发展程度和法律法规体系的差异使自愿性信息披露的动机和具体内容差异很大。

在发达国家的证券市场上，自愿性披露日益成为上市公司展示核心竞争力的一个重要手段，而我国上市公司自愿性披露的数量与发达国家相比就相形见绌了。范小雯（2006）[3] 以我国深交所 2004 年具有自愿性信息披露行为的 244 家上市公司年报作为研究对象，通过对战略性信息、财务信息、非财务信息等 39 个自愿性信息披露项目指标进行实证（见表 5 - 1），运用指数分析法研究表明：深市上市公司对于战略性信息的自愿性披露水平在三个项目中最高，达到 31.04%；其次是非财务信息，达到 15.11%；自愿性披露比率最低的是财务信息，仅为 8.76%。而从总体的自愿性披露状况看，深市上市公司的披露比率为 14.2%。本书第二章对我国 235 家样本公司 2009 年的信息披露状况进行评分，并分 12 个行业计算样本公司的自愿性

---

[1] FAF 的公司咨询委员会每年对样本公司年度信息披露的质量进行总结性评估。披露事项的信息来源包括年报、季报、报纸杂志、与分析师面谈及回答分析师的询问等，内容包括各项披露信息的时效性、详细程度及清楚与否。评估工作由精通不同产业的分析师所组成的数个小组负责进行，针对从各产业中选取的公司，采用加权方法来衡量不同的披露项目种类，并对各公司的整体披露工作进行打分（最高为 100 分）。

[2] 内容分析法，是一种收集资料的方式，此法是将公司可能的自愿性披露项目汇总成表，再与年报中的披露项目进行对比，以计算各公司的披露指数，衡量其披露水平。计算步骤大致如下：①参考过去相关研究中所提到或建议的披露项目。②将初步筛选项目与公司所在国法规或上市证券交易所的披露规定进行对照，以删除强制披露项目。③ 在披露索引表中的披露项目确定以后，即可进行披露指数的计算。计算结果由分子、分母两部分相除得到。分子部分为公司年报中披露项目的总得分，通过比较披露索引表中的项目与年报中的披露项目来获得。索引表中的项目，若年报中有披露可得 1 分；反之则为 0 分，分数加总后即为披露项目总分。分母部分为索引表中各项披露项目分数之和。在得到分子、分母的数值后，相除的结果即为披露指数。

[3] 范小雯：《上市公司自愿性信息披露影响因素研究》，《证券市场导报》，2006 年第 4 期。

信息披露指数。通过数据分析也可以看出各行业的自愿性信息披露状况：总体自愿性信息披露最大值为 0.85，属于制造业中的样本公司；披露指数最小值为 0.22，属于采掘业。各个行业的自愿性信息披露水平存在明显的差异；披露指数波动幅度最大的是采掘业；波动幅度最小的是传播与文化产业。各行业披露指数平均值最大值为 0.61，最小值为 0.3；83% 的行业即 10 个行业的总体信息披露指数平均值在 0.5 ~ 0.6。12 个行业的信息披露指数大部分在 0.5 左右，农、林、牧、渔业偏低，电力、煤气及水的生产和供应业的信息披露偏高。

　　这说明我国上市公司在年报中进行的自愿性信息披露的水平仍然很低，美国、英国和欧洲大陆的跨国公司的自愿性信息披露水平是我国上市公司总体披露水平的 4 倍。

表 5 - 1　自愿性信息披露项目

战略性信息 （strategic information）（31%）	非财务主要信息 （non‐financial information）（46%）
1. 公司的战略描述	1. 竞争环境
2. 实现公司战略的时间表	2. 市场占有率变动的分析
3. 完成目标的步骤与行动	3. 生产率指标
4. 战略对当前业绩的影响	4. 员工人均创值额
5. 销售额或营业额的预测	5. 员工人均报酬
6. 战略对未来业绩的影响	6. 公司的研发政策、人员及费用变动
7. 实现公司战略的障碍及影响	7. 培训费用
8. 现金流的预测	8. 执行董事的从业经历
9. 利润的预测	9. 非执行董事的从业经历
10. 资本性支出的预测	10. 发生事故数
11. 未来的市场机会	11. 股东大会非强制性信息
12. 对公司社会形象的描述	12. 非强制性澄清公告
	13. 福利信息
财务信息（financial information）（23%）	14. 劳保政策

续表

战略性信息 （strategic information）（31%）	非财务主要信息 （non-financial information）（46%）
1. 营业收入、销售收入变动的分析	15. 公益捐赠
2. 盈利的定性评价	16. 环保计划
3. 现金流的定性或定量描述	17. 社区计划
4. 未分配利润变动分析	18. 被培训员工数目
5. 应收账款/其他应收款变动的分析	
6. 管理费用、财务费用变动的分析	
7. 关于公司负债变动的分析	
8. 其他无形资产价值披露（商誉除外）	
9. 经营成本的变动分析	

（2）自愿性信息披露质量差。我国证券市场起步较晚，一般认为其正式建立是以1990年的上海证券交易所和1991年深圳证券交易所的成立为标志的，这样算来，证券市场在我国的发展还不到20年，证券市场建设还缺乏经验，所以，目前我国证券市场还存在很多问题，其中与投资者关系最为密切的就是上市公司信息披露诚信缺失问题。虽然国家颁布了一系列法律法规来规范上市公司的信息披露行为，如《证券法》、《上市公司信息披露管理办法》等都对上市公司的强制性信息披露作出了明确的规定，但是信息披露诚信缺失的问题并没有得到有效的遏制。据统计，2005~2007年，上海证券交易所共有44家上市公司由于信息披露中存在虚假记载、重大遗漏等问题而受到公开谴责。同期，深圳证券交易所也对66家上市公司信息披露中的不诚信问题作了公开谴责。而作为代表国家行使证券监管权力的中国证监会，在2008年1~6月共作出了20份行政处罚决定，其中6份是针对上市公司信息披露失信而作出的。2007年深圳证券交易所对690家深市上市公司的信息披露进行考核，将考核结果分为优秀、良好、及格和不及格四个档次，结果显示不及格的有22家，及格的为192家。以上数据足以说明当前我国的证券市场中，虚假披露、不实陈述、不充分披露问题普遍，证券市场信息披露质量不高。证券市场充斥的大量虚假信息打击了人们对证券市场的信心，证券市

场面临"诚信危机"。在这种背景下，证券市场中的信息需求者对上市公司的强制性信息披露存在不信任感，因此，很多公司尤其是那些规模大、效益好的上市公司，为了彰显自身的地位、提高公司的价值，越来越多的公司选择通过自愿性信息披露的方式，将与公司相关的更多信息提供给市场上各类信息需求者。自愿性信息披露情况比较复杂，我国目前针对自愿性披露的规范性文件不多，其披露内容、方式、时间等缺乏相应的规范，所以实践中上市公司自愿性披露的质量令人担忧。主要表现在：①自愿性信息披露不真实。上市公司自愿性披露的信息主要是与公司发展相关的财务、利润、人力资源、发展战略等信息，这些对投资者作出投资决策有重要的参考价值。利好信息的披露一方面会为上市公司赢得更好的声誉，吸引更多的投资者，从而降低在资本市场上的融资成本，在产品市场上也会使自己更容易与他人达成交易，取得更好的经营效益。另一方面，公司经营效益是对公司管理层考核的重要内容，经营效益好管理层的业绩就好，就会获得更好的报酬，因此，上市公司和管理层都有公布"好的"信息的动力。在经济利益的驱动下，他们在自愿性信息披露中弄虚作假，夸大事实，例如，在披露未来盈利的预期时，编造虚假的财务数据，不合理地夸大未来盈利的水平；在披露人力资源相关内容时，对管理层人员的教育背景作虚假和夸张的披露。②自愿性信息披露不充分。在上市公司运营中会出现各种影响证券价格的信息，利好信息的公布会拉高证券的价格，为公司赢得更好的声誉，带来一系列的经济效益，而利空信息则相反。对于投资者来说，合理的投资决策是建立在客观、全面的信息基础之上的。但是，上市公司为了使自己发行的证券处于较高的价格水平，获得更多的经济利益，往往选择向市场公开那些利好信息，或者将一个完整的信息进行拆分，公布其中的利好部分，想方设法地隐瞒利空信息或者对利空信息在披露时一带而过，不作分析，无法引起投资者注意，使投资者不能获得全面的信息，作出理性的投资决策，最终影响了证券市场的良性运行。③自愿性信息披露方式不恰当。为了保证所有的投资者都能够公平地获得信息，避免内幕交易，上市公司在披露相关信息时应当采用合理的方式向所有的投资者公开。但是，实践中有些上市公司在公开信息时忽略了公平性，在一些非公众场合透露信息，或者采用只能够为一部分投资者获得的信息披露方式，导致投资者之间在信息获取上的实质不公平，破坏了证券市场的平等参与原则。④相关性自愿性信息披露明显不足。随着新的会计业务不断增加，使用者及理论界要求企业提高年度报告信息质量的呼声不断加强，我国上市公司的年度报告披露的信息越来越多，篇幅越来越长。但是，年度报告中所含的有用信息却并未得到很大提高。这既增加了上市公司的披露成本，同时也增加了使用者从中获取有用信息的时间和难度，甚至会误导报表使用者。比如，预测性财务信息的公开披露能够使投资者和债权人了解上市公司未来的生产经营状况，正确判断企业的投资价值，并据此作出合理有效的投资决策，从而有效地减少信息不对称性，防范和化解投资风险。我国的财务信息披露体系中还缺乏预测性信息的披露，预测性信息的披露还处于空白的状态，这给投资者进行决策增加了困难。在我国公司年度报告中，也没有专门披露财务状况和经营成果分析的信息，只是在董事会报告中对公司的财务状况和经营成果作出简单分析，披露内容明显不够充分，而且缺少前瞻性信息和物价变动影响的信息。同时，我国财务报告的内容除了数字就是文字，缺少比较形象的表述方式，难以突出财务报告的重点，容易让使用者产生视觉疲劳，缺少人性化成分。

二、上市公司自愿性信息披露监管现状及存在的主要问题

我国目前的公司信息披露制度是以强制性披露为主、自愿性披露为辅。证监会于 2007 年 2 月 1 日发布《上市公司信息披露管理办法》，对上市公司信息披露进行监管。2007 年 4 月 4 日《上海证券交易所上市公司信息披露事务管理制度指引》发布，进一步指导上市公司建立健全信息披露制度。我国强制性信息披露除了包括《证券法》、《会计法》、《股票发行与交易管理暂行条例》等法律法规规定的信息披露外，还包括证监会制定的三个层次的信息披露规范，即内容与格式准则、编报规则以及规范问答（内容详见第一章附录）。由于我国资本市场尚不发达，自愿性信息披露仍处于起步发展阶段。目前自愿性信息披露还属于证券监管的薄弱领域。我国证券市场监管部门对自愿性信息披露持有的基本态度是：审慎对待预测性的信息披露，适时披露

公司重大风险及潜在风险，在公司处于困境或逆境的时候，加强与投资者的沟通。从 2003 年深圳证券交易所发布的《上市公司投资者关系管理指引》中首次明确提出了自愿性信息披露的概念，对自愿性披露进行了指引。到 2008 年上海证券交易所发布《上海证券交易所上市公司信息披露事务管理制度指引》，我国自愿性信息披露规制正在逐步建立之中，此外，虽然很多法律规范中都只明确规定了强制性披露的内容，但也都留有一定的自愿性信息披露空间。以年报为例，2005 年修订的《公开发行证券的公司信息披露内容与格式准则第 2号——年度报告的内容与格式》中规定公司董事会报告中应当对财务报告与其他必要的统计数据以及报告期内发生或将要发生的重大事项，进行讨论与分析，内容包括但不限于：①报告期内公司经营情况的回顾；②对公司未来发展的展望。例如，公司可以根据实际情况对公司设备利用情况、订单的获取情况、产品的销售或积压情况、主要技术人员变动情况等与公司经营相关的重要信息进行讨论与分析。《内容与格式准则》中"管理层讨论与分析"、"经营情况"、"盈利预测"、"新年度计划"等部分都为自愿性披露提供了很好的渠道和机会。我国目前还没有形成系统的关于自愿性信息披露的政策法规，只是在政府政策监管框架之中留有一定的余地。不过相关监管部门已经意识到自愿性信息披露的作用，积极鼓励上市公司增加自愿披露，相关监管部门近年来提出的这些规则指引，很好地推动了我国自愿性信息披露的发展。

我国上市公司违法违规行为处罚的法律依据主要有《证券法》、《股票发行和交易暂行条例》、上海证券交易所和深圳证券交易所制定的《上市规则》以及《会计法》等。执法部门主要包括中国证券监督管理委员会、上海证券交易所和深圳证券交易所等监管部门。我国上市公司自愿性信息披露的监管机构主要是中国证监会。上海、深圳证券交易所作为自律组织和"一线监管"机构也承担上市公司自愿性信息披露监管的职能，但权限相对有限。以下是对 1994 ~ 2006 年（其中，2006 年的数据截至 2006 年 8 月底）上市公司处罚的相关统计分析（全部数据来源于聚源数据库）：

从违规处罚原因看：在信息披露、经营违法违规、高管违规、操纵市场、内幕交易等各种被处罚违规行为中，因信息披露存在问题被处罚的占比重最大，其中信息披露违规占 17.37%，信息披露延误占 16.77%，信息披露遗漏占 15. 86%，信息披露虚假占 14. 20%。从违规处罚类型看：包括公开谴责、批评、警告、立案调查、行政处罚等，而在这些处罚类型中，以公开谴责（占 34. 44%）偏多，行政处罚占 16. 92%，立案调查占 21%，司法刑事民事处罚偏少。从处罚主体看：主要包括证券交易所和证监会（其中证监会处罚比重占 46. 23%）。同时统计显示，尽管深圳证券交易所的上市公司数较少，但处罚比重较高，占 20. 69%（上海证券交易所处罚比重为 16. 01%），其他处罚主体包括法院、检察院、银监会、财政部门、税务部门、公安部门、土地管理部门等，这类处罚一共 113 例，占全部处罚的 17. 07%。

我国无论是强制性信息披露还是自愿性信息披露，其监管的弱点是显而易见的，以杭萧钢构事件为例，2007 年 2 月 15 日，上市公司杭萧钢构发布公告，宣称签订了一笔价值 300 多亿元的境外项目。此后，这家公司又发布公告称，上述合同尚未有实质性的履行，如对方未支付相应款项，公司存在不继续执行合同的可能。这家公司的股票价格从 2 月 12 日相继出现 10 个涨停。证监会经调查认定其在信息披露方面存在违法违规行为，信息披露"不及时、不准确、不完整"，"有人在这起事件中涉嫌犯罪"。4 月 30 日证监会对杭萧钢构下达了行政处罚书，认定杭萧钢构存在未按规定披露信息、披露的信息有误导性陈述两项违法违规行为，对杭萧钢构和 5 名相关人员分别给予警告和共计 110 万元的罚款。这个事件充分反映出我国目前信息披露制度及其监管的不完善。我国自愿性信息披露监管非常薄弱，主要表现为以下两个方面：

1. 自愿性信息披露相关规制严重缺失

主要是：①缺少鼓励和保护自愿性信息披露的法律规范；目前自愿性信息披露监管的相关部门还没有真正认识和重视自愿性信息披露，对自愿性披露的监管问题尚未达成共识，即使有些规定和文件涉及鼓励自愿性披露的相关表述，也是非常隐晦，而且态度不一，加上没有对自愿披露信息的有效保护法规，这使得公司在制度面前对是否披露犹豫不决，也是造成我国上市公司自愿性信息披露不足的主要原因。②缺少专门针对自愿性信息披露的规范文件。与上市公司自愿性信息披露相关的法规制度不健全。除了 2008 年 5 月 14 日上海证券交易所发布《上海证券交易所上市公司环境信息披露指引》可以说是我国目前仅有的专门针对自愿性信息披露的规范文件，我国再无其他专门针对自愿性信息披露的规范文件。证监会颁发的《公开发行股票公司信息披露的内容与格式准则》1~6号的有关条款中注明"不限于此"，虽然给自愿性信息披露留有余地，但是并没有对自愿披露信息的内容、披露的形式和手段等方面进行规定。自愿性披露的内容通过混杂于强制披露规则的某些条款来规定，难以引起投资者和上市公司的注意，从而使得制度规定的执行效果不明显。从《上海证券交易所上市公司环境信息披露指引》中不难发现，即使文件明确了公司可以自愿披露哪些信息项目，但是对披露后的责任（包括法律责任）界定并未涉及，还有一些规定过于抽象，不便于司法的具体操作。这也使得公司在制度面前对是否披露犹豫不决。比如，有关财务预测的规制方面，我国财务预测信息的规范（主要针对盈利预测信息），主要散见于《股票发行与交易管理暂行条例》、《公开发行股票公司信息披露的内容与格式准则》、《招股说明书的内容与格式准则》、《中国注册会计师其他鉴证业务准则第3111号——预测性财务信息的审核》以及证监会及其派出机构——深圳证券交易所和上海证券交易所不定期发布的一些补充文件或具体的编报指南之中。这些行政法规、规章和解释、指南的法律层次较低，规定较为凌乱，且各规定的内容不尽一致，已有的规定也往往只适用于某一种特殊的情况，缺乏像美国注册会计师协会那样对财务预测的编制、披露及审计准则作出系统性的规定，上市公司难以对其增删修订情况做出全面把握，并且其中一些规则已难以适应实际需要。①③缺乏对投资者尤其是中小投资者保护的相关法律规范。我国违法信息披露的民事责任和诉讼机制欠缺，对于法律责任中信息披露及时性的民事赔偿责任未作规定。很多研究表明，我国现行信息披露管制的法律体系仍然存在不少漏洞，尤其是在关于民事责任及其相应诉讼制度的规定上，远远落后于国外先进国家。我国现行法律责任体系是以行政责任为主，以刑事责任和民事责任为辅，其中关于民事责任的规定最为薄弱。刘峰、许菲（2002）对审计师所面临的法律环境进行分析，认为在我国现行的信息披露法律体系中，由于过高的诉讼成本和偏低的收益，审计师被真正提起诉讼的概率会很低，审计师的民事责任对其并不具备约束力。

---

① 蒋尧明：《美国财务预测信息披露与监管的经验及借鉴》，《当代财经》，2007年第12期。

同时，《民法通则》"谁主张，谁举证"的原则忽视了财务报告舞弊的特殊性以及股民众多且分散带来的诉讼成本等因素，不利于中小投资者提出诉讼。并且我国法律仍以政府而非公民或诉讼人为导向。因此，就我国目前法律法规而言，针对违规信息披露等行为给广大投资者带来的损失而实施的民事保护是极其有限的。

自愿性信息披露相关规制的具体内容及其完善措施将在"自愿性信息披露监管的制度安排"一章做重点阐述。

2. 监管效率较低

监管效率一般有两个度量指标：一个是以事件研究法分析事后处罚效率；另一个选择查处及时性指标。

事后处罚效率主要通过事后处罚给投资者造成的损失情况进行衡量。长期以来，各国和地区的立法都将刑事处罚作为主要的事后处罚手段，但从司法实践来看，刑事处罚的执行效率偏低，案件较少，且行为很难得到认定，私人民事诉讼也由于面临很大的证明责任而很少采用。由于信息披露违规行为的巨大外部性影响，事后处罚由于不能及时制止信息披露违规行为的后果，从而未能避免整个市场和投资者付出的巨大代价。张宗新（2007）[1] 运用LLSV 研究法对我国证券市场上市公司违规处罚的效果进行研究，结果表明：尽管证券处罚具有明显的信息含量，处罚对股价具有明显的负面冲击，但事后监管给投资者带来的损失，也充分验证了 LLSV 所阐述的事后监管无效率性（LLSV，2006）[2]。具体而言，在处罚日（即 T0 日）之前，累计超常收益率 CAR 已开始走低，市场对违规公司受到处罚的预期体现，并提前反映在超额收益率上，这是因为在处罚之前，证券监管部门已经开始着手进行调查或审查（张弘，2006）[3]。这样，在处罚公告当日，被处罚公司的累积超常收益CAR 则出现较大的负值，之后违规上市公司 CAR 持续走低。从公开谴责与信息披露违规处罚类型看，由于这两类处罚一般涉及上市公司生产经营中的

---

① 张宗新：《证券市场内幕操纵与监管控制》，北京：中国金融出版社，2007 年。

② La Porta, R. F. , Lopez – de – Silannes, and Shleifer, A. , 2006, What Works in Securities Laws ？, Journal of Finance, 61, 1 – 33.

③ 张弘：《上市公司违规特征及处罚有效性研究》，第八届会员单位与基金公司研究成果三等奖，2006 年。

重大事项，并且是以负面消息为主，因此在公开谴责与信息披露违规的处罚公告信息正式公布后，市场对公开谴责与信息披露违规事件的反应都很大，并进一步助推股价加速下跌，两类事件的超常收益率 CAR 在 ［－30，＋30］都达到－10% 左右。从处罚主体的处罚效果看，无论是中国证监会、上海证券交易所或深圳证券交易所的处罚，给市场带来的反应都是超常收益率为负。

衡量处罚效率的另一个指标是查处及时性。查处及时性应该是惩戒有效性的一个动态指标。对市场违规行为惩戒越迟缓，说明证券处罚效率越低，即执法效率越低。案件查处速度，一般是指从案件开始实施的时间到案件被查处的时间之间的间隔（以下简称时间差），它是查处及时性动态衡量指标。从法律监管上讲，理论上时差为零时（即违法行为一经发生，立刻做出惩罚）惩罚效果最优；但在现实执法过程中，由于受到监管部门的执法意志影响，以及受到立案取证等制约，在违法行为发生和惩罚做出之间会有一个正值的时间差，这个时间差的大小在相当程度上影响着法律的惩戒实效。这种时间差和法律的惩戒实效呈现负相关关系，即随着时间差的增大，惩戒时效越差，监管效率也就越低。根据张宗新（2007）[①] 对 1994 ~ 2006 年时间差与惩戒实效之间关系的统计结果看，在选取的 658 个样本中有 454 个样本为有效样本（即处罚的时间差能够精确计算出来），结果发现，454 个处罚的时间差平均值约为 729.1 天，最小值为 3 天，最大值为 4094 天，即一个违法行为从着手实施到被惩戒一般要前后经过 729.1 天。这一统计结果与北京大学金融法研究中心（2006）的统计相似，它的 607 个样本中有 563 个有效处罚，处罚的时间差平均值约为 606.8 天，中值为 498.0 天，最小值为 0 天，最大值为 3208 天。可见，我国证券市场的执法效率是比较低的。

3. 违法信息披露的惩处力度不足

《中华人民共和国刑法》规定，上市公司向提供虚假的或者隐瞒重要事实的财务会计报告，或者对其他重要信息不按照规定披露，严重损害股东或者其他人利益，或者有其他严重情节的，对其直接负责的主管人员和其他直接责任人员，处三年以下有期徒刑或者拘役，并处或者单处二万元以上二十万元以下罚金。而欧美对信息披露违规的处罚非常严格，任何违规信息披露

---

① 张宗新：《证券市场内幕操纵与监管控制》，北京：中国金融出版社，2007 年。

的公司、公司高管、投资者关系管理者都会受到严厉处罚。例如，壳牌石油公司曾对公司海底石油储备进行了不准确披露，导致投资者过高估计了公司业绩，壳牌石油公司因此被处以1700万英镑的巨额罚款。相比之下，我国法律法规对违规信息披露的处罚力度过轻，导致法律不具有明显的约束力。从某种程度上讲，正是由于法律处罚条文不完善，使得上市公司出于成本收益比较，不惜以身试法，不惜损害债权人和投资者的利益来达到自身目的。

制定严密的法律体制，对于规范上市公司信息披露行为，保护投资者利益具有重要意义。为完善我国信息披露法律体制，可以从以下三个方面改进：首先，确立证监会在立法和执法上的唯一权威地位，使立法更系统、有效。可以参照国际惯例，将其他政府部门的监管权力逐步收归证监会，使证监会成为全国唯一的权威的最高证券监管机构，并且不断完善、细化法律法规，使之更具有可操作性。其次，确立违规信息披露的民事责任。美国、日本等国家都详细规定了违反信息披露规定的民事责任。规定违规信息披露的以经济补偿为目的的民事责任，符合保护投资者合法权益的立法理念，同时可以使有切身利益的投资者积极揭露信息披露中的违法行为，有助于降低监管成本，减轻行政干预的影响。最后，加大违法信息披露的惩处力度，使监管更具有威慑力。

第二节　证券市场中介机构及其监管现实研究

自愿性信息披露的参与者，除了上市公司，还包括会计师事务所、证券律师事务所及资产评估机构等市场中介机构，所以，对自愿性信息披露过程中的信息监管也必须包括对这些市场中介机构的监管。

一、市场中介机构现状及在自愿性信息披露中的作用和功能

（一）我国市场中介机构现状

证券中介机构有广义和狭义的划分。广义的证券中介机构包括所有从事

与证券业务相关的组织，包括证券公司、证券咨询组织、证券结算登记组织、与证券相关的中介服务机构、证券投资基金管理机构、证券业行业协会。而狭义的证券中介机构仅指与证券相关的中介服务机构，如会计师事务所、资产评估事务所、律师事务所等机构。下面仅分析参与自愿性信息披露的市场中介机构。市场中介机构在信息披露中都必须遵循勤勉尽责和诚实信用原则，认真履行尽职调查义务，对出具的相关文件的合法性、完整性、准确性和真实性负责，并承担信息披露相应的连带责任。

1. 会计师事务所

会计师事务所是证券信息披露最重要的市场中介机构。会计师事务所的职责是以其客观、公正、独立的地位和职业道德，运用专业技术和方法，根据相关法律和规则，对上市公司的财务报告进行审计，并出具审计报告。会计师事务所及其注册会计师对其出具的审计报告的真实、准确和完整负责，并由此承担信息披露相应的连带责任。

1993 年 3 月 13 日，中国证监会与财政部首次授予 45 家会计师事务所从事证券、期货相关业务资格。截至 2009 年 8 月，具有证券、期货相关业务许可证的会计师事务所达到 60 家。①

我国的会计师事务所与证券公司、律师事务所、资产评估事务所等市场中介机构一样，由于发展时间短、从业人员职业水平及职业道德参差不齐等原因，也存在审计独立性差、执业能力和职业道德水平比较低等问题。而且由于会计师事务所必须周期性地对上市公司财务报告进行审计，相对于其他证券市场中介机构，会计师事务所参与的信息披露程度更深且更具连续性。从监管的情况来看，会计师事务所比其他中介机构违规次数更多，受到的处罚也更频繁。近几年来，针对会计师事务所及其注册会计师的监管成为我国信息披露监管的重中之重。

2. 证券公司

证券公司是在信息披露中仅次于会计师事务所的重要的市场中介机构。②

---

① 数据来源：中国证监会网站。

② B. S. Black, 2000, The Core Institutions the Support Strong Securities Markets, Business Lawyer, Vol. 55.

随着我国证券发行由额度控制和两级审批制度转入核准制和保荐制，担任主承销商的证券公司负责起发行公司的培育、选择和推荐工作，与之相对应的也依法承担起核实发行人发行上市文件中所载信息真实、准确和完整的责任，并负责协助发行人建立严格的信息披露制度。在对所出具的推荐函和尽职调查报告负责的同时，作为主承销商的证券公司还承担信息披露连带责任。

截至 2009 年 12 月，我国各类证券公司共有 102 家，其中具有主承销商资格的有 45 家，具有承销商资格的有 25 家。① 从 1996 年至今，已有多家证券公司由于在信息披露过程中违法违规而受到证监会罚款、暂停乃至取消承销业务资格等处罚，相关责任人也分别受到罚款、被列入市场禁入者名单等处罚，目前针对证券公司信息披露监管已受到各方的重视。

3. 证券律师事务所

虽然证券律师事务所不常为投资者所接触，但也是证券市场重要的中介机构。2001 年 3 月 1 日中国证监会颁布的《公开发行证券的公司信息披露编报规则第 12 号——公开发行证券的法律意见书及律师工作报告》对证券律师事务所在信息披露中承担的职责作了严格的规定。证券律师事务所负责出具法律意见书和律师工作报告，同时制作工作底稿。在法律意见书中，证券律师应对规定事项及相关法律问题明确发表结论性意见。在律师工作报告中，证券律师应详尽、完整地阐述所履行的尽职调查的情况、所发表意见和结论的依据，核查验证的过程和所涉及的必要资料和文件。证券律师事务所应在法律意见书和律师工作报告中承诺对发行人的行为以及本次申请的合法、合规进行了充分的核查验证，对招股说明书及其摘要进行了审慎审阅，并承诺对出具文件的真实性、准确性和完整性承担相应的法律责任。

1993 年 3 月 24 日中国证监会和司法部授予首批 35 家律师事务所证券法律业务资格。2002 年 11 月 1 日，《国务院关于取消第一批行政审批项目的决定》取消了从事证券法律业务律师资格确认和律师事务所资格确认两项行政许可项目。2007 年 3 月 27 日，证监会会同司法部发布《律师事务所从事证券法律业务管理办法》。可以说，我国对证券法律业务的管理逐步朝着规范

---

① 参见中国证监会网站"股票主承销商和承销商名单"。

化、制度化、科学化方面发展。由于我国证券律师业发展时间不长，所以，目前普遍存在风险意识淡薄、专业素质不高等方面的问题，与推行证券发行核准制的要求还有一定差距。

4. 资产评估事务所

资产评估事务所也是参与信息披露的重要市场中介机构。资产评估事务所或资产评估公司在拟上市公司发行上市、上市公司资产置换、资产转让、资产购买、资产投资、资产重组以及上市公司资产价值发生重大非营业性变动时，负责对相应的资产进行评估，并出具资产评估报告。资产评估事务所及其所属注册资产评估师对其所出具资产评估报告的真实性、准确性和完整性负责，并承担相应的连带信息披露责任。

从1993年3月24日中国证监会授予首批21家资产评估机构从事证券资产评估业务资格以来，截至2009年8月，我国具有证券、期货相关业务许可证的资产评估机构共有70家。[①] 由于我国证券资产评估业务起步较晚，加上相关法规不完备、机构独立性差、从业人员业务素质参差不齐等原因，不少资产评估机构在对公司上市前的资产评估及上市后对资产重组等进行的资产评估中，评估资产价值发生重大偏差，导致评估报告失实，一些资产评估机构也因此受到了中国证监会的处罚。另外，资产评估机构伙同上市公司利用资产评估进行会计操纵的现象也很严重。资产评估特别是资产重组和关联交易领域内的资产评估，已成为会计操纵的重要手段。

（二）证券市场中介机构在自愿性信息披露过程中的作用和功能

在上市公司的信息披露制度构建中，会计师事务所、审计师事务所、律师事务所、证券信用评级公司等专业性中介机构对信息披露质量的监督起着不容忽视的作用。证券市场信息供给的及时、准确和完整，不仅取决于上市公司信息披露行为的自身因素，而且在很大程度上依赖于会计审计机构、律

---

① 参见中国证监会网站"具有证券、期货相关业务许可证的资产评估机构名录"。

师事务所等中介机构能否保持中立和诚信地履行职责，投资银行能否尽职尽责，证券咨询机构能否进行客观有效的信息供给等一系列制度安排。

证券市场中介机构是指为证券的发行与交易提供服务的各类机构，中介机构是连接证券投资人与筹资人的桥梁，是证券市场运行的组织系统。证券市场功能的发挥，在很大程度上取决于证券中介机构的活动。证券市场中介机构的经营服务活动，沟通了证券需求者与证券供应者之间的联系，不仅保证了各种证券的发行和交易，还起到维持证券市场秩序的作用。证券市场中各参与主体如上市公司、投资者、大股东、监管者之间存在着信息的不对称。一般而言，作为筹资者的上市公司及其经理层、大股东在信息量上处于强势地位，而作为外部投资者的社会公众股东，特别是广大中小投资者拥有较少的信息，处于弱势地位。处于信息劣势的投资者和信息优势的筹资者之间的信息不对称会引起两类问题，即逆向选择和道德风险。在买卖双方信息不对称的情况下，当交易双方中的一方对于交易可能出现的风险状况比另一方知道得更多时，便会产生逆向选择问题。而道德风险是指在协议达成后，协议的一方通过改变自己的行为来损害对方的利益。逆向选择和道德风险都会破坏证券市场的秩序，因此需要通过加强证券市场监管和提高信息透明度来解决。作为筹资方的上市公司向外部投资者提供虚假、错误信息或是遗漏某些重大信息误导投资者，会使投资者产生重大损失。为解决这一信息不对称问题，证券市场引入了证券中介制度，即通过独立、公正的中介机构作为第三方在筹资者和投资者之间传递信息，以降低各方的信息不对称程度，并以此来规范和监督上市公司。

在我国，证券市场中介机构的功能是按照中国证监会、沪深证券交易所和中国证券业协会的规定，在提供中介服务的同时对市场主体的信息披露行为与证券交易活动进行评价和鉴别，并履行相应的监督责任。同时，证券中介机构行为也受到证券监管部门的约束和监督，中介机构对其行为也要承担相应的法律责任。证券市场中介机构通常受聘于发行人（上市公司），审查验证有关材料，并出具具有法律效力的审计报告、财务报告、资产评估报告、法律意见等文件。这些文件将成为上市公司申请发行和上市的重要上报材料或作为上市公司向外界进行持续信息披露的内容。然而，由于当前上市公司信息披露的法律监管制度尚未完善，而且某些中介机构执业人员的道德素质低、职业操守观念差，出具虚假会计审计等信息，误导投资者的事件屡见不鲜，严重损害了中小投资者的合法利益。针对我国证券市场中介机构在信息披露过程中存在的问题，如何加强中介机构的行为、责任约束，保证作为信息传递者的中介机构能准确、公正地传递信息，是社会公众投资者权益保护的重要内容。

二、市场中介机构在自愿性信息披露中的主要问题及其监管现状

（一）　主要问题

近年来，我国市场中介机构对提高我国证券信息披露质量作出了一定的贡献，会计师事务所素有"经济警察"的美誉，经过对上市公司错误和虚假会计信息提出的审计调整，挤掉了会计信息中的不少水分和泡沫。但我国市场中介机构由于受执业环境和执业水平等因素的影响，在信息披露中的问题也很突出。主要表现为两个方面：一是为公司"包装"上市提供虚假意见；二是会计师事务所对上市公司披露信息审查不尽责。由于会计师事务所必须周期性地对上市公司财务报告进行审计，相对于其他证券市场中介机构，会计师事务所参与信息披露程度更深且更具连续性，因此会计师事务所在信息披露中的问题成为关注的焦点。

上市公司披露信息是投资者决策和政府监管的重要依据，也是监督公司经营管理层的重要手段。会计师事务所承担审查上市公司披露信息真伪的重要职责，社会公众希望注册会计师能以客观、公正、独立的地位，不偏不倚地对上市公司财务资料进行审计，以提高会计信息的可靠性。但是现实状况是，有相当一批会计师事务所为了自身经济利益，未能坚持"独立、客观和公正"的原则，除了少数比较极端的进行审计舞弊外，"购买审计"（Purchased Auditing）的现象时有发生。比如，有相当数量的会计师事务所及其注

册会计师出于自身利益考虑，屈从于上市公司的要求和压力，以运用说明段
的方式改变审计意见性质，进行"粉饰性审计"。表 5-2 列出了 2004~2008
年我国注册会计师出具的上市公司审计报告类型，从中可以发现注册会计师
正越来越多地运用说明段将标准保留意见变通为带强调事项段的无保留意见，
保留意见和无法表示意见呈逐年下降的趋势。自 2007 年以来，中注协直接组
织对证券资格事务所进行检查，共检查了 67 家证券资格事务所，中注协对检
查发现存在严重问题的事务所和注册会计师进行了惩戒，共惩戒了 8 家事务
所和 52 名注册会计师。①

表 5-2　2004~2008 年中国注册会计师出具的上市公司审计报告类型

审计意见类型	2004 年	2005 年	2006 年	2007 年	2008 年
标准无保留意见	1228	1204	1307	1499	1514
无保留带强调事项段	69	77	85	90	75
保留意见	101	57	35	14	18
无法表示意见	27	28	29	17	17
否定意见	0	0	0	0	0
合计	1624	1570	1456	1620	1624

（二）　监管现状

我国现有监管证券中介机构的法律法规较多，范围较为广泛，包括《证
券法》、《公司法》、《律师法》、《注册会计师法》、《证券、期货投资咨询管
理暂行办法》、《证券市场资信评级业务管理暂行办法》等法律、法规、规章
以及行业规则。在对证券中介机构诚信奖惩制度方面，主要包括：证券市场
准入制度、证券市场禁入制度和证券中介机构连带法律责任制度。在信息披
露中证券中介机构法律责任制度的相关规定主要有：2003 年 1 月颁布的《最
高人民法院关于审理证券市场因虚假陈述引发的民事赔偿案件的若干规定》

---

①　数据来源：www.cicpa.org.cn。

也特别指出："证券承销商、证券上市推荐人或者专业中介服务机构，知道或者应当知道发行人或者亡市公司虚假陈述，而不予纠正或者不出具保留意见的，构成共同侵权，对投资人的损失承担连带责任。"2005 年新《证券法》第 173 条规定："证券服务机构为证券的发行、上市、交易等证券业务活动制作、出具审计报告、资产评估报告、财务顾问报告、资信评级报告或者法律意见书等文件，应当勤勉尽责，对所依据的文件资料内容的真实性、准确性、完整性进行核查和验证。其制作、出具的文件有虚假记载、误导性陈述或者重大遗漏，给他人造成损失的，应当与发行人、上市公司承担连带赔偿责任，但是能够证明自己没有过错的除外。"《证券法》第 202 条规定："为证券的发行、上市或者证券交易活动出具审计报告、资产评估报告或者法律意见书的专业机构，就其所应负责的内容弄虚作假的，没收违法所得，并处以违法所得一倍以上五倍以下的罚款，并由有关主管部门责令该机构停业，吊销直接责任人员的资格证书。造成损失的，承担连带赔偿责任。构成犯罪的，依法追究刑事责任。"《股票发行与交易管理暂行条例》第 73 条规定："会计师事务所、资产评估机构、律师事务所违反本条例规定有虚假记载、误导性陈述或者有重大遗漏的，根据不同情况，单处或者并处警告、没收非法所得、罚款；情节严重的，暂停其从事证券业务或者撤销其从事证券业务许可。"从以上规则可以看出，我国证券法律制度对中介机构虚假陈述的连带责任规定已经相当合理，它们明确规定了中介机构的尽职调查和谨慎验证义务，跟国际上的规定基本接轨。需要强调的是，近年来我国立法监管部门加强了对证券市场中介的法律法规约束，但在实际执行中对中介机构行为约束和信息披露的监管效果较差，司法执行和投资者保护的效果并不理想。主要原因在于我国证券市场仍缺乏中介机构责任实施的有效约束，证券立法中有关法律责任的归责责任存在明显的制度缺陷，立法和司法解释相对空白，对于民事归责责任缺乏明确规定，对连带责任过错的判断缺乏明确、可行的标准，对证券中介机构缺乏科学的问责机制，致使投资者未能通过针对信息披露违法行为的民事诉讼来有效地制约违法者，从而导致中介机构对上市公司的信息披露监管大打折扣，对证券市场违法机构和个人的处罚缺乏量化标准，导致证券市场中介机构和相关责任人的约束效应弱化。

三、完善中介机构尽责机制，提高信息透明度

　　根据西方成熟资本市场的监管经验，证券交易所应该作为一线监管部门，证监会应该是最权威的证券监管部门，而市场中介机构应该与证券监管部门一起共同监管上市公司的信息披露，保证公司信息披露的真实性和完整性，并对所披露信息的真实性负责，因而中介机构在证券市场体系中扮演着证券监管部门得力助手的重要角色，对市场透明度的形成和维护承担着重要的责任，针对我国证券市场中介机构存在的问题，有必要完善中介机构尽责机制，真正发挥中介机构证券监管的职能，提高信息透明度。在此，建议有关部门实施如下具体措施：

　　第一，完善中介机构的证券市场职责，发挥其监管职能。中介机构是保证信息披露真实的重要客观屏障。中介机构在为上市公司提供服务时，要勤勉尽责，按照行业公认的业务标准和道德规范，对公司的有关文件、数据、实物和资料进行核查和验证，并对自己所出具文件的真实性、准确性和完整性承担保证责任。在这种情况下，中介机构实际上在监管机构之外起到了一种间接监管的作用，弥补了政府监管在效率及专业性上的欠缺。否则，若中介机构未能勤勉尽责，甚至参与制造虚假信息，与上市公司串通合谋，将会极大地动摇投资者的信心，损害证券市场的健康发展。

　　第二，提高中介机构执业独立性，重塑审计机构的独立审计职能。独立性是形成客观公正审计意见的前提和保证，是注册会计师高质量审计的基石，也是审计的灵魂所在。独立审计是证券市场发展的基石，也是确保上市公司会计信息质量的制度安排。尽管中国证监会要求上市公司聘请会计师事务所必须经股东大会批准，但我国大多数上市公司中国有股占绝对控股地位，董事会基本上由控股公司控制，内部人控制现象十分严重，致使上市公司的实际委托人为上市公司的管理当局，聘任会计师事务所的真正权力实际掌握在管理层手中，即委托人与被审计人合二为一，从而使审计机构难以保持独立性，并且淡化了注册会计师对社会公众的责任感。为避免上市公司管理层"收买"中介机构甚至与中介机构串通的情形，中国证监会连续发布《关于

在上市公司建立独立董事制度的指导意见》及《上市公司治理准则》等规范文件，并在全国上市公司范围内开展《治理准则》执行情况的巡检，在一定程度上促进了上市公司改善治理结构，改变了审计委托人与被审计人合二为一的现象。同时随着独立董事制度被引进，与独立董事制度紧密联系的审计委员会制度也被引入我国上市公司。审计委员会是独立董事制度的一种实现形式。由独立董事组成审计委员会，负责向董事会提议聘请或解聘会计师事务所，独立聘请外部审计机构。①审计委员会可以制衡上市公司管理层对会计师事务所施加压力的"权力来源"。但由于我国股权结构在短期内无法发生根本性变化，同时由于制度性"路径依赖"，上市公司治理结构的改善将是一个渐进的过程，委托审计关系也需要在实践中逐步加以改进。针对变更会计师事务所、审计收费等对会计师事务所独立性所造成的不良影响，证监会及财政部先后出台了一系列制约措施。比如2001年6月25日中国证监会发布的《公开发行证券的公司信息披露内容与格式准则第3号——半年度报告》第44条就对会计师事务所变更及审计收费等信息的披露作了严格的规定："财务报告已经审计的，公司应当披露会计师事务所的名称、注册会计师的名字以及审计费用。更换会计师事务所的，公司应披露解聘原会计师事务所的原因，以及是否履行了必要的程序。"相关信息的强制披露，有利于投资者了解实情，提高了上市公司变更事务所的代价，进而提高了会计事务所的独立性。但成熟审计市场提高了会计师事务所独立性的其他一些措施，比如会计师事务所变更时必须填制专门表格送交证监会审批、② 同业复核（Peer Review）、③ 严格限制会计师事务所从事非审计服务等，我国目前还没有施行。建议在有关法规规范中明确上市公司统一由董事会、审计委员会或

---

① 纽约证券交易所（NYSE）1978年开始要求每个上市公司都必须设立完全由独立董事组成的审计委员会；1987年开始，美国纳斯达克（NASDAQ）市场也强制要求上市公司必须设立绝大多数成员由独立董事担任的审计委员会。

② 美国SEC规定，上市公司变更会计师事务所，必须填制8-K表，详细说明更换原因以及注册会计师与客户的分歧，并报SEC审批，否则不予更换。

③ 同业复核是指由另一家会计师事务所或职业团体指定的检查人员对一家会计师事务所质量控制体系的健全性及审计质量等进行检查和评估。到1977年全美注册会计师协会（AICPA）的会计师事务所总部建立以后，同业复核成为该协会对会员所的审计质量进行监控的强制性措施，如果某家会计师事务所没有经过同业复核，那该所的所有注册会计师将失去AICPA的会员资格。

监事会负责通过招标方式选聘中介机构；审计机构不得为上市公司及其控股股东、关联企业提供代编会计报表、评估、财务咨询等服务，不得收取除经上市公司股东大会批准的审计费以外的其他费用；审计机构服务时间超过五年的应予更换，主管合伙人、项目经理也必须定期进行轮换。

第三，加强对中介机构的监管，培育市场自身约束机制。有效的监督机制不仅能够有效地防范审计失败以及上市公司的欺诈行为，而且能够将国家和社会公众的损失降低到最低程度。证券监管部门要将查处中介机构违规执业作为上市公司的监管工作重点，成立专门机构，与会计监督等部门加强协作，强化对中介机构从事上市公司业务的监督检查，督促其勤勉尽责，引导其完善内部控制，充分履行职责，提高专业水平，并进一步发挥中介机构的作用，督导上市公司提高信息披露的质量。

第四，构建有效的中介机构监督体系，要加强对注册会计师行业的监管。要实现中介机构的市场监督功能，就有必要建立起一系列的法律、法规，明确规定监管主体和客体、权利和义务及相应的法律责任；在此基础上要加强政府监管，由国务院领导职业委员会对注册会计师行业进行日常监管，以及辅以行业自律，从而形成一个有效的中介机构监管体系。应该具备一整套的监督体系，尽早发现并制止违法、违规行为，对中介机构未按专业标准履行业务程序、执业质量存在问题的，应给予相应处罚。同时还必须加强中介机构的民事归责责任约束。比如，注册会计师对因出具虚假审计报告而造成的过失或欺诈应该承担民事责任，但由于种种原因，注册会计师在毫无过错的情况下仍然可能出具虚假审计报告，而此时在法律上无明确规定能使用无过错责任，采用过错责任原则归责又会带来一系列问题，因而只能采用公平责任归责原则。为此，必须充分考虑到无过错虚假审计报告的特殊性，真正公平地认定注册会计师应承担的民事责任。为完善审计法律责任，有必要强化审计对第三方民事赔偿责任。赔偿责任对审计人员的威慑有利于审计人员保证审计质量，提高投资者对审计的信赖。证券投资者若因参考了虚假的或具有误导性陈述的公司会计信息而遭受损失，应拥有向主要责任者的索赔权。需要强调的是，随着证券市场的不断发展和监管形势的新变化，有必要不断完善监管体系和监管制度，美国《萨班斯—奥克斯利法案》的颁布和出台就是一个很好的借鉴，我国证券监管部门也应根据不断发展的中国证券市场，推进中介机构监管体系的逐步深化。

第五，建立中介机构信息质量评价制度和声誉机制。建立中介机构声誉机制，首先需要构建中介机构的社会公信力评价体系，对审计、评估、法律等中介机构引入分类评级制度，由证券监管部门和相关专业协会对其执业质量进行考核评级，并予以公布，引导上市公司选聘执业质量高、声誉好的中介机构。加强职业道德建设，在全行业进行诚实守信的教育。在全行业内对中介机构建立"信用档案"，将有关中介机构和执业人员的信用情况记录在案，将信用情况作为年检和资格授予的重要考核依据，提高中介机构的市场公信力，树立诚信和自律意识。当然，建立和完善市场公信力体系的关键在于找到并实施一种能够保证和协调资本市场参与各方——证券监管部门、中介机构和上市公司自身利益的机制，需要政府、法律、市场等相关主体共同参与。建立证券中介机构及其从业人员的信用制度、完善监管体系、加大惩罚力度是提高证券中介信用的必要手段。在引导中介机构建立信誉机制和社会公信力的同时，有必要强化约束机制，加大违规处罚力度，提高中介机构失信成本。在此，建议借鉴美国对注册会计师不能诚信履职的惩罚措施，疏通民事赔偿渠道，使自愿性信息使用者特别是广大中小投资者能够以集体诉讼的方式追偿损失。为此，我国司法部门应尽快制定更为完善的司法解释，以建立健全自愿性信息披露民事赔偿制度，将民事赔偿和追究刑事责任同时并举，可大大提高中介机构失信的成本，有效地遏制信息造假的动机，有利于从根本上提高上市公司信息质量，维护资本市场的正常秩序。

第三节　自愿性信息传递及其监管的现实研究

在证券信息从发布、披露到被广大投资者了解、理解，进而影响投资者的投资决策并最终反映在证券价格上的过程中，信息传递是其中一个重要的环节。证券信息传递的途径包括媒体、网络、证券信息中介、口头信息传递等。其中，媒体、网络、证券信息中介是我国证券信息传递的主要途径。

目前我国媒体从事证券信息的传递必须得到证监会及新闻出版署的审批，能够刊发和传递证券信息的新闻媒体限于正式出版的证券期货专业报刊、综合类和经济类的报刊以及通讯社、电台、电视台，综合类报刊开设证券专刊必须经新闻出版署审批。同时中国证监会规定只有"六报一刊"（即《经济日报》、《金融时报》、《中国证券报》、《上海证券报》、《证券时报》、《中国改革报》以及《证券市场周刊》）为指定的上市公司信息披露报刊。我国对于媒体的管理更多的是将媒体视为党和政府的"喉舌"，即舆论宣传工具，而较少的将其视为市场经济主体来对待。因此，对媒体的管理更多的是强调信息传播的政治方向和纪律性，强调舆论导向，而忽视了媒体在证券信息传递方面可能给投资者带来的经济损失和对证券市场的消极影响。下面主要分析网络及证券信息中介在我国自愿性信息披露中的作用及其监管的现状。

一、网络自愿性信息传递及其监管

相对于传统媒体，网络具有便捷性、实时性、经济性等特点，因此网络在证券信息传递领域得到了广泛应用。

（一）网络在自愿性信息传递中的作用

1. 网络在自愿性信息传递中的积极作用

网络在证券信息传递领域得到迅猛发展是与网络本身诸多的特点直接相关的：①便捷性、广泛性和实时性。相对于传统的电话、传真等通讯方式，互联网提供了环球网、电子邮件、电子公告栏、文件传输协议、个人广播网络等诸多新型的通信方式。这些通讯方式比传统通讯方式更加容易、更具实时性、传递范围也更加广泛。②低成本。互联网技术及其配套技术的发展引发了数据存储成本和传递成本的大幅下降，网络信息的获取成本只包括基本上网硬件和软件费用、通讯成本及网络服务供应商的收费，这与传统信息的获取成本相比是大大降低了。③超链接。互联网允许网站的发起人、公告栏和新闻组建立电子连接，又称"超链接"。超链接创造了实体书籍和报刊无法达到的不同信息源之间的虚拟连接，实现了互联网交叉索引的独特功能，使得使用者可以在大量文件或资料中快速、方便地找到所想要的信息。④互动性。互联网为信息的提供者和接受者提供了互动的通讯方式。随着虚拟现实技术的发展和改进，双方可以实时地进行图像、语音、文字等的互动交流。⑤灵活性。与传统媒体相区别，互联网网站内的信息可以在很短的时间内被信息管理者轻易且廉价地更新、删除或修改，新的功能、内容、链接、服务也可以很容易地添加进去，因而具有很大的灵活性。

网络的上述特点，使得网络在证券信息传递方面具有传统信息传递方式无法比拟的优点。对于证券信息的提供者而言，他们能够通过网络更快、成本更低地向更多的人传递信息。对于证券信息的需求者，尤其是对个人投资者而言，网络证券信息传递使他们可以廉价且无差别地同时获得异常丰富的信息，信息不足的局面得到了极大改观；投资者信息更新的速度也提高了，网络证券信息传递还提高了投资者信息获取的主动性，投资者不仅可以主动地浏览网上信息，还可以分类检索需要的信息，甚至可以设定关注的信息种类，由网站定期将最新相关信息送到投资者的电子信箱；此外，投资者还可以通过网络论坛、公告板等互动通讯方式向网络发送信息，参与网上信息的交流。网络参与证券信息传递，可以缓解证券市场信息不对称，提高证券市场的透明度。

2. 网络在自愿性信息传递中的消极作用

网络除上文介绍的具有便捷、广泛和实时传递、低成本、超链接，互动性、灵活性的特点以外，还具有其他一些特点：①匿名性。互联网这种"匿名"功能可以使互联网用户在网上活动时隐藏其真实姓名、住址、联系方式、国籍等个人信息。当用户发送信息时，用户的身份及信息来源都可以被隐匿。②分散性。互联网是一个开放的、高度分散的网络，由数以亿计的联网计算机及子系统组成。这意味着没有人能完全控制网络信息的传递。

网络的匿名性、分散性，再加上其互动性、低成本、广泛性、实时性的特点，也给网络证券信息传递带来了许多新的问题：①网络为那些试图通过发布和传递虚假证券信息进行欺诈或操纵的人或机构提供了方便的工具。②网络信息传递使投资者接受的证券信息丰富程度大为增加，这在克服信息不对称的同时，也带来了信息过量（Over - loading）的问题。投资者尤其是中小个人投资者没有足够的能力和时间在浩瀚的信息海洋中找到对自己投资决策有用的信息。如果在信息中再夹杂大量虚假或不实的信息，投资者对证券信息的判断和利用就更加会受到影响。

　　潘琰和李燕媛（2006）[1] 对中国公众投资者的网上报告需求调查表明：中国公众投资者认为，公司网上披露的质量还不够理想。多数受访者认为网上信息的相关性和丰富程度"一般"，前者为76.3%，后者为68.02%；50%以上的受访者认为网上信息发布和更新不够及时（见表5-3）。公司网站信息质量之所以不尽如人意，主要原因有：①公司网站的财务披露并非强制性披露，我国证券市场上的信息披露属制度驱动型，即强制性披露，上市公司必须以满足证监会和证交所的要求为己任，而对通过充分的信息披露减少投资的不确定性，降低资本成本的认识则非常有限，进行自愿信息披露的积极性还不是很高。②对于公司在网上应该披露哪些信息、何时披露、如何披露等问题还没有衡量标准，缺乏实务规范。③在我国转轨经济过程中，上市公司尚未真正树立投资者利益导向的行为理念，忽视或侵害投资者利益的行为时有发生，这些都将影响公司网上披露的质量。

表5-3　公众投资者对网上信息质量状况的评价（单选）[2]

网上财务报告的质量特征	相关性		及时性		丰富性	
好	31	5.97%	66	12.72%	28	5.39%
一般	396	76.3%	193	37.19%	353	68.02%
差	92	17.73%	260	50.10%	138	26.59%

---

　　[1]　潘琰、李燕媛：《中国公众投资者的网上报告需求调查》，《福州大学学报》（哲学社会科学版），2006年第4期。
　　[2]　资料来源：潘琰、李燕媛：《中国公众投资者的网上报告需求调查》，《福州大学学报》（哲学社会科学版），2006年第4期。

（二）网络证券信息传递监管

网络的诸多特点也给网络证券信息监管增加了难度。由于匿名性及网络信息可以很快被删除和改变等特性，证券信息监管机构在确定网络虚假信息发布者及取证过程中面临很大的困难。不适当的超链接给不合法的信息传递披上合法的外衣。比如非法证券信息网站如包含中国证监会的超链接就会给人们以证监会已经许可该网站存在的假象，而合法网站因审查不严如在超链接内容中出现虚假信息也会使投资者轻信这些信息。网络的分散性也给证券信息监管机关监控网上证券信息传递带来了巨大的挑战。

我国对网络证券信息传递的监管还处在探索阶段。

我国目前还没有专门规范网络证券信息传递的法律法规。但是，《刑法》第181条以及《证券法》第59条、第188条等规范"编造并且传播影响证券交易的虚假信息，扰乱证券市场"行为的条款对于网络信息传递中的不规范行为有一定的约束作用。

证监会和证交所在要求上市公司完善网上信息披露的同时，已经开始建立并加强内部跨部门的IT（信息技术）协调小组、吸纳高水平的网络技术人员进入监管队伍以及升级网络信息监管技术。上海和深圳证券交易所都开发了新的"网上信息监管系统"。上交所的网上信息监管系统由专业公司开发，利用网络搜索引擎技术对互联网信息进行不间断检索，已能实现一定程度的自动警示和针对特定对象的专项跟踪。该系统自启用以来，已经对数十起网上信息传递不规范行为进行了处理。这些网上信息包括：散户的传言、庄家散布的传言、上市公司的内部人透露的内幕信息等。另外证监会还加强了与国际证监会组织在跨辖区网络证券信息监管方面的合作。

网络证券信息传递监管是新生事物，欧美成熟证券市场网络信息传递监管也还处在起步阶段，[①] 对于我国这样的新兴市场，监管难度更大。目前我国网络证券信息传递监管在以下四个方面亟待改进：

---

① 比如澳大利亚证监会2000年8月才提出了一份比较详细的《网站证券信息披露指引》。

（1）鉴于目前缺乏专门的针对网络证券信息传递不规范行为的法规，需要尽快对现有法规进行修改补充并制定具有前瞻性的网络证券信息传递规则。

（2）应尽快在证券监管机构中建立专门的网络信息监管部门。

（3）由于网络技术的发展与运用非常迅速，所以我国证券监管机构应及时更新技术，监管人员应不断更新知识和技术手段，同时应吸收更多的高水平网络技术人员充实监管队伍。

（4）应进一步强化网络信息监管领域的国际交流与合作，借鉴国外先进的监管方法和手段，加强跨境证券信息监管合作。

二、证券信息中介自愿性信息传递及其监管

（一）证券信息中介的界定及其在我国的发展

证券信息中介（Securities Information Intermediaries）是指为满足客户信息需求而专门从事证券信息收集、整理、加工和传播工作的机构及其人员（Grundmann & Kerber，2000）。[①] 证券信息中介人员在各国有不同的称谓，在美国被称为"金融分析师"（Financial Analyst）；在英国及其他英联邦国家或地区被称为"投资分析师"（Investment Analyst）；而更为传统和普遍的称谓是"证券分析师"（Security Analyst）。证券信息中介在我国被称为"证券投资咨询机构"，从业人员被称为"证券投资咨询人员"。证券信息中介最初诞生于20世纪初的美国。1929年经济危机爆发、美国股市崩盘后，证券信息中介的作用开始为人们认识，其发展也开始加速。目前，全世界有执业资格的证券分析师已超过10万人。

我国的证券信息中介几乎是与证券市场同时诞生的。20世纪80年代中后期，在上海、北京等一些大城市的证券"一级半市场"上，开始有人口头传递证券信息指导股民操作，这些就是最初自学成才的"马路股评家"。到

---

① Stefan Grundmann & Wolfgang Kerber，2000，Information Intermediaries and Extending the Area of Informed Party Autonomy – Securities and Insurance Markets，Working Paper.

20 世纪 90 年代初期，随着几大证券专业媒体的创办和发展，一部分"马路股评家"会同证券市场走出来的一些具有一定理论知识和投资经验的操盘手逐步形成了一个比较稳定并逐步扩大的证券咨询队伍。他们将自己的见解经证券媒体传递给广大投资者。1998 年 3 月证监会颁布实施了《证券咨询从业人员管理暂行办法》，开始对证券投资咨询机构从业资格实行年检制度，证券咨询从业人员必须通过资格考试，证券咨询机构和从业人员的规范化建设也开始走上正轨。1998 年 3 月 30 日证监会公布了第一批获得执业资格的 74 家证券咨询机构和 487 名从业人员的名录。截至 2008 年 12 月，具有证券投资咨询执业资格的证券投资咨询机构 100 家，从业人员 1800 余人。[①]

（二）　证券信息中介在自愿性信息传递中的积极作用

证券信息中介在证券信息传递中扮演着重要的角色。如果说上市公司是证券信息的主要生产者，证券信息中介则是证券信息持续的收集者、整理者、分析者、解读者和加工者。

证券信息中介能够成为证券信息传递的桥梁，主要原因是它具有单个投资者无法比拟的一些优势：

1. 规模经济和范围经济优势

证券信息的收集和加工具有固定成本高而边际成本低的特点。所以，与单个投资者和信息提供者之间的信息传递过程相比，信息中介能够获取规模经济（Economy of Scale）效应。假设证券市场有 M 个信息提供者和 N 个信息需求者，如果通过单个投资者和信息提供者之间的信息传递过程，需要达成（M × N）个契约才能保证所有的信息交易者达成信息买卖合约。但如果 M 个信息提供者先与一个信息中介达成信息买卖合约，形成一个信息集（Information Pool），信息中介再利用所拥有的信息集与 N 个信息需求者达成信息买卖合约，则总共只需达到（M + N）个合约，这样就大大降低了交易成本。同时信息中介还可以利用同一个信息集为多个市场（如投资者市场、债权人市

场甚至监管部门）服务，从而实现范围经济（Economy of Scope）。

2. 速度优势

由于证券信息中介建立并不断维护、扩大其信息集，因此对于各种各样的信息需求，证券信息中介只要很快搜索和利用信息集，不必因每次都重复向信息提供者索取信息而浪费大量时间、精力和财力。这使得信息中介具有满足客户信息需求的速度优势（Advantage of Immediacy）。

3. 专业分工优势

由于专门从事信息的搜集和加工，信息中介拥有一般投资者无法比拟的专门的知识和技能，对于一般投资者无法读懂的很多信息（如复杂的会计报表等），信息中介可以轻易地解读。同时长时间的"干中学"（Learning by Doing）也使得信息中介积累了丰富的搜寻和加工信息的经验。这些积累的知识、技能及经验成为信息中介的专业分工优势（Advantage of Specialization）。

由于具有以上优势，证券信息中介成为信息传递过程中不可缺少的环节。它们能将浩如烟海的证券信息加工为符合客户（主要是投资者）需要且易于理解的信息传递给客户；在同业竞争的压力下，信息中介还在挖掘、搜索未充分反映在证券价格上的信息以及上市公司的隐藏信息方面发挥着重要的作用，比如2001年"远离华尔街"（Off Wall Street）证券分析公司及"斯特莱斯特证券分析网"（www.thestrest.com）都率先发现安然公司财务虚假信息并予以揭露；证券信息中介还向投资者传递预测信息（前瞻分析）和事后信息（反馈分析），为投资者的投资决策提供咨询服务。高质量的证券信息中介有利于提高证券市场，尤其是弱式有效证券市场的市场效率。

我国的证券信息中介（证券投资咨询机构及其从业人员）虽然发展的时间不长，但对于证券市场投资理念、操作手法、分析手段等基本知识的推广和普及以及正常投资活动中市场信息的收集、处理、分析、传播等都起到了不可替代的作用。在深圳证交所举办的一次调查中，40.9%的被调查者表示每天至少会收听或收看一次股评；40.5%的投资者认为自己的证券知识主要来自各类股评分析及证券知识讲座；51.9%的人认为股评"对提高自己的操作水平有所裨益"，这一比例比认为"股评对自己没有太大帮助"的比例高出 15 个百分点。① 正如中国证券业协会分析师专业委员会主任林义相所说："如果没有证券投资咨询人员，不会有这么多人知道证券市场，不会有这么多人在现在这个程度上理解证券市场，也不会有这么多人参与我国的证券市场。"②

（三） 信息中介在自愿性信息传递中的消极作用

虽然我国的证券信息中介在证券信息传递中发挥了一定的积极作用，但目前存在的问题也很严重。这些问题中既包括所有国家的证券信息中介都存在的一些普遍问题，也包括我国特有的一些问题。

1. 普遍问题

像世界各国信息中介一样，我国的信息中介在证券信息传递中存在以下一些问题。

（1）预测过于乐观。根据托马斯投资研究中心的统计数据，1999 年美国金融分析师对 6000 多家上市公司所作的投资推荐中，仅有 1% 是"卖出"，其余全是"买入"或"持有"。③ 在我国，只要稍稍翻阅一下证券媒体登载的股票操作建议，绝大多数的也是"持有"、"吸纳"，很少有"卖出"的建议。

（2）推荐评级的模糊性。美国华尔街的金融分析师的证券买卖推荐意见有 22 种，从"激进强力买入"到"行业超出市场表现"的 15 种推荐意见都有买入的意思，但其间的差别在哪里，证券分析师却言之不详，这往往使投资者无所适从。同样的情况在我国也可以发现。股评中经常出现"逢低吸纳"、"逢高减磅"的意见，但到底"高"在哪里，"低"又在哪里，证券投资咨询人员往往没有或无法说明，投资者只能是"一头雾水"。

（3）预测质量不高。从整体来看，无论国外的还是国内的证券信息中介，整体预测质量都不高。美国《机构投资者杂志》在 2002 年的一次调查发现金融分析师行业总体预测质量得分是 5.9 分（满分为 10 分）。而另两位

① 吴涛：《"股评家"明天会怎样？》，华鼎财经网，2001 - 7 - 17。
② 转引自《中华工商时报》记者对林义相的专访。
③ 罗伯特·希勒：《非理性繁荣》，北京：中国人民大学出版社，2001 年。

美国金融学教授肯特·L. 沃尔马和罗尼·米凯利的研究表明，没有投资银行背景的金融分析师推荐的股票年平均上涨 3.5%，而与投资银行有联系的金融分析师推荐的股票反而年平均下跌 11.6%。① 中国证券网曾对我国三大证券报 2000 年 9 月 7 日至 11 月 14 日发表的所有股评和荐股文章进行过统计，得出的结果是总共 304 位股评家，一半预测正确，另一半预测错误，正好对错相抵。

2. 我国特有的一些问题

我国特有的一些问题包括以下两个方面：

（1）"庄托"。所谓"庄托"是指那些与庄家机构串谋发布不实或虚假股票推荐信息，协助庄家机构欺骗投资者的证券投资咨询机构和人员。我国证券市场存在为数不少的"庄托"，被投资者斥之为"黑嘴"。更严重的是，有些证券投资咨询机构违规直接参与买卖股票或与庄家机构共同操纵市场，这就从"庄托"进一步发展成"庄家"。例如，亿安科技股价操纵案中就涉及了 4 家证券投资咨询公司。

（2）无证、违规从业现象严重。2009 年 3 月我国证监会公布的具有证券投资咨询资格的证券公司 76 家，证券投资咨询机构只有 93 家。但全国各种投资咨询公司有数千家，它们有的仅具有投资咨询资格而没有中国证监会授予的证券投资咨询资格；有的则连投资咨询资格都不具备，但大部分都在擅自从事证券、期货咨询业务；有的甚至以免费咨询服务为幌子从事委托理财等代理证券交易业务。同时，一些财经网站及电脑软件的开发商和供应商也擅自开办，或允许未取得证券投资咨询业务资格的机构和个人利用其网站或电脑软件开办证券投资咨询业务。

证券投资咨询机构及其从业人员出现的上述问题使其不能发挥在证券信息传递中的信息中介作用，广大投资者对我国证券投资咨询机构和从业人员的信任度急剧下降。在一个关于各职业在社会公众心目中地位的民意调查中，股评家排在倒数第三位。

我国证券信息中介出现上述一些严重问题的原因有以下三点：

---

① ［美］玛利亚·巴蒂罗姆、凯瑟琳·费雷德曼：《股市传闻》，杨殊等译，北京：中信出版社，2002 年。

1. 利益关系影响独立性

与注册会计师一样，独立性也是证券信息中介的执业基础和灵魂。只有保持独立性，证券信息中介才可能出具独立和客观的分析报告和推荐意见。但现实经济生活中的各种利益关系往往影响着证券信息中介的独立性。

（1）证券信息中介与所分析推荐的上市公司之间存在着难以割舍的利益关系。这种利益关系是相互作用的。一方面上市公司需要证券信息中介，特别是具有一定声誉的证券分析师发表有利于企业形象的分析报告和预测；另一方面证券信息中介也需要上市公司向其选择性披露一些尚未公开的信息，凭借这些信息证券分析师可以发布具有内幕消息性质的研究报告或推荐建议，从而在激烈的行业竞争中站住脚。为此，证券信息中介必须与上市公司保持良好的关系。在这种利益关系下，信息中介往往会牺牲独立性发布迎合上市公司需要的分析报告或推荐意见。有些信息中介甚至被上市公司"俘获"，完全丧失独立性，在上市公司出具虚假信息之前（或之后）发表不实的分析报告或推荐意见配合上市公司造假，故意误导投资者。

（2）在我国获得执业资格的证券投资咨询机构中，有 70 多家具有券商背景，它们与所归属的证券公司之间有着直接的经济利益关系。证券公司收入主要来源于投资银行、经纪和自营三块业务，而其中每一块业务都与所属证券信息中介的独立性产生利益冲突。

第一，投资银行业务。一旦证券信息中介发布不利于某上市公司的评论或推荐，导致公司股价下跌，该上市公司以后的并购、增发、配股等业务就很难再交给信息中介所归属的证券公司来运作了。相反，如果证券公司下属信息中介发布"买入"建议或利好评论，导致公司股价上升，不但可以帮助证券公司赢得投资银行业务，而且高股价也利于证券公司顺利完成诸如并购、增发、配股等投行业务，从而获得大笔收入。

第二，经纪业务。证券公司的经纪业务客户大多"看多不看空"，行情看好时积极买进，行情不好时则大都有"惜售"心理。由此证券公司的交易经纪佣金收入主要来自买入交易。这就不难理解为什么证券公司所属信息中介的投资建议绝大多数是"买进"或"逢低吸纳"而极少有"卖出"。

第三，自营业务。当证券公司持有或准备炒作某只股票时，证券公司往往会指示所属信息中介发布"配合性"的分析报告或投资建议，比如在公司准备建仓时发布"卖出"建议，在公司准备抛售时发布"买进"建议，以协助本公司自营业务操作，确保自营业务盈利。

（3）我国有执业资格的证券投资咨询机构中另有不到 2/3 没有券商背景。这些咨询机构普遍规模较小，业务范围较窄，盈利能力较低。

由于股评或投资咨询业务的收入非常有限，为了求生存、求发展，这些咨询机构大都直接或以"理财工作室"的名义间接从事代客户理财或证券投资等违规业务，一些信息中介甚至与庄家机构联手做庄在二级市场牟利，此时独立性就更无从谈起了。

（4）证券投资咨询人员存在个人利益要求。一方面证券投资咨询人员或自己的亲朋好友持有自己分析的股票时，巨大的经济利益使其很难保持独立性。另一方面证券投资咨询人员如果放弃独立性而与上市公司串谋，则可以得到上市公司的内幕信息。他既可以通过进行内幕交易牟利，也可以通过出卖内幕信息牟利。在经济利益诱惑下，许多证券咨询人员放弃了独立性。

2. 执业能力与职业道德

我国证券投资咨询业发展的时间不长，如果从最初的"马路股评家"开始计算也只有 20 年的历史。因此，我国目前从业经验、知识基础、技术水平、分析能力等各方面执业能力都比较强的证券投资咨询人员是很有限的。同时证券投资咨询人员大多整日忙于发表股评、参加公关活动等，很少有时间进行相关知识和技能的继续学习，甚至连钻研会计报表或做深入的公司调查、行业分析的时间都不能保证。而投资者对证券投资咨询人员的要求却是"无所不知"、"张口即来"的"全能型"分析师。这就必然导致证券投资咨询人员力不能及，发表的分析报告或推荐意见错误百出。同时由于缺乏完善的自律规范和约束，我国证券投资咨询人员的职业道德水平也普遍不高。

信息交易存在永恒的两难问题（Fundamental Paradox of Information）；信息提供者难以在买方付费前提供信息，而信息购买者难以在信息买到前对信息的价值作出判断，这就使为解决信息不对称而产生的证券信息中介与其客户之间产生了新的信息不对称。在我国证券投资咨询行业普遍存在执业能力和职业道德水平较低的情况下，信息中介与信息需求者之间的信息不对称容易产生"劣币驱逐良币"的逆向选择。在监管机制不完善和缺乏信誉竞争的情况下，低质量的信息中介充斥信息传递市场。

　　3. 心态浮躁的二级市场

　　前文已经提到我国目前的证券市场投资者心态都比较浮躁，投机气氛比较浓。而短期投机心态浓厚的投资者需求的是能够短线操作盈利的咨询建议。这一需求也导致了证券投资咨询业的短期投机倾向。大量的证券投资咨询机构注重对证券市场的短线技术分析和对庄家机构的行为研究，有些咨询机构为"走捷径"获得内幕消息而不惜丧失独立性。与此同时，长期的行业研究、深入的公司投资价值研究却因为成本高、投资者需求少、短期收益低而不为证券投资咨询机构重视。短期投机性的预测受到不确定性影响最大，被虚假或不实信息欺骗的可能性也最高，所以对短期证券走势的预测准确率也最低。

（四）新兴市场证券投资咨询机构信息披露监管

　　在西方发达市场上，专业咨询机构等信息中介能够从公开和私有渠道搜集信息，具有较强的信息处理能力和企业价值评估能力，能够加快股价的信息吸收速度，从而使股价并入更多的应计信息和现金流信息，从而有利于提高市场效率（Barth 和 Hutton，2001）。当然，证券分析师发挥功能的重要前提条件是证券投资咨询机构能够独立、客观地分析。但是，由于面对潜在的激励冲突，证券投资咨询机构的客观性可能产生系统性偏差。20 世纪 90 年代以来，美国金融市场出现了大量证券分析师因利益冲突而误导投资者的案例。例如，在 2001 年美国安然公司的财务欺诈案中，买方分析师与卖方分析师两大类证券咨询机构对安然公司的价值判断截然相反。[①]即使在 2001 年上半年，大部分卖方分析师仍然给予安然股票"强力买进"的推荐；与此形成鲜明对比的是，同期的买方分析师却不断对安然公司的财务状况和高企的股

---

　　① 共同基金、养老基金及保险公司等机构投资者通过投资证券获得资金增值回报，该机构的分析师为本机构的投资组合提供分析报告，因而称其为"买方分析师"；而投资银行（经纪公司）通过股票承销业务、经纪业务佣金获得收入，其分析师往往向投资者免费提供分析报告，通过吸引投资者购买其承销的股票或通过其所属公司进行证券交易来提高公司的收入，因此该类分析师被称为"卖方分析师"。

价提出质疑。买方分析师与卖方分析师的不同判断，是由于两类分析师所代表的利益不同，其激励机制也不同。买方分析师通过协助提高本机构投资组合的收益率，降低投资组合的风险，从而获得奖励；卖方分析师通过协助本公司提高股票经纪业务的成交额或股票承销的销售额来获得奖励。因此买方分析师更有动力去分析挖掘股票的基本价值，向投资组合推荐价格被低估的股票，剔除价格被高估的股票；而卖方分析师受到为本公司争取投资银行业务的压力，较易出现偏向公司客户的误导性分析报告。可见，如何对卖方分析师的误导性分析进行监管是社会公众投资者权益保护的重要内容。为防范分析师误导投资者，各国（地区）监管机构先后推出新规则。2002 年 5 月 9 日，SEC 通过新法规，力图限制券商的投资银行部门与研究分析部门的联系，规范分析师行为。随后，国际证券监管组织和英国证券监管部门也先后推出相关监管措施。2004 年 3 月，中国香港证券监管部门于一个月内推出监管分析员的咨询文件，以借鉴各国对证券分析师的监管，制定香港自己的准则。而目前我国针对证券分析师误导性行为监管的法律法规仍相对比较薄弱。

除证券分析师因利益冲突而误导投资者之外，证券分析师通过上市公司选择性披露信息的传播而导致了不同类别投资者信息的不对称性，这严重损害了广大中小投资者的权益。信息披露的外部性的一个重要来源便是证券分析师在信息披露过程中的行为。证券分析师提供私人信息，有利于提高上市公司信息披露透明度（Bushman 和 Smith，2001）。但是，在对证券分析师缺乏有效规制的中国股票市场，证券分析师在上市公司选择性披露信息的传播中起到重要作用，一些非公开的公司重要信息往往是通过上市公司——证券分析师——机构投资者的路径传播开来，从而导致中小投资者得到的信息严重滞后，往往在机构建仓完毕才公布此类消息，而广大投资者承担了流动性和为机构分仓出货的角色。这种现象是导致证券市场上不公平的重要因素，会恶化整个市场的投资环境，弱化证券市场功能，不利于证券市场长远、健康的发展。因此，如何规范证券投资咨询机构的投资咨询业务行为、保护投资者权益，是新兴市场制度建设中的重要问题。

综观世界各国，证券分析师行业的规范与发展离不开政府的引导与监管。美国、德国、日本等证券业发达的国家，均不同程度地运用法律等手段大力引导与规范本国证券分析师行业的发展。在中国证券市场上，应该培育像标准普尔、穆迪这样的独立性强、研究势力雄厚且信誉卓越的投资分析和信息咨询机构，以便使国内公众投资者在专业证券分析师的指导下，逐渐"聪明"起来（赵宇龙、王志台，1999）。近年来，中国证监会为证券市场信息结构的健康发展先后发布了多项规章制度，这对证券分析师行为起到一定的引导和监管效果，但是与海外发达的证券分析师监管制度相比仍存在很大的不足。为此，中国证券监管部门有必要借鉴西方证券分析师监管经验，加大对证券分析师误导性信息披露行为的处罚力度，并要求其对误导性信息给投资者造成的损失进行赔偿。[①]

第四节　信息运用及投资者教育的现实研究

证券信息在经历了披露和传递的过程以后，将被投资者理解并运用于投资决策之中，从而最终反映在证券价格之上。因此证券信息能否被有效地反映在证券价格上，除了与信息披露、信息传递的效率有关以外，还与投资者理解并运用证券信息的能力和效率有关。我国证券市场中个人投资者占投资者队伍的绝大多数。虽然近年来机构投资者超常规发展，但目前，我国 A 股市场仍然以个人投资者为主体。在目前 A 股市场中，个人投资者的持股市值、开户数量、交易金额等仍然占绝对多数。其中，在 A 股市场投资者的持股市值结构中，个人投资者的持股市值比例仍然占绝对多数。根据上海证券交易所的统计，2007 年 1~3 月，沪市个人投资者持股流通市值比例高达60.1%。根据深圳证券交易所的统计，2007 年 1~8 月，深市机构投资者持

---

① 关于证券咨询机构处罚和投资者赔偿的著名案例为 SEC 与美国 10 家投资银行的和解协议。2003 年 4 月 28 日，美国证券交易委员会公告其与美国 10 家投资银行的和解协议，美国证券交易委员会不再对该 10 家投资银行所属的证券分析师在 20 世纪 90 年代末出于公司及其客户的利益发布有偏差的分析报告误导投资者、严重损害投资者利益的行为进行指控。同时，该 10 家投资银行同意共同支付总计约 14 亿美元的和解金，其中，4.875 亿美元为罚金，3.875 亿美元为投资者损失赔偿（金雪军、蔡健琦，2003）。

股流通市值比例为 35.3%，个人投资者的持股市值比例将近 64.7%。[1] 2008 年，深市 A 股主板和中小企业板的成交金额中机构投资者分别占了 14.34% 和 10.97%。[2] 因此，本节主要分析我国证券市场上个人投资者对证券信息的理解和运用现状以及投资者教育的现状和不足。

一、个人投资者证券信息运用现状

中国证券业协会和投资者保护基金根据 2007 年协会投资者教育工作方案开展投资者问卷调查工作，调查数据显示[3]，个人投资者以 33 至 54 岁的中青年群体为主，约占调查总数的 50%。在归纳的 12 类职业分布中，下岗、离退休人员和自由职业者在市场中较为活跃，约占调查总数的 35.5%；其次为企业、公司人员和专业技术人员，约占 31.1%。个人投资者总体文化素质较低，高中及中专以下者占了被调查者总数的 43.81%。从收入情况看，个人投资者以月收入在 5000 元以下的中低收入群体为主，占总数的 70% 左右。从入市时间分布看，2000 年以前入市的投资者最多，占调查总数的 52%；2006 年以后入市的新投资者约占总数的 23%。相对于机构投资者而言，个人投资者在证券信息运用方面受到许多客观和主观因素的限制，因而在证券信息运用方面会产生许多偏差。行为金融学的一个研究领域是将心理学分析引入投资者行为研究，并以人类的一些心理特征来解释人们在证券信息运用方面的认知偏差。下面试着从信息获取、信息加工和信息输出三个过程对个人投资者产生的认知偏差进行分析。

（一）信息获取过程中产生的偏差

1. 周围环境的信息获取过程中产生的偏差——选择性注意

投资者获取信息的渠道很多，有证券市场披露的信息，也有一些道听途

---

[1] 《中小投资者仍是 A 股市场主体》，《上海证券报》，2008 年 4 月 10 日。
[2] 《深圳证券交易所 2008 年度股票市场绩效报告》，《上海证券报》，2009 年 5 月 18 日。
[3] 中国证券业协会：《中国证券市场投资者问卷调查分析报告》。

说的传闻。投资者由于认知容量的局限性，在某一时点上不能处理所有信息。由于信息资源的广泛性和认知能力的有限性，投资者总是选择性地获取信息。在这个过程中会出现与理性人不同的心理特征，即选择性注意。这种选择性注意因人而异、因时间和空间而异，其特点是反复无常和具有局限性。投资者对市场的关注，总在随时间变化，金融市场崩溃是公众注意力集中在市场时的现象。选择的这种局限性是由于注意力集中度过高，能量过大而导致的。

2. 记忆中获取信息产生的偏差——易得性偏差

当人们在记忆中搜寻信息的过程中，对于熟悉的事物，提取几乎是自动的和无意识的。对于有些事物或情境，往往需要经过复杂的搜寻过程，甚至借助于各种外部线索和辅助工具，才能完成提取信息的任务。这种信息搜集方法会遇到两个困难：一是大脑储存的信息随着时间的转换，经常会变得不准确和难以提取；二是由于信息的不完备和自身处理能力的限制，所要借助的外部线索和辅助工具会变得不准确或难以操作。这样就导致人们信息搜集时得不到准确信息或者根本无法提取信息。在这种情况下，人们倾向于采用一种简单的方法，即把信息按记忆顺序排列，认为容易令人联想到的事件是常常发生的，而不容易联想到的事件是不经常发生的。这种现象出现的原因是：人们不能完全从记忆中获得所有相关的信息，只能简单地根据他们对事件已有信息获取的难易程度来确定事件发生的可能性，因此人们给予在记忆中容易获得的信息较大权重并更加关注，而给不容易回忆的信息以较小权重或忽略其发生。这就是易得性偏差。

（二） 信息加工过程中的心理偏差

1. 启发法产生的偏差

人们不是严格理性地收集所有信息并进行客观分析和概率计算，而是试图在头脑中"寻找捷径"，依靠直觉或以往的经验制定决策。人们启发式决策过程会扭曲推理过程，常常导致一些不自觉的偏误，这些错误的推理结果表现为一系列心理偏差，即所谓的"启发式偏差"。

2. 框架依赖

个人会因为情景或问题表达而对同一选项表现出不同的偏好序列，从而做出不同的选择。也就是说，人们在决策过程中并不仅仅依赖于已有知识和记忆，在形成知识的时候，由于自己心理状态、文体表述方式等不同，获得的感知程度也就不同，因此事物的表面形式会影响对事物本质的看法。

3. 情感激发产生的偏差

决策行为是被决策过程中诱发的形象和相关的感觉所引导的。如果人们喜欢一种行为，那么他们就倾向于将其风险估计得低，而将其收益估计得高。如果一种行为不被人们所喜欢，那么它得到的评价就会是相反的——高风险和低收益。

（三）　信息输出过程中的行为偏差

1. 由于过度自信产生的偏差

过度自信通常有两种形式：①投资者对可能性做出的估计缺乏准确性。②投资者自己对数量估计的置信区间太狭窄了。投资者的过度自信对他们正确处理信息有以下四个方面的影响：①过分依赖自己收集到的信息而轻视公司会计报表的信息，即使投资者知道股价是随机游走的，他们仍然认为自己把握股价运动的规律，并且这种把握胜于其他投资者。②注重能够增强他们自信心的信息，而忽视那些伤害他们自信心的信息。③主动承担更大的风险，从而偏离行为理性的轨道。④将投资成功归结于自己的能力而不是运气或其他因素，随着成功投资次数的增加，投资者会变得更加过度自信。过度自信带来的行为偏差有过度交易和后见之明。

2. 对新信息态度产生的偏差

对新信息态度产生的偏差包括过度反应、反应不足和隔离效应。过度反应是指投资者高估新信息的重要性，低估旧有的较长期的信息。也就是说，他们对信息的评判是依据启发性法则，而不是根据历史记录所做的客观计算，从而产生反应过度，造成估价过低或过高。反应不足也称保守主义，它主要是指投资者思想一般存在着惰性，不愿意改变个人原有信念。因此当有新的信息到来时，投资者对原有信念的修正往往不足，特别是当新的数据并非显而易见时，投资者就不会给它足够的重视。有证据表明，投资者对容易处理

（或成本小）的信息倾向于反应过度，而对难以处理（或成本大）的信息则反应不足。隔离效应是指投资者愿意等待直到信息披露再做出决策的倾向，即使信息对决策并不重要，或即使他们不考虑所披露的信息也能做出同样的决策。

3. 后悔厌恶产生的行为偏差

后悔厌恶是指为了避免决策失误所带来的后悔和痛苦，投资者产生的一些非理性行为。主要产生了损失厌恶、认知失调、确认偏差、自我归因、处置效应等行为偏差。

4. 从众心理产生的羊群行为

羊群行为是一种特殊的非理性行为，它是指投资者在信息环境不确定的情况下，模仿他人决策，或者依赖于舆论，而不考虑自己信息的行为。由于羊群行为涉及多个投资者的相关行为，其行为结果对于市场的稳定性及效率有很大的影响。羊群行为不局限于股票的买卖以及交易动机的趋同性，在金融市场上，投资者许多决策都可能产生羊群行为。

二、投资者教育

投资者对证券信息的运用状况决定了资本市场的状况。近年来，随着市场发展，个人参与市场的积极性不断提高，新增账户数显著增多，投资者队伍日益壮大。但回顾历史，我们的投资者、资本市场离成熟仍有距离。A 股市场"跌过头"、"涨过头"的背后，是稚嫩、不成熟的市场投资理念。即便是一些机构投资者，也在买卖操作中曾出现相当严重的短线思维，"涨时追涨，跌时杀跌"。投资者是否成熟、专业、理性、有风险控制意识，决定了整个市场的成熟程度。张育军认为："加强投资者教育是发展资本市场的根本，怎么强调投资者教育都不过分。"

（一）投资者教育的现状

投资者教育是指针对个人投资者进行的旨在传播投资知识、传授投资经验、培养投资技能、倡导理性投资观念、提示投资风险、告知投资者权利及其保护途径以及提高投资者素质的活动。主要内容包含三个方面：投资决策教育、个人资产管理教育和市场参与教育。三者相辅相成，缺一不可。① 由此可见，投资者教育对保护投资者信心、保护投资者权益、促进证券市场创新等具有重要意义。从 2001 年开始，中国证监会将投资者教育列为监管工作的重要组成部分。在政策导向下，全国的各级媒体及证券机构纷纷开展了一系列的投资者教育工作。其中，又以证券交易营业部的投资者教育工作最具有代表性和影响力，主要以证券交易营业部为授课点，由各大券商为主办人，纷纷建立股民学校，向投资者传授基本金融投资知识和证券操作技巧，这成为投资者教育的主要方式之一。目前，我国已经初步建立了由证监会领导和组织的，包括证监会派出机构、证券交易所、证券业协会、券商及媒体等在内的投资者教育体系，并建立了投资者教育相关法规制度，投资者教育内容和形式也在不断丰富。比如 2009 年上交所开播了投资者教育"证券大讲堂"节目，建立了视频、网站和报纸的立体传播渠道；推出了集证券知识学习、交易流程演示和模拟交易功能为一体的证券模拟交易平台，编写了首批投资者教育丛书；制定了《认定不当行为标准与流程》内部指引等。从实际情况来看，目前我国投资者教育主要存在以下两个方面的问题：

（1）授课内容结构不均衡。投资者进行证券投资，首先，应该具备有关的经济常识，例如，市场、金融交易工具、交易对象和相关的法律法规政策等；其次，要正确认识市场风险，树立正确的投资理念；最后，要掌握证券涨跌的规律，分析影响证券价值与价格的主要因素，预测其未来的变动趋势，综合判断证券价值与价格的高低，做出买卖决策。从我国投资者教育的实践看，掌握价格变动趋势，如何进行技术分析及炒股技巧是投资者教育的主要内容；而基本面分析，尤其是投资理念和风险意识则成了次要内容。

（2）课时安排不合理，教育重心错误，容易对投资者产生误导。目前证券交易营业部的投资者教育主要侧重于实战理论及技巧和技术分析，即分析市场交易行为，掌握价格变动趋势。而以技术分析和操作技巧作为投资者教

① 上海证券交易所教育中心：《投资者教育工作概述（三）》。

育的重心，必然会促使投资者更为倾向于投机。

究其原因是利益驱动使然。我国股民学校是由券商承办的，而手续费用是证券营业部的主要经济来源之一。因此，入市人数增加，交易次数多，交易金额大，这些都符合和满足了券商的利益，自然也导致了上述投资者教育重心出现偏差。此外，教育重心偏差也说明投资者理念上存在误区，投机倾向较大。教育者与被教育者是共存的，只有满足被教育者的需要，股民学校才能存在。

（二）　投资者教育的必要途径

投资者教育一般有两种途径：一种是投资者自身通过市场机制解决，主要方式有购买证券信息、向证券信息中介咨询、参加证券投资方面的培训班等；另一种则是由证券监管机构将其作为证券信息监管的重要工作之一来加以实施，组织和领导包括证券监管派出机构、证券交易所、证券业协会、证券公司和媒体等对投资者提供公益性的教育和培训。

第一种途径，即市场化途径，往往会产生"市场失灵"。一方面由于证券信息中介或盈利性投资者教育机构与投资者之间存在信息不对称，信息产品在付费得到以前难以判断其价值，因此难以有效避免信息中介或盈利性投资者教育机构的败德行为（或者说要消除它们败德行为的成本过于高昂）。另一方面，个人投资者在面对众多证券信息中介或盈利性教育机构进行选择时，也会产生过度自信、迷信权威、显著性和可得性偏差、保守性偏差等心理认知偏差而导致选择偏差，如偏好技术分析的仍然选择技术分析类咨询机构，或偏好选择以往预测准确率较高的机构，或偏好就近选择等。对机构的选择偏差使得投资者接受的教育仍然是片面的，并不能有效地克服因结构性劣势及心理认知偏差而产生的投资行为偏差。同时，投资者的有限理性和选择偏差还可能被盈利性教育机构或咨询机构利用。

第二种途径，即由证券监管机构组织和领导的公益性投资者教育，可以有效克服第一种途径的"市场失灵"。其主要目的是保护投资者权益，而并非盈利；这种投资者教育的内容和涉及领域是广泛、全面的，不存在市场化投资者教育可能出现的教育片面性和供给不足的状况。从国外经验来看，由证券监管机构组织和领导的公益性投资者教育的成效是比较显著的。

　　因此，由证券监管机构组织和领导的非盈利性投资者教育是提高个人投资者信息运用能力、防范证券欺诈行为的重要和必要的途径。

（三）　投资者教育的原则和内容

　　国际证监会组织为投资者教育工作设定的六个基本原则是：投资者教育应有助于监管者保护投资者；投资者教育不应被视为对市场参与者监管工作的替代；投资者教育没有一个固定的模式，相反地，它可以有多种形式，这取决于监管者的特定目标、投资者的成熟度和可供使用的资源；鉴于投资者的市场经验和投资行为成熟度的层次不一，一个广泛适用的投资者教育计划是不现实的；投资者教育不能也不应等同于投资咨询；投资者教育应该是公正、非赢利的，应避免与市场参与者的任何产品或服务有明显的联系。

　　投资者教育主要包含以下三方面的内容。

1. 投资决策教育

　　投资决策就是对投资产品和服务做出选择的行为或过程，它是整个投资者教育体系的基础。通过对投资者实施投资决策教育，主要使投资者更好地了解与掌握证券市场中有价证券（主要形式为上市公司的股票）投资价值的分析理论与方法，逐步培育投资者的理性投资理念，最终实现证券市场的稳定发展。投资者的投资决策受到多种因素的影响，大致可分为两类：一是个人背景，二是社会环境。个人背景包括投资者本人的受教育程度、投资知识的多少、年龄、社会阶层、个人资产、心理承受能力、性格、法律意识、价值取向及生活目标等。社会环境因素包括政治、经济、社会制度、伦理道德、科技发展等。投资决策教育就是要在指导投资者分析投资问题、获得必要信息、进行理性选择的同时，致力于改善投资者决策条件中的各个变量。目前，各国投资者教育机构在制订投资者教育策略时，都首先致力于普及证券市场知识和宣传证券市场法规。笔者以为，从长期来看上市公司股票的投资价值归根结底是由其基本面所决定的，影响投资价值的因素既包括公司净资产、盈利水平等内部因素，也包括宏观经济、行业发展、市场情况等各种外部因素。因此，在分析一家上市公司的投资价值时，应该从宏观经济、行业状况与公司情况三个方面着手，才能对上市公司有一个全面的认识。因此可从以下三个方面来设计投资者投资决策的教育内容：①宏观经济分析，包括宏观经济运行分析和宏观经济政策分析；②行业分析，包括行业与经济周期分析和行业生命周期分析；③公司分析，包括公司基本面分析、公司财务分析、公司估值方法及公司出现的新情况带来的新问题分析等。

2. 个人资产管理教育（资产配置教育）

个人资产管理即指导投资者对个人资产进行科学的计划和控制。随着人们生活水平的大幅度提高，个人财富的逐步积累，投资理财无论是在国外还是在国内都越来越为人们所接受。人们对个人资产的处置有很多种方式，进行证券市场投资只是投资者个人资产配置中的一个方法或环节，投资者的个人财务计划会对其投资决策和策略产生重大影响。因此，许多投资者教育专家都认为投资者教育的范围应超越投资者具体的投资行为，深入到整个个人资产配置中去，只有这样才能从根本上解决投资者的困惑。通过对投资者实施资产配置教育，主要使投资者更好地了解与掌握资产配置对于投资者科学地应对各种风险，最终实现其财产性收入可持续增长的基本原理与重要性。投资者资产配置教育的主要内容应包括资产配置的基本原理、资产配置的工具选择、资产配置的风险识别等。

3. 市场参与教育（权益保护教育）

市场参与即号召投资者为改变其投资决策的社会和市场环境进行主动性参与保护自身权益。这不仅是市场化的要求，也是"公平"原则在投资者教育领域中的体现。投资者权利保护是营造一个公正的政治、经济、法律环境，在此环境下，每个投资者在受到欺诈或不公平待遇时都能得到充分的法律救助。此外，投资者的声音能够上达立法者和相关的管理部门，参与立法、执法和司法过程，创造一个真正对投资者友善的、公平的资本市场制度体系。投资者权益保护的教育内容应包括以下三个方面：①基于司法路径的投资者权益保护教育。这是基于宏观视角提出的，其主要目标是，当投资者权益受到严重侵害，而又无法通过协商等其他方式来弥补投资者权益损害时，投资者应具有通过司法模式实现其权益保护的积极意识。②基于投诉路径的投资者权益保护教育。这是基于中观视角提出的，其主要目标是，当投资者权益受到一定程度的侵害，投资者应具有通过投诉方式实现其权益保护的积极意识。③基于自保路径的投资者权益保护教育。这是基于微观视角提出的，其主要目标是，投资者在参与市场投资交易过程中，应具有权益自我保护的积极意识。

上述三个方面相辅相成，缺一不可，各国投资者教育的策略安排及方式选择基本上都是围绕上述三方面的内容进行的。

（四）　加强和完善我国投资者教育

证监会组织和领导下开展的投资者教育活动在我国刚刚开始，很多工作仍属于探索性的实践，因而存在一些不足和问题需要在继续的实践中加以完善：

1. 借鉴国外经验的同时应结合我国的实际情况

对于长期习惯于审批和监管的我国证券监管机关而言，投资者教育是一项全新的工作，经验不足。因此我国的投资者教育活动借鉴了很多成熟证券市场的做法。这对于尽快建立我国的投资者教育体系，发展我国的投资者教育事业具有非常重要的意义。但是我国证券市场作为转轨时期的新兴市场具有许多与成熟证券市场不同的特点，投资者的结构和状况也与成熟证券市场的情况存在较大差别，因此在借鉴成熟证券市场投资者教育的先进做法的同时，应该注意与我国的实际情况相结合，在内容的选择、形式的安排等诸多方面进行创造性的运用，增强实际教育效果。比如在教育内容的选择上，应从基础知识的普及开始逐步加大复杂程度，加强案例评析的内容；在形式的采用上，初始阶段应多采取通俗易懂的表达方式，在运用网络教育技术的同时，在营业部开设专栏、发放宣传手册等传统的教育方式也要加强，以满足多层次（尤其是占多数的非上网投资者）的需求。

2. 避免资源浪费

目前我国的投资者教育主体进行的是大量重复性的教育活动，如编写内容大体一致的宣传手册，开设内容雷同的网页，宣传周（日）活动的内容和形式也没有很大差别，这就导致资源的大量浪费。作为组织者和领导者的证监会有必要做好协调工作，使各教育主体在资源共享的同时结合自身特点和地域特征，开展针对性强和有特色的活动。

3. 避免利益冲突

券商开展的投资者教育活动与其市场拓展的活动相兼容，这一方面成为券商主动开展投资者教育活动的驱动力，但另一方面也容易使其开展的投资者教育活动失去公益性而带有过多的市场经营活动的色彩。比如有些券商开办的股民学校就与证券投资咨询、委托理财等业务相挂钩。投资者教育活动必须是公益性的、非盈利性的，否则就失去了公正性和客观性，投资者也会对其丧失信任感。因此，券商开展的投资者教育活动必须与其他盈利性业务分离，避免产生利益冲突。

4. 防止形式主义

自从 2001 年被列入中国证监会的工作重点以来，我国的投资者教育活动已经形成了一定的规模和声势。但其中有些活动（如宣传日、宣传周等）不免有形式主义过重之嫌。事实上，投资者教育不可能一蹴而就，也难立竿见影，它具有基础性、长期性、系统性的特点。从国外的经验来看，投资者教育是一项长期的、扎实的工作，其成效具有滞后效应，往往要几年、十几年以后才能显现出来，并不是光靠一周或一日的宣传就可以见效的。因此，投资者教育要注意工作的科学性和长期性，需要建立一个长效机制来推进，切忌重形式、走过场，切实防止工作中的形式主义。投资者教育以培育合格投资者为基本目标，投资者教育还重在长效机制的建立。正如张育军所说，"开展投资者教育工作，就是要将提高投资者风险识别能力以及自主决策能力，增强投资者的自我保护，把培育理性、成熟、合格投资者作为教育的长远目标。"未来还需要逐步完善投资者教育评估、激励和约束机制，加强证券经营机构开展投资者教育的主动性和积极性，提高投资者教育工作质量，不断增强和改进教育效果。

5. 强化"四位一体"教育过程

教育不应是孤立的。单独枯燥的投资者教育没有人听，要站在更高、更系统的角度，投资者教育过程要"四位一体"，即对投资者的教育、对投资者的服务、对投资者的监管、对投资者的保护融为一体。以培育理性、成熟、专业、有风险控制意识的投资者为最终目标，投资者的教育要有培训，整个行业要改变对投资者的服务，监管机构要加强对投资者的监管，司法机构和行政机构要加强对投资者的保护。具体来说，在投资者教育的实际工作中，通过投资者教育与制度建设、一线监管、市场创新、行业自律、投资者投诉处理相结合开展具体工作；加强投资者监管，就是要与证券产品分类相结合，依照投资者的资产水平、知识与行业的参与程度等标准进行分类监管。通过积极探索投资者分类管理制度，以证券品种和业务创新及分类为切入点，依照投资者的风险承受能力、投资知识与市场经验等标准，进行分类监管，包括在充分考虑中国国情，准确分析投资者特点的基础上，引入投资者资格准入制度等。当前我国大力加强对投资者的保护，也是推进资本市场改革开放和稳定发展的前提条件和重要保证。要保护投资者的知情权，进一步推动投资者维护他们的诉权，鼓励投资者通过法律渠道实现自身权益的保护，同时加强监管市场其他主体对投资者的侵权行为。良好的投资者权益保护机制对于优化资源配置、防范金融风险、促进经济增长和推动证券市场的健康稳定发展是至关重要的。

从我国证券市场发展历程来看，加强投资者教育工作，保护投资者合法权益，增强投资者信心，始终是培育和发展市场的核心课题和最重要的内容。今天，投资者教育机制的功能已经突破原有的外延边界，逐步演变成中国证券市场制度创新和市场创新的一个不可或缺的重要组成部分，并实实在在地肩负起为中国资本市场健康发展、保驾护航的重要使命。因此，对于我国证券市场投资者教育问题还有待于进一步地深入探讨。

第六章 我国自愿性信息披露监管的制度安排

第一节 中美自愿性信息披露规制比较与思考

一、美国上市公司的自愿性信息披露规则

美国是世界上证券市场最发达的国家，加强对上市公司的信息监管、提高上市公司信息的透明度，一直是美国证券交易委员会追求的目标。由于美国的资本市场流动性较高，债券市场发达，越来越多的投资者开始投资上市公司，然而由于信息种类繁多，投资者虽然可以获取更多的信息，存在于投资者与上市公司之间的信息不对称问题反而被信息超载所替代。面对纷繁复杂的信息，投资者要判断获得的信息是否可靠相关，是否可以为他们达到盈利的目的，不仅要承担额外的成本，还要承担风险。因此投资者很难做出明智的投资决策。自愿性信息披露的迫切性应运而生。有效的自愿性信息披露可以提供给投资者和债权人关于公司经营更加透明化和可理解性的信息，帮助投资者做出关于公司的资本分配的决策，这些信息将更可靠、更相关、更有用。

1973年，美国证券交易委员会（SEC）就明确提出改变监督政策的方向，允许上市公司自愿披露预测性的财务信息，不过并没有做出强制性的要求，只制定了"安全港"规则（Safe Harbor Rule），来鼓励上市公司进行自

愿披露预测性财务信息。

"安全港"规则是指只要所披露的预测性财务信息是基于诚信原则编制，而且编制时所采用的基本假设也是合理的，即使没有达到目标，也不必承担法律责任。即公司采取自愿披露信息是安全的、合法的。1995 年，美国证券交易委员会又颁布了《1995 年私人证券诉讼改革法》，其中包含的"安全港"条款对其适用范围进行了限定。此前的"安全港"条款适用范围较窄，仅仅适用于经过"申报备案"的预测性陈述，而这次的"安全港"条款，除了适用"申报备案"的陈述外，还适用于符合一定条件的口头的预测性陈述，这对于促进发行人与分析员之间口头联络，具有重要意义。

1994 年，美国注册会计师协会（AICPA）发表报告从 10 个方面总结了投资者对上市公司自愿性信息披露需求，主要包括：资产负债表及相关的财务指标；运作信息及业绩评价指标；改变财务报告指标、运作报告指标及其他与公司业绩有关的指标的原因；管理者对风险和机遇的评价；体现公司"核心能力"的指标；公司业绩与相应的风险、机遇及"核心能力"指标的对比；股东及管理层信息；董事会目标及公司战略；产业结构对公司的影响；公司主营业务的描述。

2001 年，美国会计准则委员会（FASB）发表了题为"改进财务报告：提高自愿性信息披露"的研究报告。该报告针对美国上市公司的自愿信息披露状况进行评价，提出改进财务报告的过程，增加自愿披露的建议。在报告中将自愿性信息披露定义为上市公司主动披露的、未被公认会计准则和证券监管部门明确要求的、基本的财务信息之外的信息。上市公司自愿性信息披露的目的是向投资者描述和解释公司的投资潜力，促进资本市场的流动性以使资本配置更有效率，降低资本成本。在服务于完善信息披露市场监管规则的同时，帮助上市公司更有效地与投资者沟通。该报告的基本研究结论包括：许多在行业中占统治地位的大公司主动披露信息以更好地与投资者沟通；随着外部竞争环境的变化，公司自愿性信息披露的重要性在逐渐提高；公司自愿性信息披露的基本策略是"关注核心能力，展示公司未来"，所披露的具体信息涉及无形资产信息、运作信息、前瞻性信息、经理人员自我评价信息、环境保护与社会责任、公司治理等诸多方面。应对无形资产进行更多的披露，无形资产不仅包括 R&D，还包括人力资源、客户关系、创新等；公司应增加前瞻性信息的自愿披露；自愿披露的信息既应包括"好消息"，也应包括"坏消息"，如果公司曾经披露过某些项目或计划的信息，那么对这些项目和计划进展情况及结果的披露是"最为重要的"；证券市场监管部门应鼓励公司主动披露信息；与公司运营及内部控制有关的信息的持续披露对投资者了解公司的"核心能力和竞争优势"是至关重要的。

在美国会计准则委员会这篇报告发表后，美国证券交易委员会为了强化公司治理与社会责任，表示将采取一些具体措施鼓励上市公司自愿披露信息，并列出了上市公司需要自愿披露的具体 20 个方面。这 20 个方面具体包括以下几个方面一般信息：如果公司跨国经营，列出销售量、生产能力、装备线等信息；列出公司核心业务的主要供应商；除零售公司外，按照占销售额的比重列出最大的 20 个客户；国内外雇员总数，已加入工会的国内外雇员总数，提醒投资者国外运营风险；公司与主要竞争对手相比的优势和劣势；劳动者与管理者的关系。良好行为标准信息：与国外政府的交易是否正当及符合反腐败法规；与警察和军事部门有关证券业务的交易是否合法；公司人权保护状况及相应的监控措施；与列入政府"限制从事商业交易"名单的政府或公司进行交易的情况；与存在政治风险的国家的交易情况。公司政治成本信息：公司对政治组织或与政治有关的活动的捐款及费用支出。潜在负债信息：对可能影响到空气和水源的公司排泄状况的分析和评价；公司已经收到的或可能收到的对产品质量的抱怨及对由产品质量引致的伤害事故的赔偿；与工会组织存在的争议；与人权组织存在的争议。衍生性金融工具的披露：衍生性金融工具指的是一项合同，它的价值由作为订立合同基础的"潜在"资产决定，包括利息率和货币风险回避、期权、远期合同和未来合约。对于衍生性金融工具，上市公司主动披露类别、期限及对可能存在的风险的评价。

从 20 世纪 90 年代中后期开始，美国证券市场上出现了越来越多的选择性披露（Selective Disclosure）行为。1998 年后，在美国证券交易委员会（SEC）的报告中多次提到，相当多的上市公司在将公众媒体和普通投资者排除在外的情况下，通过电话会议或私下会面的方式向某些证券分析师或机构投资者进行信息披露。接收信息的分析师或机构通常能够提前获取诸如公司的季度盈利状况、销售额等对证券价格造成重大影响的信息，从而违反了公平信息披露（Fair Disclosure）的原则。在选择性信息披露中，若信息传播者或接收者利用该信息进行交易而获利，则会构成内幕交易。在美国司法实践中，除非可以证明信息传播者通过其泄密行为获取了直接或间接的经济利益，否则上市公司的选择性披露行为将不会受到内幕交易法规的限制。基于此，美国证券交易委员会于 2000 年 8 月颁布，并于 2000 年 10 月正式实施了《公平披露规则》（FD 规则），对上市公司的选择性披露行为进行限制，并将其作为对《证券法》和《证券交易法》关于内幕交易限制的补充。凡是受 1934 年《证券交易法》定期披露规定约束的上市公司都在 FD 规则的约束对象之列（国外政府及国外上市公司均不在 FD 规则对选择性披露的限制之列）。SEC 颁布 FD 规则的目的是使上市公司进行充分而公平的信息披露（Full and Fair Disclosure），从而也实现了对自愿性披露行为的规范。FD 规则的主要内容为：

（1）界定选择性信息披露的范围。根据 FD 规则，上市公司应将公司的重大信息向所有投资者进行公平披露。倘若公司出现选择性信息披露行为，即公司将非公开的、实质性信息对某些特定的对象进行信息披露，那么该公司也应详尽地将该信息对所有市场参与者进行公开披露。除公司本身的选择性披露行为外，上市公司的高层管理人员及其代表的选择性披露行为也在 FD 规则的限制之内。FD 规则所指选择性信息披露的特定对象主要有四种类型：交易商、投资顾问、投资公司（包括基金公司）和期望利用该披露信息进行交易的投资者。FD 规则将选择性披露的对象限定为这四种的原因在于：它们都有可能要么利用该信息进行交易而获利，要么是向他人提供投资建议。FD 规则所限制的是上市公司对特定对象进行非公开的、实质性信息的选择性披露。信息是否已经公开这一点比较容易识别，但该规则本身并没有对实质性信息进行明确的界定。美国证券交易委员会认为一种信息是否属于实质性信息要取决于实际情况，FD 规则中对实质性信息采取了列举的方式，认为当公司进行如下信息的披露时，应密切注意该信息是否属于实质性信息：与盈利相关的信息；收购兼并、股权收购、风险投资、资产置换；新产品开发、有关客户或供应商的新发展；公司控制权转移或管理层变更；公司变更审计事务所或公司已不再依赖现有审计师的报告；公司破产。

（2）对公司出现选择性信息披露行为的处理。按照披露方的意图，公司的选择性披露行为可以分为故意披露行为和非故意披露行为。根据 FD 规则，若信息传播者在事前知道或本应知道他所对外选择性披露的是非公开的、实质性信息，则这种行为属于故意行为；反之，若信息传播者在披露前根本不了解所披露信息的非公开性和实质性，则应属于非故意行为。一旦公司出现选择性披露行为，则公司应将该信息对外公开披露。FD 规则对故意和非故意披露行为给出了不同的处理。若选择性披露是公司的故意行为，则公司应同时将所涉及信息予以公开披露；若选择性披露是公司的非故意行为，则公司应迅速将该信息予以公开披露。一般该信息的公开应在 24 小时之内和纽约证交所（NYSE）交易开市两者之间取更早的时刻进行。

（3）几种例外情况。上市公司在实质性信息公开之前将该信息向以下几类对象进行披露，不适用 FD 规则对选择性信息披露的限制：①暂时内幕者（Temporary Insiders），是指那些由于与公司的特殊业务关系而知悉公司内幕信息的对象，如在公司证券上市发行中的投资银行、会计师事务所和律师等。他们对公司内幕信息负有保密的义务，并且各国一般都规定这些暂时内幕者在证券承销期间及上市后的一段时间之内不准对该证券进行交易。②同意保密的知情者，他们保证在该信息公开披露之前不会向其他人泄密，并且保证不利用该信息进行交易。③信用评级机构，若该机构保证将所得信息仅用于对公司进行信用评级，并且使公众都能获悉该机构对公司的信用评级结果，则上市公司对信用评级机构的信息披露不受 FD 规则的限制。美国证券交易委员会认为信用评级机构和公众媒体较为相似，都承担着向公众进行公开信息传递的职责，它对上市公司进行信用评级的整个过程实际上就是向公众提供了公开信息，因而确保信用评级所需信息的专用性及信用评级结果的公开是该类机构不受 FD 规则有关选择性披露限制的关键。

美国预测性信息披露规制和其他自愿性信息披露规制都比较完善。自愿披露以"核心能力和竞争优势"为主的信息是大势所趋，更符合时代发展的要求；自愿披露以社会责任为辅的信息，可为企业持续发展营造更有利的外部环境。另外，为了指导上市公司的自愿性信息披露，美国会计准则委员会指导委员会还总结了一套上市公司进行自愿性信息披露的框架。这一框架被上市公司用于确认哪些信息有助于投资者的决策，以及决定是否披露以及如何披露这些信息。它由以下五个程序（或步骤）组成①：第一步：确认对公司成功特别重要的业务，即通常所说的关键成功因素（Critical Success Factors）。每个公司总有一些对公司成功起特别重大作用的信息。如研发费用对制药行业而言是特别重要的关键成功因素，而成本控制则是对化学品制造和销售行业特别重要的关键成功因素。第二步：确认管理层的战略和计划。战略和计划之所以对投资者特别重要，是因为确定战略和计划以及管理层如何完成战略目标是决定公司能否成功的最主要因素。第三步：确认经营数据与业绩计量标准。管理层执行战略和计划的效果需要有计量业绩的标准。这些标准用以衡量公司执行其战略和计划的效果，也使投资者更加了解公司目标的完成程度。第四步：评判披露对竞争态势的影响。管理层还必须考虑信息的披露是否会影响公司的竞争态势，是有助于加强其竞争地位，还是会损害公司对供应商、客户和雇员的谈判地位。第五步：进行自愿披露。在评估了自愿披露对竞争态势的影响并做出了披露效益大于披露成本的判断后，管理层可做出自愿披露相关信息的决策。

二、中国上市公司的自愿性信息披露规制

中国大陆上市公司的信息披露制度以强制性信息披露为主，自愿性信息披露为辅。自愿性信息披露为辅助制度并不表明自愿性信息披露信息的质量不高或得不到法律的保护，相反，自愿披露是因为上市公司主动与投资者沟通，往往有一定的参考价值。并且中国证监会颁布的《公开发行股票公司信息披露的内容与格式准则》1~6号中有关条款所标注的"不限于此"，就是给上市公司信息披露留有一定的余地。

通过《公司法》、《证券法》以及《公开发行股票公司信息披露的内容与格式准则》等法律法规，可以看出目前我国证券监管部门对待上市公司信息

---

① FASB. Improving Reporting：Insights into Enhancing Voluntary Disclosure［R］. 2001, 1 - 25. http：//www. fasb. org/brrp/BRRP2. PDF.

披露的基本制度是：要审慎对待预测性的信息披露，适时披露公司重大风险及潜在存在的风险，尤其是公司处于困难或逆境的时候，加强与投资者沟通。

中国证监会和国家经贸委于 2002 年 1 月 7 日发布《上市公司治理准则》中规定上市公司除按照强制性规定披露信息之外，应主动及时地披露所有可能对股东和其他利益相关者决策产生实质性影响的信息，并保证所有股东有平等的机会获得信息；上市公司应及时了解并披露公司股份变动的情况以及其他可能引起股份变动的重要事项：当上市公司控股股东增持、减持或质押公司股份，或上市公司控制权发生转移时，上市公司及其控股股东应及时、准确地向全体股东披露有关信息。

深圳证券交易所综合研究所于 2002 年 12 月 23 日发布研究报告第三辑《上市公司自愿性信息披露研究》，对自愿性信息披露的基本特征、鼓励与规范、提高中国上市公司自愿性信息披露质量作了深入研究。提出证券监管部门应在相关政策法规中加入鼓励上市公司自愿性信息披露的条款，以解决政策法规落后于公司实践的矛盾；并且，证券监管部门和交易所加强对自愿性信息披露的市场管制，防止上市公司随意披露虚假信息，保护市场秩序。相对于强制性信息披露的监管，自愿性信息披露的管制中需要主观判断的内容更多，更具挑战性。深交所 2003 年 11 月 11 日又发布了《深圳证券交易所上市公司投资者关系管理指引》，其中第三章第 14~19 条对自愿性信息披露提出了具体指引。提出上市公司可以通过投资者关系管理的各种活动和方式，自愿地披露现行法律法规和规则规定应披露信息以外的信息；上市公司进行自愿性信息披露应遵循公平原则，面向公司的所有股东及潜在投资者，使机构投资者、专业投资者和个人投资者能在同等条件下进行投资活动，避免进行选择性信息披露；上市公司应遵循诚实信用原则，在投资者关系活动中就公司经营状况、经营计划、经营环境、战略规划及发展前景等持续地进行自愿性信息披露，帮助投资者作出理性的投资判断和决策；上市公司在自愿披露具有一定预测性质的信息时，应以明确的警示性文字，具体列明相关的风险因素，提示投资者可能出现的不确定性和风险；在自愿性信息披露过程中，当情况发生重大变化导致已披露信息不真实、不准确或不完整，或者已披露的预测难以实现的，上市公司应对已披露的信息及时进行更新；对于已披露的尚未完结的事项，上市公司有持续和完整披露义务，直至该事项最后结束；上市公司在投资者关系活动中一旦以任何方式发布了法规和规则规定应披露的重大信息，应及时向交易所报告，并在下一交易日开市前进行正式披露。

上海证券交易所在2004年1月颁发了《上市公司投资者关系自律公约》，明确指出上市公司要增强信息披露，增进投资者对上市公司的了解，建立上市公司与投资者之间及时、互信的良好沟通关系。提出建立投资者关系管理制度和公司与投资者之间的双向沟通机制，确定投资者关系管理工作的第一责任人和日常业务负责人；平等、坦诚地对待所有投资者，采取多种措施和方式加强与投资者的沟通，促进公司与投资者关系的良性发展；配备必要的信息交流设备，保持包括咨询专用电话、传真和电子信箱在内的各种联系渠道的畅通；对外联系渠道发生变化时，及时予以公告；在条件许可的情况下，尽可能地改进本公司信息网络平台建设，在网站中建立投资者关系专栏，定期或者不定期发布投资者关系信息；定期或者不定期组织公司董事、监事和高级管理人员学习有关法律法规、部门规章和上海证券交易所业务规则；认真履行信息披露义务，依法及时、真实、准确、完整地披露公司所有的重大信息；遵循公平披露的原则，使所有投资者均有同等机会获得同质、同量的信息；避免向来电、来函或者来访股东、机构投资者、专业证券分析机构、新闻媒体或者其他机构和人员透露公司尚未公开披露的重大信息；认真准备和组织好股东大会的召开工作，积极探索各种适合本公司实际情况的方式，扩大参加股东大会的股东范围；避免在组织投资者见面会、介绍公司发展战略和管理思路、进行业绩推介等活动时，出现可能误导投资者的过度宣传行为；不对本公司股票价格的走势公开做出预期或者承诺；严格遵守有关法律法规、部门规章和上海证券交易所业务规则，本着诚信原则，全面推进和建立投资者关系管理制度。

中国证监会在2005年7月颁发了《上市公司与投资者关系工作指引》，鼓励上市公司进行自愿性信息披露，加强上市公司与投资者之间的信息沟通，完善公司治理结构，切实保护投资者特别是社会公众投资者的合法权益。指导投资者关系工作的基本原则是：充分披露信息原则，除强制的信息披露以外，公司可主动披露投资者关心的其他相关信息；合规披露信息原则，公司应遵守国家法律、法规及证券监管部门、证券交易所对上市公司信息披露的规定，保证信息披露真实、准确、完整、及时；在开展投资者关系工作时应注意尚未公布信息及其他内部信息的保密，一旦出现泄密的情形，公司应当按有关规定及时予以披露；投资者机会均等原则，公司应公平对待公司的所有股东及潜在投资者，避免进行选择性信息披露；诚实守信原则，公司的投资者关系工作应客观、真实和准确，避免过度宣传和误导；高效低耗原则，选择投资者关系工作方式时，公司应充分考虑提高沟通效率，降低沟通成本；互动沟通原则，公司应主动听取投资者的意见、建议，实现公司与投资者之间的双向沟通，形成良性互动。

深圳证券交易所于 2006 年 9 月 25 日正式发布《上市公司社会责任指引》，率先将社会责任引入上市公司，鼓励上市公司积极履行社会责任，自愿披露社会责任的相关制度建设。指引要求上市公司应当在追求经济效益、保护股东利益的同时，注意履行相关责任，促进公司本身与全社会的协调、和谐发展。

为了落实《上市公司信息披露管理办法》关于上市公司应当制定信息披露事务管理制度的规定，指导上海证券交易所上市公司建立健全信息披露事务管理制度，提高上市公司信息披露管理水平和信息披露质量，保护投资者的合法权益。2007 年 4 月 4 日，上海证券交易所发布《上海证券交易所上市公司信息披露事务管理制度指引》，第三章信息披露事务管理制度的内容中提到信息披露事务管理制度应当确立自愿性信息披露原则，在不涉及敏感财务信息、商业秘密的基础上，应鼓励公司主动、及时地披露对股东和其他利益相关者决策产生较大影响的信息，包括公司发展战略、经营理念、公司与利益相关者的关系等方面。信息披露事务管理制度要求明确公司与投资者、证券服务机构、媒体等的信息沟通制度，强调不同投资者间的公平信息披露原则，保证投资者关系管理工作的顺利开展。

2008 年 5 月 14 日，上海证券交易所发布《上海证券交易所上市公司环境信息披露指引》，对上市公司自愿披露环境保护及其他社会责任等内容作出了规范，上市公司环境信息披露指引明确了上市公司发生与环境保护相关的重大事件，且可能对其股票及衍生品种交易价格产生较大影响的六种情形，上市公司应当自该事件发生之日起两日内及时披露事件情况及对公司经营以及利益相关者可能产生的影响。同时明确上市公司可以根据自身需要，在公司年度社会责任报告中披露或单独披露九种环境信息。这是我国到目前为止最新的自愿性信息披露的规范文件。

三、比较与思考

尽管目前我国还没有形成系统的关于自愿性信息披露的政策法规，只是在政府政策监管框架之中留有一定余地。不过相关监管部门已经意识到自愿性信息披露的作用，在积极鼓励上市公司增加自愿披露，近年来提出的这些规则指引，很好地推动了我国自愿性信息披露的发展。

（一）我国盈利预测自愿性披露监管严厉

盈利预测披露规制是我国自愿性信息披露规制中最早也是最具有针对性的规制。盈利预测是指在对一般经济条件、营业环境、市场情况、发行人生产经营条件和财务状况等进行合理假设的基础上，按照发行人正常的发展速度，本着审慎的原则对会计年度净利润总额、每股盈利、市盈率等财务事项做出预计。盈利预测的效力相当于美国自愿性披露法律法规中的"预测性陈述"。

关于盈利预测，我国现行的规则是：在招股说明书中，如果发行人或其财务顾问或其承销商认为提供盈利预测数据有助于投资者对发行人所发行的股票做出正确判断，且发行人确信有能力对最近的未来期间的盈利情况做出比较切合实际的预测，则发行人可在招股说明书中提供盈利预测的数据。在年度报告中，原则上不要求公司编制新一年度的利润预测。但公司若在年度报告中提供新一年度利润预测的，该利润预测必须经过具有从事证券相关业务资格的注册会计师审核并发表意见。

从以上规定分析，盈利预测是属于自愿性的事项，其披露与否的依据主要是，是否有助于投资者决策和是否有能力做出切实的预测。然而长期以来，在股份制改组上市的实际操作中，由于在发行当时就必须考虑股票的发行价格，而发行价格又是预期盈利与市盈率的乘积。所以，在实际的操作中，许多公司不得不计算并披露盈利预测，无论是内部预测还是公开预测，这也是导致在1993～1996年所有发行股票公司都要披露盈利预测的主要原因。为了充分实行盈利预测自愿披露原则，从1996年起，新股发行定价不再以盈利预测为依据，而改为按过去3年已实现每股税后利润计算平均值为依据，这便从根本上保障了公司决定是否披露盈利预测的选择权。同时，为了维护盈利预测的客观、公正与合理，切实维护投资者的利益，我国法律要求注册会计师必须对盈利预测依据的假设基准的合理性、基础数据的真实性、所采用的会计政策和计算方法及其与招股说明书中所载财务报表所采用的会计政策的一致性进行审核并做出报告。

可以说，我国对预测性信息实现状况监督的严厉程度是不亚于美国和欧洲国家的。在美国，每当公司盈利预测高于实际实现状况时，哪怕是很小的差别，都会很快引起公司股票价格的下挫并且遭到证券分析师的指责；如果差异很大，往往会引起股东对公司的起诉，其理由多是不实陈述或误导性陈述甚至欺诈。美国证券市场正是通过股价、证券分析师以及心怀不满的投资者机制实现了对盈利预测实现状况的监督，其体现的是市场倾向的监督机制。

在我国，这种监督的严厉性主要体现在三个方面：第一，在年度报告中，如果公司本年度利润实现数与预测数的差异低于利润预测数的10%或高于利润预测数的20%，应当详细说明产生差异的项目和造成差异的原因。第二，若年度报告的利润实现数低于预测数10%～20%，发行公司及其聘任的注册会计师应在指定报刊上作出公开解释并致歉。第三，若比预测数低20%以上的，除要作出公开解释和致歉外，中国证监会将视情况实行事后审查，对有意出具虚假盈利预测报告，误导投资者的，一经查实，将依据有关法规对发行公司进行处罚；对盈利预测报告出具不当审核意见的会计师事务所和注册会计师，证监会将予以处罚。

（二）我国"安全港制度"依旧空白

招股说明书披露准则中规定提供盈利预测的发行人应提醒投资者，鉴于盈利预测所依据的种种假设具有不确定性，进行投资判断时不应过于依赖该项资料。但这种提醒由于过分的简单、笼统，不具有针对性，仅仅属于美国证券法中的"Boilerplate Warnings"，并不具有充分性，无法构成"有意义的警示性语言"。与此相关的是安全港制度目的尚未得到相关方面的认可，有关安全港的具体规则，如充分的警示性陈述，对重要风险因素的判断，对口头陈述的灵活标准，与预先警示理论的关系，确知的标准，安全港制度的两个构成要件以及安全港制度的适用范围等都没有任何规定。究其原因，主要是没有相应的压力，一方面来自于证券欺诈诉讼并具有现实意义的威胁，在中国并没有形成像美国那样，股东可以因不实陈述或误导性陈述向公司及其相关人士提出民事诉讼的法律机制和法律环境，对于预测性陈述投资者充其量是疑惑、不满或愤怒而已，几乎没有向法院起诉的动机。其根本原因在于中国证券法没有民事责任，尤其是对受损害者提供民事赔偿和救济的制度性规定，在程序法上也很难找到可以适用的切实可行的制度。其结果是投资者因看不到可能的救济与赔偿而失去追究的兴趣与动机；即使有兴趣与动机的投资者也感到没有适当的程序规则或先例可以沿用。另一方面应当是中国证监会的处罚方式。目前证监会对它们认为违规者的处罚具有很强的行政任意性，受到处罚者很少或根本没有为自己申辩的机会，从证监会的处罚中也很难看到可以免责的可能，在处罚理由的陈述上也只是只言片语，非常简单，这种格局使受到处罚者和没有受到处罚者似乎不关心所谓的正当理由、正当程序和抗辩事由、免责事项之类的问题，因为这些制度似乎没有适用的场合，所有的人都抱着一种"抓到了就认罚"的心态。加上有关规则的不明确，导致在证监会行政处罚自由裁量权日益扩大的同时，上市公司思考诸如安全港制度、预先警示理论这样问题的动机和空间日益萎缩，可以说，十分不健全的民事救济制度及其程序规则导致做出预测性披露的发行人缺乏来自于民事责任的威慑力。而十分不成熟的证监会行政处罚方式导致中国发行人缺乏认真思考自身权利、依照法律程序为自己辩护的必要手段和勇气。这两方面因素共同导致上市公司不再关心所谓的安全港规则和预先警示理论，这就如同说：没有暴风雨的威胁，人们便不会考虑建立安全港，而如果安全港无法抵御风暴保护船只及船员安全，人们也不会认为安全港有存在的必要。

投资者投资公司股票在本质上是投资公司的未来，投资于公司良好的管理风格以及乐观的前景，投资于公司未来的获利能力以及产生现金流量的水平，无论预测性信息如何伴以充分的警示性语言，那也仅仅是解决如何摆脱法律责任的问题，毕竟它给了市场和投资者关于上述问题的回答，它可能因此而实质性地影响了市场及投资者的投资决策与组合。既然如此，那么就必须用健全的制度设计规范预测性信息的披露，使之符合信息披露的基本原则和根本宗旨，而不管投资者是否或者在多大程度上依赖这种披露，每个国家的证券监管都不可避免地面临一个两难的选择，一方面必须鼓励所有发行人向投资者提供充分的预测性信息披露，使投资者更好地决定如何投资，让市场价格更好地反映证券价值，从而使市场趋于更为有效的状态；另一方面又必须考虑在对不实或误导性的预测性披露者追究法律责任的时候，又不要损伤诚实信用和善良的发行人披露预测性信息的积极性和动力，防止投资者对基于善意做出的预测性信息因事后变化而提出无理由的诉讼请求。毕竟预测性信息具有内在的不确定性和风险，这便要求证券法律通过制度设计，寻找到一种比较适合的平衡点。在这方面又可以说普通法国家，尤其是美国丰富的判例及学说为我国立法及实践提供了非常宝贵的借鉴。有许多制度设计及处理方式值得我们学习，并对我国证券法制度的完善具有启发意义，安全港制度和预先警示理论便是其中的两个典型例子。

笔者认为中国目前预测性信息披露规制应作如下调整：

第一，应当鼓励自愿性预测性信息披露，只要这些信息是建立在诚实信用和合理的事实基础之上，都可以在任何公开披露文件中使用，而不再局限于招股说明书。

第二，采用预先警示理论，要求预测性信息应当用适当的方式表达并伴有充足的陈述以便投资者能据此做出自己的投资判断。

第三，应充分关注预测性信息的自愿性披露。要求发行人不得对未公开重大预测性信息的自愿性披露。要求发行人不得对未公开重大预测性信息进行自愿性的披露，并且提醒发行人，必须对公司未来预测性信息的自愿性披露负责。

第四，发行人负有对与其相关的重大信息的全面、及时披露义务，扩展至当公司管理层知道先前公开信息现在已经不再具有合理基础时的及时更正或更新义务。

第五，设立"安全港"制度，防止与预测性信息披露相关的民事法律责任。该制度应当规定何种信息受该制度保护，哪些类型的发行人受该制度的保护，谁负有证明"合理基础"和"诚实信用"事项的举证责任，预测所依据的假设是否在该制度范围之内，以及在什么程度上，发行人具有更正先前陈述的义务等。

（三）FD 规则对我们的启示

在我国证券市场上，不少上市公司也存在选择性披露的现象。根据2001年9月对上市公司信息披露质量的调查分析，被调查者中有35.21%的个人投资者和30.11%的机构投资者认为对投资损害最大的行为是"关系人提前获得内幕信息"（上海证券报，2001）。很多资产重组股的股价总能先知先觉，而有关实质性信息公开披露时股价已经达到了相当高度，为提前获取相关重大信息的参与者提供了盈利空间。根据陈晓（1999）等人的研究，盈余公告日前后各20天的日平均超额回报对年度意外盈余有显著反映，这表明公司与投资者之间的信息不对称现象普遍存在，这为公司管理层利用选择性披露进行机会主义行为创造了相当大的空间。

我国目前对公司的选择性披露行为还缺乏具体的监管措施。尽管《证券法》中对内幕交易行为进行了明确限制，但选择性披露不等同也并不必然导致内幕交易。监管部门应从公司治理的角度对公司的选择性披露进行约束，限制管理层的机会主义行为，保护投资者利益。

（1）应将对选择性披露的监管与对内幕交易的限制相结合，防止选择性披露的信息接收者利用内幕信息进行交易，以损害非知情投资者的利益为代价获取超额回报。对内幕交易的严格限制可以减少证券分析师（或大股东）对所接收信息的不恰当使用，并使他们与管理层进行结盟的意愿下降，从而对所接收的信息进行客观的评价和合理利用。

（2）应该区分不同性质的自愿性披露，做到扬其长而避其短。对股东利益有利的自愿性披露应在规范的基础上予以保留和鼓励，而对那些纯粹助长管理层机会主义行为的选择性披露应严厉禁止。根据前面的分析，公司管理层对自愿性披露时间、对象、是否继续披露拥有任意选择的权利，就容易使管理层利用这一手段与特定的市场参与者达成默契。因而，限制管理层这种过度自由的选择权就成为规范自愿性披露行为的关键。监管者应要求公司界定其自愿性披露信息的类型，明确自愿性披露对象的标准，并将之公布于众。如某公司规定将所有的新投资项目向具有一定资本金规模的咨询公司及一定持股比例的大股东进行自愿性披露。那么一旦公司出现符合上述规定性质的信息，则应该对所有达到该标准的对象都进行披露。

（3）在现阶段，当上市公司发生选择性披露行为时，证监会可以强制性地规定该公司将选择性披露行为发生的时间、信息披露的对象等向监管部门作出报告。为了避免泄露公司的商业机密，公司选择性披露的具体实质性信息内容无须详细报告，市场可以通过观察披露的对象及其行为间接地获取公司相关信息。倘若公司选择性披露的对象是信誉好、具有良好诚信的分析师，则市场会判断该信息为利好，从而引发股价上扬；反之，若披露对象为资信较差、经常助长管理层机会主义的分析师，则市场会为公司股价重新定位，股价的下跌会使公司管理层所持股份的价值下降，同时增大了公司被收购的可能性。这样既可以使公司保留选择性披露的权利，又减少了管理层的机会主义行为。

（4）监管者还可以通过其他一些途径来规范自愿性披露行为。监管部门可以在对上市公司自愿性披露的状况进行全面调查的基础上建立起有关数据库，便于投资者对不同公司的自愿性披露政策进行比较和评价；监管部门还可以在确定自愿性披露对象的标准方面为上市公司提供帮助，比如监管部门可以建立起股东对公司行使监督权的信息跟踪系统，如股东参与股东大会及行使投票权的次数、股东对公司提供建议的次数等，将这些积极参与公司治理的股东列入到公司自愿性披露的对象范围，更好地发挥自愿性披露的积极作用。

第二节　自愿性信息披露制度基本原则的确定与实现

在确定自愿性信息披露制度基本原则中，并不是将所有可以容纳的要求均归纳为基本原则，本书遵循的选择标准有：第一，所确立的原则相互之间应当是互相独立地阐述某个方面的要求，而不是互相重叠或者呈现出从属关系；第二，所确定的基本原则应当是与证券市场信息披露与传播紧密相关的原则，而不是不具有针对性的笼统原则；第三，由于自愿性信息披露的形式具有多样性，因此这里讨论的是关于内容方面实质性的要求，而不是关于形式方面技术性的要求；第四，自愿性信息披露基本原则的确立必须与当前自愿性披露存在的问题及违规行为的类型化划分具有一定程度上的对应性。根据上述标准，本书将自愿性信息规制的基本原则归纳为：真实原则、完整原则、准确原则、及时原则和公平披露原则。以下就这些原则逐条分析。

一、真实原则

信息公开披露的初衷在于使投资者获得可资依靠的投资讯息。信息的真实性原本是信息披露的最根本也是最重要的要求，以至于该原则几乎成为信息披露制度的前提性假设。然而由于证券市场，证券投资者对信息，尤其是不利性信息的敏感性以及由此做出投资决策的反应，不实陈述或虚假陈述已成为现代证券市场信息披露主要违规类型之一，并且直接危害证券市场的信心。事实证明，如果有部分的披露信息被证明是错误失真的，那么给市场所有信息披露的意义和可信度都会带来严重的问题。

真实原则要求无论是通过书面文件还是通过口头陈述，也无论是借用语言形式还是借用行动方式，也无论采取明示还是默示，披露的信息应当是以客观事实或具有事实基础的判断与意见为基础的、以没有扭曲和不加粉饰的方式再现或反映真实状态。真实原则的遵守事实上对信息披露者提出了很高的要求，其原因在于：

第一，"真实"本身是一个具有相对性的概念，一种真实性可能由于时过境迁而变得具有误导性甚至虚假性，如预测性信息披露在目前可以认为具有真实的基础，然而当这些客观基础发生变化时，信息的真实性亦发生动摇。

第二，真实是一个必须要求可以验证的概念，检验真实与否只有把披露信息与现实情况进行对照，而且这种对照往往具有滞后效果。还有一些披露的真实性虽然在理论上具有可验证性，但在实践中则困难重重。例如对一些尚在商讨过程中但尚未最终确定事项的披露便是如此。

第三，由于披露者在主观认知上具有无法克服的局限性，加上语言本身所固有的不精确性，使真实性要求并不容易得到完全满足。因此，真实原则要求首先是对利害相关的披露义务人的挑战。在某些极端条件下，真实原则的要求可能使上市公司没有任何隐私地暴露于众多投资者的监督之中。

正因为真实原则的重要性和内在困难，所以该原则的实现是当前自愿性披露制度所无法胜任的，只有通过一系列的制度设计和内容修订才能实现其作用：

（1）自愿性信息披露的担保制度。公司的全体发起人或者董事必须保证公开披露信息内容的真实性。通过证券法规直接规定信息披露有关特定主体必须依法明示保证信息披露公开文件内容的真实性，并且在有虚假，严重误导或重大遗漏的情况下承担连带法律责任。真实性法定担保制度的意义在于对全体有关人员施加尽其努力确保披露信息真实的法定义务。

（2）证券中介机构对披露信息真实性的尽职审查。自愿性披露信息凡是涉及财务会计、法律、资产评估等事项的，应当由具有从事证券业务资格的会计师事务所、律师事务所和资产评估机构等专业性中介机构审查验证，并出具意见。专业性中介机构及人员必须保证其审查验证文件内容没有虚假、严重误导性陈述或者重大遗漏，并对此承担相应法律责任。

（3）证券交易所对公开信息真实性的审查。不同证券交易所通过各自信息披露政策与程序，要求上市公司承诺真实地披露所有法律要求或自愿披露的信息，并且要求上市公司遵守交易所的持续性披露义务，包括对新闻报道中的非正式公开信息作出反应；纠正选择性披露，去除含有广告效应的披露语言；要求公司澄清不完整或者含混不清的陈述以及要求对公司事先做出的信息披露的发展状态进行跟踪说明。通过以上措施，使投资者能够接触最大限度的真实的信息。

（4）法律责任制度的存在。违反真实原则的发行申报材料将被拒绝发行许可。法律对于虚假不实陈述的当事人，处以刑事的、行政的和民事的处罚。对于未尽职审查或为证券发行出具不真实文件的专业机构和人员，将处以停止营业、撤销从业资格和市场禁入等处分，严重者将受到刑事处罚。

二、完整原则

完整原则要求：所有可能影响投资者决策的信息均应得到披露；在披露某一具体信息时，必须对该信息的所有方面进行周密、全面、充分的提示；不仅要披露对公司股价有利的信息，更要披露对公司股价不利的诸种潜在或现实风险因素，不能有所遗漏。毕竟投资者判断是基于公司公开披露全部信息的综合反映，这便要求上市公司应当把公司完整的形象呈现在投资者面前，如果上市公司在公开披露时有所侧重、有所隐瞒、有所遗漏、有所片面，导致投资者无法获得有关投资决策的全面信息，那么，"即使已经公开的各个信息具有个别的真实性，也会在已公开信息总体上造成整体的虚假性"。[①]

完整性原则表明：由于没有完整披露某些信息而使披露部分信息具有虚假和误导成分，其严重程度与直接不实陈述是一样的。因此必须要求发行公司平衡地、全面地将投资信息呈现在投资者面前。完整披露包括披露信息内容上达到实质性的完整，即凡对投资者做出投资决策有重大影响的信息，不

---

① 陈甦等：《论上市公司信息公开的基本原则》，《中国法学》，1998 年第 1 期。

论披露准则有否规定，均应予以披露，发行人认为有助于投资者做出投资决策的信息，如果披露准则没有规定，发行人可以增加这部分内容。

然而完整原则并不意味着上市公司必须事无巨细地披露所有自愿性信息，自愿性披露一样适用成本效益原则。因此对下面两个问题的正确思考有助于正确理解完整性原则。

第一，本书认为应当完整、充分、公开的自愿性信息应当是具有重大性的信息。证券法上的"重大信息"有两重标准：一是可能对公司证券价格带来波动；二是可能影响投资者的投资决策判断。只有重大信息才属于应当充分且完整地披露的范畴，并不是要求上市公司事无巨细地将有关信息一律公开。这一方面增加了上市公司的信息披露成本；另一方面把投资者埋入杂乱无章的信息堆中，增加了投资者收集信息的成本和筛选有用信息的难度，从而降低了信息披露的功能作用。

第二，在完整信息披露制度下，仍然为上市公司保留了一定的披露保留权和隐私空间。在有些情况下，即使信息构成重大信息，但如果立即公开可能会给公司带来非常不利又难以弥补的损失，因此允许上市公司可以不披露。对此证券法主要采取两种措施：其一，不予公布。例如"上市公司有充分理由认为向社会公布该重大事件会损害上市公司利益，且不公布不会导致股票市场价格变动的，经证券交易所同意，可以不予公布"。[1] 其二，予以保密性披露。例如加拿大 BC 省证券法规定：如果发行人认为信息披露会对发行公司带来严重的损害，发行人可以向证券委员会申请暂时性保密，但必须向证券委员会和交易所提交《重大变动报告书》并注明保密，将由证券委员会决定是否同意不公开以及不公开的理由和时间长短，不过发行人必须每隔 10 天再次提交书面文件陈述保密的理由是否仍然存在，否则证券委员会便会因认为保密原因不再存在而公开披露该份文件。[2]

由于上述两种情形均涉及对完整披露原则的例外，为了防止无理由地扩大适用从而导致对例外情况的滥用，破坏完整原则的实质性要求，规避证券法的披露义务，本书认为必须将发行人不披露的情况限制如下。

---

[1] 《股票发行与交易管理暂行条例》第 60 条；《上海证券交易所股票上市规划》第 4、9 条。
[2] 参见 B. C. Securities Act，(B. C. S. A)。

第一，对于允许不予公开披露的事项必须用立法列举方式明确规定，对于涉及商业秘密的应当具体指明哪些事项属于商业秘密，并且限制对所列事项的过度解释与增加，在商业秘密与重大事件交叉的情况下，应当在分析该信息对证券价格、投资者决策和上市公司利益的基础上，做出取舍。

第二，建立信息披露保密制度，重大事件无论是否属于商业秘密，都应当制成《重大变动报告书》，并向证券管理机构和证券交易所有关部门申报，并且注明保密字样。这类披露文件及信息可以暂时不向社会公众公开披露，并视不同情况决定何时向公众披露。在此期间，信息只停留在向证券管理者公开的层面，其披露的目的主要是针对执法要求，而不是针对投资决策。

第三，建立一套有关上市公司申请不予公开披露的程序和审查标准。本书建议如下：

（1）如果公司认为对某项重大事件的立即披露会对公司利益造成不正当的损害，公司必须以保密文件形式向证券监管委员会和证券交易所上报《重大变动报告书》，并且在今后每隔10天内必须书面报告证券委员会和交易所该文件是否仍然保持保密状态及其理由，这种报告义务直到该文件公开披露为止。

（2）在此期间，公司管理者必须关注其证券的市价波动情况。市场价格或者交易的异常活动是表明无须保密的最好标志。如果市场价格异常波动出现，证券交易所必须要求公司作出声明或者暂停交易或者两者并用。

（3）每个上市公司必须制定内部规则防止在这一期间内对保密性重大信息的非法使用，内部人交易行为只有在公开披露重大信息并经过一段等待期后方可允许。至于等待期有多长这应是一个事实性问题，这是每一个内幕人在正式恢复交易前必须考虑的事实问题。

（4）在保密期间，如果有什么问题，上市公司管理者应及时保持与证券委员会和证券交易所联系。

三、准确原则

准确原则要求上市公司披露自愿性信息时在内容与表达方式上不得使人

误解。客观地说，判断一种表述是否具有含糊不清和误导的标准应当来自于信息的接受者，而不是信息的提供者。然而在实践中，由于上市公司和投资者在知识水平、投资经验、语言理解能力、表达方式上具有各种差异，导致对语言理解具有选择性和多样性。为了避免信息发布人利用语言的多解性从而把误解的责任推卸给投资人，在对公开披露自愿性信息的准确性理解与解释上，应当以一般投资者的判断能力作为标准。

　　信息的准确性与投资判断的准确性之间具有内在联系。误导性信息必然导致投资判断的错误偏差。对于不同的信息，准确原则有不同的含义与标准。如果可以把所有影响投资者作出买卖决定的信息划分为"硬信息"和"软信息"。前者包含公司法及证券法规中所要求披露的公司招股说明书、上市公告书、配股说明书、年度和中期财务报告、重大事项披露报告、分红配股政策、收购兼并决定等；后者就是自愿性披露的信息，主要指盈利预测、估算、前景展望、分析性报告等。对于"硬信息"，准确性的标准应当是相对严格的，而"软信息"由于其具有一定特殊性，即对未来判断的或然性或不确定性。因此，其准确性要求应当不同于"硬信息"，主要在于：第一，预测信息必须具有现实的合理假设基础，并且必须本着审慎的原则做出。同时必须用警示性的语言提醒投资者未来的结果可能会与预测大相径庭，投资者不应过于依赖这种信息。第二，当由于客观条件变化，导致因原先作出预测的合理假设基础变化或不存在而使预测信息变得不真实或者具有误导性成分时，披露人有义务及时披露并且更正预测信息，使其不具有误导性。可见，准确原则不仅要求信息在披露当时的准确性，还要求所有经披露进入市场并且仍然有效存在于市场并直接或间接地影响投资者决策信息的准确性，这又被称为"持续性"准确义务。在美国和加拿大采用的 Shelf Offering 发行方式的公司，在发行新股时并不需要编制并发布冗长复杂的招股书，只要编制一份非常简单的有关本次发行特殊性的具体信息，如本次发行股权、价格、期限、募股资金具体用途等，至于其他有关公司及其董事的历史介绍与商业经营状况，可以直接援引已经发布在外的信息，而不必重复披露。在这样一种披露制度下，保持信息的持续性、准确性便显得尤为重要。

　　当市场上出现的消息可能影响公司信息准确性的时候，事实上是将投资者置于一种不知所措的两难境地。如果没有及时地改正、澄清这些传言，就必然会动摇已经公开的信息在投资者心目中的准确性。因此证券法规必须规定："在任何公共传播媒介中出现的消息可能对上市公司股票的市场价格产生误导性影响时，公司在知悉后应当立即对该消息作出公开澄清。"①

　　准确原则还要求披露文件不得含具有广告效应和模糊不清的语言，例如，"在招股说明书中不得刊登任何人、机构或企业题字，任何有祝贺性、恭维性或推荐性的词句，以及任何广告、宣传性用语"②。律师出具法律意见书，不宜使用"基本符合条件"一类的措辞。在行文中不宜使用"假设"、"推定"一类措辞③，这种规定旨在维护披露信息的准确性，最大限度地减少误导性陈述和不实陈述的发生。

四、及时原则

　　及时原则要求：①公司应以最快的速度公开其信息，即一旦公司经营和财务状况发生变化，应当立即向社会公众公开其变化细节；②公司应当保证所公开披露公司信息的最新状态，不能给社会公众以过时的和陈旧的信息。可见，公开披露及时原则是一个持续性义务，即公开发行证券公司从证券发行到上市的持续经营活动期，向投资者披露的资料应当始终是最新的、及时的。各国证券法对信息产生与公开之间的时间差都有规定，要求每个时间差不能超过法定期限。信息及时披露的意义在于使市场行情可以根据最新信息及时作出调整，投资者也可以根据最新信息以及行情变化作出理性选择，并且可以通过缩短信息发生与公布之间的时间差来减少内幕交易的可能性，降低监管难度。

　　为保证自愿性披露的及时性，法律必须确立具体的规范，归纳起来这种规范主要有三个。

---

① 《股票条例》第 61 条；《关于上市公司发布澄清公告若干问题的通知》，1996 年 12 月 13 日。
② 《招股书内容与格式》。
③ 《法律意见书的内容与格式》。

　　第一，对于定期公开的报告，必须在法律规定的期限内制作并公开。例如，"中期报告应在每个会计年度的前 6 个月结束后 60 日内编制完成，并立即向证监会报送"①；"年度报告应在每个会计年度结束后 120 日内完成，并立即向证监会报送"②。

　　第二，对于临时发生且不可预见的重大事件，法律规定应当立即披露，并在规定时间内编制书面报告向证券管理机构及证券交易所报告。我国《信息披露实施细则》第 18 条规定：公司在发生无法事先预测的重大事件后 1 个工作日内，应当向证监会作出报告；同时应当按其挂牌的证券交易所的规定及时报告该交易场所。公司在重大事件通告书编制完成后，应当立即报送证监会 10 份供备案。从国际上对临时事件披露要求来看，我国的现行规定是相对宽松的，因为许多国家和地区的证券法（如加拿大各省及美国 1934 年证券法）都要求公司立即以新闻发布的形式向公众公开披露信息，然后在法定期限内报送《重大变动报告》给证券管理机构和证券交易所，尤其在涉及重大购并时更是如此。而我国仍然停留在向证监会和交易所及时报告，而不是立即向公众披露的要求上。《股票条例》对法人持股超出法定限度 5% 披露报告时间规定为 3 个工作日内，显得更为宽松。

　　第三，当公司已经披露在外的信息由于客观因素不再具有真实性、准确性和完整性的时候，法律规定公司有义务及时发布相关信息修改、更正或者澄清这些信息。通过法律规定信息披露人持续性及时更新的义务，保障披露在外信息不具有虚假性、误导性或重大遗漏，是维护证券市场效率和信誉的重要保障。

五、公平披露原则

　　公平披露原则是针对选择性披露问题提出的。前文已经作了比较详细的阐述。公平披露原则要求上市公司向所有大小投资者平等地公开重要的信息，即公司向证券分析师或机构投资者自愿披露的有关利润或收入等敏感的非公

---

　　① 实施细则第 14 条。
　　② 实施细则第 15 条。

开资料，必须通过在证券交易委员会备案或发布新闻的方式向公众公布。

根据美国 Regulation FD 规则，公平披露原则的主要因素包括以下五个方面。

第一，选择性披露应当包括发行人或代表发行人的个人作出的披露。后者包括发行人的高级职员以及发行人的经常与证券市场专业人士交流信息的职员、雇员或代理人。同时选择性披露所关心的是上述人士经发行人授权的披露，上述人士未经授权的披露将构成非法内幕交易或暗示，并承担相应责任。

第二，选择性披露的对象是有限定的，毕竟对发行人的客户、供货商及合作伙伴的正常商业交流进行干预是不合适的。因此选择性披露的对象主要包括以下四类人：①证券经纪人及其同事；②投资顾问，某些投资机构经理人以及同事；③投资公司和私人投资公司以及附属人员；④任何发行证券的持有人，在当时情况下可以合理地预见这些持有人将会依据这些信息进行交易。

第三，故意的选择性披露必须实时（Simultaneous）采取纠正措施，因此这一规定事实上是意味着发行人不可能在不违反 Regulation FD 规则的前提下从事故意的选择性披露。非故意的选择性披露要求立即（Prompt）采取纠正措施。

第四，发行人在知晓重大非公开信息的非故意选择性披露后，应当尽快并不迟于下一个交易日开始前通过发布新闻稿并尽可能广泛地通过各种新闻媒介传播这些信息。例如，公众有权参加收到通知的新闻发布会。SEC 鼓励发行人将上述信息载在公司网址上以使更多的人可以获取信息。SEC 的建议是：①首先发布新闻稿并通过常规新闻媒介传播；②其次以新闻稿或网站方式提供充分的通知，告知召开会议讨论上述公布结果的时间与地点，以及告知如何参加会议；③以公开方式召开新闻会议，允许投资者通过电话或网络听取公司对此的解释。

第五，如果发行人在选择性披露后未遵守 Regulation FD 披露规则，那么发行人或个人可能被认定为对 Regulation FD 的违反并承担责任。但 SEC 同时又认为 Regulation FD 发布的目的并不在于采用相关政策或程序以避免违规行为，而是希望发行人能通过遵守上述披露规则使非故意的选择性披露不受惩罚。非故意的选择性披露如果能伴以立即的全面公平的信息公开，公平披露原则仍可得以实现。因此可以说，该规则并不在于制止非故意的选择性披露，而在于使其他投资者在同时也能公平地获得任何未公开的重大信息。

第三节　信息披露制度的体系结构

信息披露制度，又称信息公开制度，起源于 1844 年的英国公司法，它是指证券市场上的有关当事人在证券发行、上市和交易等一系列环节中依照法律法规、证券主管机关的管理规则及证券交易场所的有关规定，以一定的方式向社会公众公布或向证券主管部门或自律机构提交申报与证券有关的信息而形成的一整套行为规范和活动准则的总称。各国设计了相对完善的法律制度来规范证券发行市场上的信息披露制度，为证券市场的规范起了重要的作用。信息披露制度在证券市场中发挥了不可替代的功能。具体而言，信息披露的功能有三个：执行的效力、公众反应和告知的功能。所谓执行的效力是指信息披露有助于法律的执行，尤其在对抗内幕交易上，如果内部人必须就其所持股份的变动和交易情况披露，则法律本身就可以阻止进行内幕交易的可能。公众反应是指可以督促公司的管理阶层履行其应注意的义务。告知功能就是向公众告知有关投资决策的信息。强制性信息披露的作用是使与公众有关的信息公开公平地传递给投资大众。

一、信息披露法律规制的常规体系结构

信息披露法律规制的常规体系结构包括证券发行披露制度、持续性披露制度和法律责任及救济制度。在第一个大制度下还包含着许多具体披露制度和规则。虽然这种结构划分现在受到许多学者的批判，认为这并不是信息披露内在的完整和谐的结构体系，并在此基础上提出一些新的结构。但是在目

前，由于这种结构划分具有清晰性和论述上方便性的特征，因此传统的常规体系仍然是一种被普遍采用的结构划分。

（一）　证券发行披露制度

在法律上，证券发行是一个整体性的概念，它所包含的是公司初次申请发行证券；初次发行证券公司申请挂牌上市；已经上市公司发行新股以及已上市公司大股东转让大批股份等交易行为。证券发行信息披露制度"不完全同于公司信息继续公开，它侧重于一般投资者在对发行证券投资价值作出合理判断时提供基本条件"。[①]

证券发行或者发售是指证券发行人在通过证券法规定的申报登记并取得证券管理机构发行许可后，自己或者通过承销商向不特定公众或者特定投资者出售证券的行为。根据这种概念划分，证券发行信息披露制度可以区分为两种，即公开发行信息披露制度和私人募集信息披露制度。在美国，公开发行信息披露制度对于初次申请发行证券的公司，首先必须制作和披露的文件是发行申报材料和招股说明书。公司发行证券以后，需要申请在证券交易所的上市资格，与此相对应的是上市公告和上市承诺。已上市公司发行新股需要遵循发行新股的信息披露制度。与公开发行（Public Offering）相对应的募集方式是私人配售（Private Placement），即私募。私募是指在没有制作、申报和披露招股说明书以及其他相当于招股书水平的情况下，通过发行公司库存证券获取资金的行为。

（二）　持续性披露制度

持续性披露制度分为两类：第一类是定期披露制度（Periodic Disclo-sure），即信息披露是指在可以预见的固定的时间间隔内作出，它包括在发行人每个财务年度末发布的年度报告，以及在发行人每个财务年度头 6 个月结

---

① 王保树主编：《商事法论集》（一），北京：法律出版社，1996 年。

束后的法定时间内披露的中期报告。在西方国家，还包括必须在每年召开股东大会前的法定时间内向股东发送的委托投票权征求通过，并按法律规定登载相关信息。第二类是不定期披露制度（Timely Disclosure），即披露信息是无法事先预见的，因为这类披露的发生往往是有关发行人的重大变动、重大变化而引起的。这种事件有时虽然是经过精细的策划因而处在发行人的控制之中，但是绝不可能周期性地发生或者以完全相同的形式再现。况且许多事件无论在发生的时间上还是发生的方式上都完全超出发行人的控制范围。可以控制的事项如成立一家新的子公司，增加股利分红以及某些形式的收购要约；不可控制的事项如发行人工厂发生爆炸，敌意性收购或法律诉讼等。总之，对于这一类事件持续性披露的基本要求是及时性。

（三）　法律责任及救济制度

到目前为止，具有普通法传统的国家，如英国、美国和加拿大等仍然将违反信息披露的法律责任及其相应的救济根据初次信息披露和持续性信息披露制度的不同划分为两类：一种是招股说明书下的法律责任和救济；另一种是持续性信息披露下的法律责任和救济。这与我国对违反信息披露法律采取统一法律责任标准的规定是不同的。在我国，现行证券法规并没有对招股说明书和持续性披露法律责任文件作出不同的两套规定，而是非常笼统地进行了概括性的规定。在法律责任的确定上，不是采用构成要件标准法定的方法，而是采用类似于刑事犯罪那样的违法形态类型化规定如内幕交易、操纵市场、虚假陈述和欺诈客户，对法律救济手段尤其是民事法律救济手段只作一般性的统一规定。① 可以看出，在违反信息披露法律责任的规定上，普通法系采用了完全不同于我国的思考方式和立法技术处理，尽管对于这种处理的合理性目前正受到冲击和修正。

---

① 参见《证券法》第63条，"发行人、承销的证券公司公告招股说明书、公司债券募集办法、财务会计报告、上市报告文件、年度报告、中期报告、临时报告，存在虚假记载误导性陈述或者有重大遗漏，致使投资者在证券交易中遭受损失的，发行人、承销的证券公司应当承担赔偿责任，发行人、承销的证券公司的负有责任的董事、监事、经理应当承担连带赔偿责任。"

综上所述，可以将信息披露法律规制的体系结构归纳如图 6 – 1 所示。

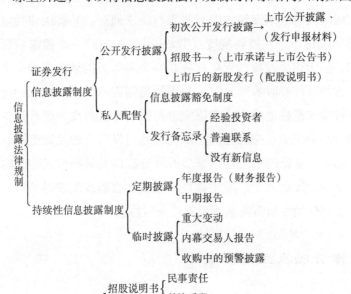

图 6 – 1　信息披露法律规制体系结构

二、一体化趋势的信息披露制度体系结构

（一）综合信息披露制度（Integrated Disclosure System）

在美国，最初在联邦证券法制度下存在着两种互相独立和不同的披露制度，一个适用于 1933 年《证券法》，另外一个适用于 1934 年《证券交易法》。这种双重披露制度存在的原因是《证券法》和《证券交易法》在设计上是用以实现两种不同的需要。《证券法》主要规范在充分信息披露制度下的公开证券发行，因此除非发行人通过证券市场销售其证券，否则 1933 年《证券法》的披露义务并不会发生。1934 年《证券交易法》则主要规范证券交易市场，信息披露义务主要取决于发行人的身份，只有在以下三种场合下

才发生披露义务：①发行人的证券在证券交易所上市并挂牌交易；②发行人的总资产超过 500 万美元并且证券持有者人数超过 500 个；③发行人具有依照《证券法》注册登记的发行在外证券。依照《证券交易法》，披露义务主要体现在 Setion 12 和 Section 13 的定期披露义务，Section 14 的征求委托投票权和 Rule 14a - 3 要求的将年度报表送达股东等要求之中。

这种双重披露标准为证券信息披露设定了两套互不相同的规则并伴以各自的准则。《证券法》要求披露文件主要是为首次通过证券市场发行证券的发行人设计的，包含了综合性文件，披露了所有重大的财务和非财务信息，这种方式在立法当时因重大信息在事先是无法获取的而显得具有合理意义。然而在 1934 年《证券交易法》中则要求发行公司在寄发给股东的年度报告中重复那些已经申报给证管会或已经向公众公开的信息，因此，相同的财务或者其他信息重复地体现在 1933 年注册登记文件、1934 年的年度报表或者 14a - 3 规则的年报之中。

这不仅是严重的重复，而且在形式与内容上也存在差异。为送达给股东而编制的年报中的财务报告仅仅需要符合 GAAP，而依照 1933 年《证券法》注册登记文件的财务报告与 Form 10 - ks 的财务报告却要受制于一种更为严格的财务规则，即 S - X 规则。与此相同，依照 1933 年《证券法》和 1934 年《证券交易法》规定应当报送或公开的其他非财务信息，却适用了不同的报送公开规则，因此经常导致形式和内容上的不一致。

针对这一结构性问题，SEC 致力于设计一套综合信息披露制度，旨在取得更为统一、简化和综合的信息披露制度，以便定期提供给投资者和市场有意义的、不重复的信息，节省上市公司的成本。证管会于 1980 年 9 月公布了对《证券法》与《证券交易法》信息披露制度进行主要的修改。统一规定了《证券法》与《证券交易法》对同一类信息披露的格式与内容；同时也统一了财务报表编制的会计准则标准，确定了 GAAP 是编制财务报表的统一规则。这些变化的目的在于增强对投资者和市场参与者的信息披露，促使将两套披露制度统一为综合信息披露制度。证管会还审查了 Form 10 - ks 的功能与目的，发现在披露信息中有一些是最基本的、投资者最希望获得的披露内容，这包括审计财务报告，对财务预测有效的、适当的财务数据摘要，对发行人业务与财务状况有意义的描述。

为了简化 1933 年《证券法》的披露要求，SEC 对一系列的披露文件的格式与内容进行了重大修改。综合披露制度要求对 1933 年和 1934 年法律制度下的披露政策和程序进行全面的重新评价，其目的在于将信息披露内容与格式统一化，为投资者和市场提供有意义的、不重复的信息。

综合披露制度实现了从三个方面简化公司披露信息的方式：①统一《证券法》与《证券交易法》的信息披露规定；②《证券交易法》规定的定期披露义务可以用来满足《证券法》注册登记的披露要求；③鼓励使用非正式途径与股东的交流。为此，在美国《证券法》中综合披露制度形成以下格局：

（1）以 Form S－1，S－2，S－3 构建《证券法》下的证券注册登记制度的三个层面。

（2）修订并扩张 Regulation S－K，并且废止关于注册登记文件与报告准备工作的指引（保留了对特定工作的有关指引），修订后的 Regulation S－K，是将以往分散于诸处的披露要求加以统一整理而形成的适用于非财务部分的信息披露标准，它成为综合披露制度的组成部分。

（3）一般性地修订并对《证券法》中 Regulation C 的程序性规定和证券交易法下的 Regulation 12B 进行了日落审查（Sunset Review）。

（4）设立了 Rule 415 用以调整持续性证券发售的注册登记。

（5）设立了 Rule 176 用以调整《证券法》下关于使用综合披露制度时，依照证券法 Section 11 的民事责任问题。

（6）制定了 Rule 436（g）并且修订了《证券法》Rule 134（a）关于许可对证券评级结果的自愿性披露。

（7）补充了《证券法》注册登记的格式，使之与修订后的 Regulation S－K 格式以及其他综合披露制度相协调。

（8）修正了《证券交易法》的规则、格式和表格，使之与修订后的 Regulation S－K 和其他综合披露制度相协调；修订了预测性披露的安全港（Safe Harbor）制度并且扩张和明确了该制度的保护范围。

因此，在综合信息披露制度下，一个证券发行者所关注的主要是：①根据已有的各种格式决定必须披露给投资者信息的种类与数量；②遵照

Regulation S－K 有关信息披露的实体性要求；③依照 Regulation C 有关信息披露的程序性要求。通过这些制度，SEC 最终成功地统一了两套现存的信息披露制度。这种制度成为现今美国证券监管的基础并且持续性地为美国资本市场的繁荣作出贡献。

（二）交易型披露制度向公司注册型披露制度的转化（Transactional Disclosure Vs. Company Registration）

综合披露制度的现实价值只有在一个更大的目标下才看得更清楚，即形成一个有效的监管制度并带领我们进入 21 世纪实现证券监管的根本改革。使招股说明书和持续性信息披露受制于平等的责任标准正是这种根本改革框架的一块基石。建立在这个基础上，一级市场和二级市场才能形成无间隙的（Seamless）一体化，建立在这一制度上，才能形成另一块基石，即使发行者能够在任何时候进入市场。

交易型披露制度是一种传统的常规型披露制度，该制度对具有交易内容的披露文件具有法律责任的约束，如招股说明书、收购要约等，但对两个交易之间发布的文件，如新闻发布、重大变动报告等，除非这些文件被交易型披露文件引用或参阅，否则便不具备相应法律责任的约束。这种将两类披露文件截然区分的结果是使持续性披露不具有可信赖性。这也是在采用综合披露制度前，美国和加拿大证券监管制度的根本性缺陷。

市场的实践发展已经走在了交易型监管制度的前面，而且已经开始强调持续性披露制度。这使现在立法需要进行重大的调整，交易型监管忽略了这样的现实：在很大程度上交易是在二级市场上实现的，而不是在一级市场上实现的。越来越多的投资者是基于二级市场上可以获取的信息量做出投资决策的。市场要求不断增多的持续性披露和越来越多的分析家跟踪研究上市公司，越来越多的个人将直接从公司和网络获得有关信息。人们广泛地认为很少有投资者会阅读招股说明书。

美国和加拿大政府已经意识到现行证券监管落后于不断变化的市场，并一直在讨论和寻找一种对目前监管模式的更好的替换制度。SEC 非常担忧它以一级发行市场为焦点的证券监管制度，加拿大多伦多证券交易所（TSE）也意识到这种趋势并通过加强信息披露的质量、及时程度和披露水平增加信息的可信赖性，作为对市场的回应。基于这种担忧，美国 SEC 要求资本形成与监管程序顾问委员会（Advisory Committee on the Capital Formation and Regulatory Processes）的 Steven Wallman 负责审查美国证券监管制度的整体框架。Wallman 报告于 1996 年 7 月 24 日提出，该报告建议采取一种通过公司注册登记披露制度，着重于上市公司持续性披露的监管。

依据 Wallman Report 建议的公司注册披露制度，公司要申报 Form C - 1并且要在未来每次发行证券时披露发售证券的目的。其后的定期报告构成公众性档案的一部分，招股说明书适用的法定救济措施，包括民事法律责任（目前适用于依据招股说明书购买证券者），将同样适用于与注册登记证券相关的所有发布信息。登记注册陈述将是一份"活文件"（Living Document），它包括了所有的报告，其中有 SEC 的 Form 8 - ks（这是一系列以交易为主的报告，披露了诸如公司控制权变动、破产或董事变动等公司事件）、Form 10 - ks（年度报告）、财产报告以及其后报送的交易型信息。

公司注册登记披露制度将对登记的发行者提供许多潜在的好处，它最大的好处便是可能允许让发行人随时都可以进入资本市场。因为根据这一制度，公司可以通过上报适当的披露文件申请注册登记，并且承诺努力维持公开披露文件能够反映公司最新发展变化。公司常规性证券发行（Routine Issuance）（不超过公司公众流通 20%），可以用针对特定投资者需求的非常简短的披露文件实现，因为其他信息已经发布在外并且始终保持最新状态，无须重复披露。这种发行无须通过证券管理者审查，只要向投资者提供有关本次发行的信息并且提醒投资者参阅公司所有公开披露资料便可。依照这种方式发行公司的证券不会受到转让流通上的限制，因为在这种制度下，私募与公开发行之间的差别也不存在，只有在重大发行（例如超过公司市值 50% 以上的发行）或者公司重组时，才需要依照传统的方式准备招股说明书并事先征得证券监管者的批准。

可以看出，无论在美国还是加拿大，公司注册登记披露制度都是对综合市场理论的扩张，它极大地改变了证券发行的文件要求。由于在该制度下的持续性披露已成为公开信息档案，因此先前仅适用于招股书的民事责任也可以平等地适用于与信息披露相关的文件。它所反映的是证券管理者在寻找证券监管的最根本的方式，在现有制度变化的最大许可范围内，必须反映出市场的整体化与国际化趋势。公司注册登记制度的采用也必将带来增加持续性信息披露，增加董事的工作量和承销商尽职审查义务的潜在弱化等负面影响。

三、我国上市公司信息披露制度体系结构

（一）我国上市公司信息披露制度的发展

从我国证券市场建立至今，我国信息披露制度经过了长时期的改革与完善，总体而言，可以划分为初步建立阶段、发展规范阶段和逐步完善成熟阶段。

第一阶段：信息披露制度的建立阶段（1992~1993 年）。

随着 1990 年上海证券交易所和深圳证券交易所先后成立，我国第一部比较完整的有关证券交易的地方性规章《上海市证券交易管理办法》颁布施行。它的颁布使我国证券市场逐渐朝着规范化方向发展。1992 年，国家体制改革委员会等五部门联合下发《股份制企业试点办法》，对我国股份制企业试点的范围、原则、股权设置、管理等系列问题进行了统一规定，以使证券市场投资者获得统一、可比的重要信息。1993 年是信息披露制度建立的关键一年，《股票发行与交易管理暂行条例》、《公开发行股票公司信息披露实施细则》、《公司法》相继颁布，使得会计信息披露开始具有全国统一的规范性要求和明确规定。至此，我国上市公司信息披露制度初步建立。这一阶段的主要特点是，信息披露制度完成了从地方性规范向全国性规范的过渡。

第二阶段：信息披露制度的发展与规范阶段（1994~1999 年）。

1994~1999 年是信息披露具体内容和格式准则体系建立的重要时期。1994 年中国证监会又先后颁布了《公开发行股票公司信息披露内容与格式准

则》。该规定对会计信息披露内容作了详尽说明。以当时年报为例，每家公司年报摘要往往占半个版面以上，其会计信息披露内容除包括资产负债表、利润及利润分配表、财务状况变动表以及报表附注外，还包括篇幅颇长的其他会计信息，如会计数据和业务数据摘要、董事长和总经理业务报告、股票与股本变动情况、某些对公司财务状况及经营成果有较大影响的重要事项、关联企业等有关内容。1995 年底，针对国内企业会计信息披露尚存的不合理现象，中国证监会颁布了《关于执行〈公司法〉规范上市公司信息披露的通知》。

　　1998 年 12 月 29 日，九届全国人大常委会第六次会议审议通过《中华人民共和国证券法》，于 1999 年 7 月 1 日起实施。该法从法律制度层面对信息披露提出明确要求和相关的法律责任，对公司上市前的信息披露、持续信息公开以及违反信息披露制度的上市公司、证券中介机构及有关责任人员应负的法律责任进行了明确规定。1998 年，我国上海、深圳证券交易所按照《证券法》、《公司法》规定，制定了《上海证券交易所股票上市规则》和《深圳证券交易所股票上市规则》，对上市公司信息披露基本准则、公司股票上市申请审查与信息披露、股权管理与信息披露、关联交易与信息披露、公开股票停牌、摘牌与信息披露等重要内容进行规范。这与中国证监会《公开发行股票公司信息披露内容与格式准则》相互协调一致，共同构成了上市公司信息披露的基本规范体系。1999 年 12 月 25 日，第九届全国人民代表大会常务委员会第十三次会议通过了《关于修改〈中华人民共和国公司法〉的决定》，对我国《公司法》作出了第一次修订。《证券法》的诞生和《公司法》的修订标志着我国信息披露制度有了进一步发展和完善。这一阶段的主要标志是《证券法》的颁布和《公司法》的修订，主要特点是信息披露规则具体化，可操作性增强。

　　第三阶段：信息披露制度的逐步完善成熟阶段（2000 年至今）。

　　近年来，我国针对当前经济发展的实际情况，借鉴国际相关制度的建设情况，颁布和修订了一系列新的法规政策。2005 年，《国务院批转证监会关于提高上市公司质量意见的通知》（国发［2005］34 号）明确要求上市公司要切实履行作为公众公司的信息披露义务，严格遵守信息披露规则，保证信息披露内容的真实性、准确性、完整性和及时性，增强信息披露的有效性。2005 年 10 月 27 日，十届全国人大常委会第十八次会议通过了修订后的《中华人民共和国证券法》，于 2006 年 1 月 1 日起实施。2006 年 2 月 15 日，财政部同时发布新的会计准则和审计准则体系，于 2007 年 1 月 1 日起实施。2007 年 2 月 1 日，《上市公司信息披露管理办法》公布施行，将信息披露的一般原则性规定上升为部门规章，从而成为我国首部全面细化规范上市公司信息披露行为的部门规章。2007 年，中国证监会制定《内幕交易行为认定指引》和《证券市场操纵行为认定指引》，并转呈最高人民法院出具司法解释。同时，沪、深证券交易所也对上市公司信息披露制度进行了完善，相继发布《上海证券交易所上市公司信息披露事务管理制度指引》、《深圳证券交易所上市公司公平信息披露指引》等，与国际证券信息披露进行对接。这一阶段的主要特点是，对信息披露的内容要求更多，范围要求更广，程度要求更深，及时性要求更高。

（二）　我国上市公司信息披露制度的基本框架

随着证券市场监管制度的不断完善，我国上市公司信息披露制度已经形成了多层次、多维度相互渗透与衔接的基本框架，包括基本法律、行政法规、部门规章和自律性规则在内的四个层次的信息披露法规体系。具体而言，信息披露的法律法规体系主要包括以下四个层次：

（1）法律体系。基本法律体系包括《证券法》、《公司法》、《会计法》、《审计法》等相关法律规定。

（2）行政法规。主要包括《股票发行与交易管理暂行条例》、《股份有限公司境内上市外资股的规定》、《股份有限公司境外募集股份及上市的特别规定》、《可转换公司债券管理暂行办法》等。

（3）信息披露的部门规章。主要是由中国证监会制定的适用于上市公司信息披露的制度规范，包括《公开发行股票公司信息披露实施细则》、《上市公司信息披露管理办法》、《证券发行上市保荐业务管理办法》、《上市公司股东持股变动信息披露管理办法》、《上市公司收购管理办法》、《公开发行证券公司信息披露的内容与格式准则》、《关于加强对上市公司临时报告审查的通知》、《关于上市公司发布澄清公告若干问题的通知》、《上市公司股权分置改革管理办法》等。

（4）信息披露自律规则。包括沪、深证券交易所的《股票上市规则》、《上海证券交易所上市公司信息披露事务管理制度指引》、《深圳证券交易所上市公司公平信息披露指引》等。

我国上市公司信息披露制度体系，如图 6 - 2 所示。

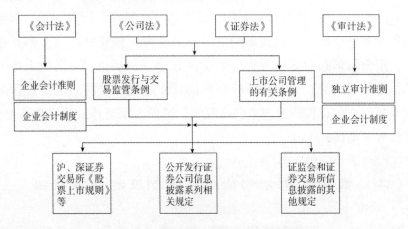

图 6 - 2　证券信息披露制度的基本框架

第四节　重构我国信息披露监管体系

一、构建完整的信息披露制度框架和体系

从信息角度而言，整个证券市场运行过程是一个信息生产和处理过程。证券信息的充分公开揭示，直接关系着市场透明度和投资者保护。对我国这样的新兴证券市场而言，发挥证券市场信息生产功能，提高信息供给的及时性、充分性、准确性，减少信息在不同市场参与者之间的信息非均衡性，对于提高市场透明度和强化投资者保护具有重大的现实

意义。

在信息生产中，信息披露制度一直是金融市场中最基本的制度安排之一。确立信息披露制度，是奠定了整个金融市场的基石，是确保建立公开、公平、公正的金融市场的根本前提。美国大法官路易斯·布兰戴斯（Louis Brandeis）早在 1914 年所著 *Other People's Money* 一书中就指出："（信息）披露才能矫正社会及产业上的弊病，因为阳光是最佳的防腐剂，灯光是最有效的警察。"

为了有效地解决证券市场上的不对称问题，作为信息制造者的上市公司必须遵循无差别披露的基本原则，向所有证券市场参与者及时、充分、可靠地进行信息披露，特别要关注资本市场中小投资者弱势群体，要使他们在接受信息的质与量上跟大股东或集团无差别，以保证证券信息在不同投资者之间动态、无偏的分布。若上市公司信息披露不规范，不及时、有效，则重大信息在不同的市场参与主体之间分布不均衡。因此，从证券监管的实践看，信息披露制度成为每一个国家证券监管制度中不可分割的部分，世界上任何一个国家的证券法律法规都规定证券产品的发行者在证券产品发行及发行证券产品后某种持续性信息披露的义务，必须公开、公平、及时地向全体投资者和潜在投资者披露一切有关其公司重要信息的持续性责任。可见，信息披露制度是以法律制度的形式制定的一种证券市场的游戏规则，是证券产品发行者所必须承担的义务，也是整个证券市场监管制度的核心（赵锡军，2000）。

作为公众公司向投资者和社会公众全面沟通的桥梁，真实、全面、及时、充分地进行信息披露至关重要，只有这样投资者才能依据上市公司所披露的信息进行投资决策。根据信息披露制度的"三性"要求，监管部门有必要构建一个完整的信息披露制度框架和体系，使上市公司向市场披露所有的实质性信息，提高信息透明度，减少上市公司隐藏信息的租金收益（Maug，2002）。这一信息披露制度框架不但包括公开信息披露制度，而且包括监管机构信息披露制度；不仅包括公开信息披露制度的规范行为，还应包括证券信息披露制度的禁止行为；既包括表内的信息披露框架，又包括表外的信息披露框架；不仅包括发行、上市信息披露，还应包括持续性信息披露；既包括上市公司定期与非定期的信息披露，又包括公司合规经营运行的监督等（具体见图 6-3）。

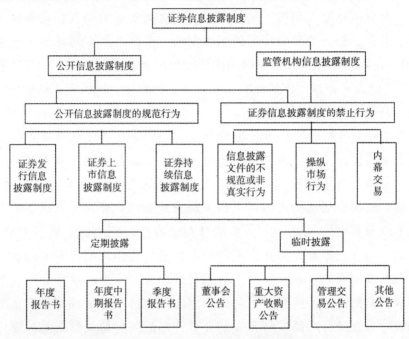

图 6-3　上市公司信息披露制度的基本框架

二、重构我国信息披露监管体系

（一）加快法律法规建设，切实保障投资者权益

随着中国资本市场的逐渐成熟，信息透明度提高是投资者保护的必然要求，上市公司信息披露制度完善也就提到市场基础制度建设的日程上来。与此相适应，信息披露监管的相关法律法规的完善，就成为当前市场制度建设的重点，是上市公司信息披露制度完善的基础和前提。由于上市公司信息披露制度建设是一项系统性工程，上市公司透明度涵盖了强制性披露和自愿性披露，体现了信息披露的真实性、及时性、充分性、清晰性等综合状况。严

格规范的上市公司信息披露制度是维护证券市场稳定、强化投资者信心的关键，是发展现代证券市场的核心原则。因此，证券市场法律法规的重构和完善，直接关系到投资者保护和证券市场的持续发展。

在我国，上市公司信息披露制度的完善存在两重含义：一是建立完善的信息披露监管制度；二是完善法律法规的配套体系。从第一方面看，应尽快建立与国际接轨的上市公司信息披露体系，健全会计信息披露准则体系，制定科学、配套的会计规范体系，规范上市公司信息披露行为，实施连续、动态监管，提高上市公司透明度。目前，尽管我国已经制定了《证券法》、《公司法》、《会计法》、《注册会计师法》等财务会计披露的法律法规，以及《股票发行与交易管理暂行条例》、《禁止证券欺诈行为暂行办法》、《证券市场禁入暂行规定》等部门规章，但这些法律法规都存在不足，难以有效地规制和惩罚虚假陈述行为，导致证券市场信息披露违规行为屡屡发生。① 造成上市公司信息披露违规的重要原因在于我国上市公司信息披露监管乏力，公司内生约束机制不强，社会外部监督乏力。因此，建立以法规、外部监管、公司治理结构为框架的会计信息披露体系来规范信息披露，保障向投资者提供充分、公允的财务信息和其他信息，同时增加信息披露的内容和方法，是规范上市公司信息披露行为、满足信息供给的需要，也是解决证券市场信息不对称的关键。从第二方面看，相关法律法规不能实现有效配套衔接，虚假陈述、误导性信息披露等违法行为的责任与补偿制度难以实施。从前文分析可见，我国上市公司违规主要体现为信息披露违规，大多都是以中小投资者损失为代价。然而，信息披露违规行为的责任补偿和投资者利益保护一直难以落实。我国《证券法》规定，"发行人、上市公司公告的招股说明书、公司债券募集办法、财务会计报告、上市报告文件、年度报告、中期报告、临时报告以及其他信息披露资料，有虚假记载、误导性陈述或者重大遗漏，致使投资者在证券交易中遭受损失的，发行人、上市公司应当承担赔偿责任"，

---

① 股权分置改革后的上市公司信息披露违规行为占全部公司违规行为的比重进一步提高。据统计，在 2007 年 1 月至 2009 年 5 月的 102 起上市公司违规中，信息披露违规行为 90 起。违规的主要形式包括：信息披露虚假或严重误导性陈述 25 起，未及时披露公司重大事项 53 起，未及时披露公司定期报告 10 起，业绩预测结果不准确或不及时 2 起。

这是从法律上对投资者利益进行保护。但是，在具体操作中，往往是行政责任、刑事责任易于落实，而对中小投资者赔偿的民事责任却难以落实。其中一个重要的原因是相关民事法律法规的缺失，它导致投资者救济无法有效实施。因此，当前加强对中小投资者的保护与救济，重点是完善相关的证券民事赔偿法律体系，尽快建立追责制度，出台民事责任赔偿法规，明确违规责任的归属。

（二）完善多层级信息披露监管，构建联合监管体系

经过多年的证券市场制度建设，我国已经建立起四个层次的上市公司信息披露监管体系，即《证券法》、《公司法》、《会计法》为主体的基本法律，《股票发行与交易管理暂行条例》等行政法规，中国证监会制定的《上市公司信息披露管理办法》等部门规章，以及沪深证券交易所的《上市指引》、《上市公司信息披露事务管理制度指引》等自律规则。但是，在信息披露监管和违规行为处罚方面，各部门之间缺乏协同监管效应，处于一线监管的证券交易所权力不足，对上市公司信息披露违规的处罚力度较轻，对上市公司违规的处罚难以达到威慑效果。为此，有必要根据金融混合化、组织扁平化与职能综合化要求，完善多层级信息披露监管，以此提高证券监管水平。

根据多层次的监管体系与监管框架，证监会应调整其监管工作的范围和重点，将日常的市场管理工作更多地移交给证券交易所，以发挥证券交易所的一线监管职能。针对这种监管分工体系，证券交易所应该逐渐增强其独立性，减少证监会的直接管控，更好地发挥其组织市场、管理市场的功能，及时对损害市场的行为和内幕交易进行监管，以此分担更多的政府管理证券市场的责任和风险。为此，证监会应该将证券交易所作为自己的监管对象而不是附属于自身的一个部门来对待，更不应该是证券交易所的实际控制者。按照上述监管框架和监管原则，证券交易所的职责重心应该是证券市场运行监管，通过制定和完善相关的章程和规则对上市证券及其交易实施管理，发挥证券交易所一线监管职责。在《证券法》赋予的监督权的基础上，证券交易所要对证券上市、交易和市场运行进行及时、有效的动态监管。

需要指出的是，不但应对上市公司信息披露规范化进行监管，同时应对相应金融机构强化监管约束，以保障社会投资者的权益。在不断加强的金融深化中，证券机构、保险机构和商业储蓄机构的投资边界日趋模糊，不仅证券机构利用上市公司信息的规范性需要监管，而且保险公司和商业银行相应证券投资业务的规范性同样需要监管。2008 年 3 月，美国推出《金融监管改革蓝图》（Blueprint for a Modernized Financial Regulatory Structure），将传统的 7 家联邦监管机构整合为 3 家，分别负责金融稳定、金融风险和金融行为，通过全面整合监管机构，提高监管效率（见图 6 - 4）。中国目前存在与美国相同的问题，即金融机构事实上已经开始混业经营，但政府机构的设置依然是分业监管。用分业监管来应对混业经营，必然会发生风险及错配。在不断推进的多层次资本市场体系过程中，我国资本市场监管应从分业经营下的功能监管逐渐转向监管协同的统一监管模式。中国有必要重新整合监管资源，将分业监管、多头监管的模式转变为综合监管、单一监管的模式，以此加强证券市场信息透明度和投资者保护。

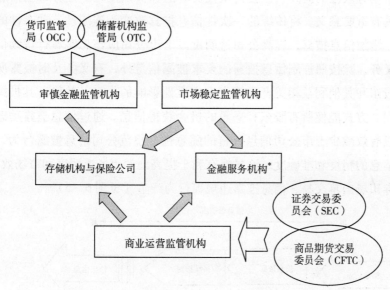

图 6 - 4 美国《金融监管改革蓝图》提出的联合监管框架

注：*金融服务机构包括投资银行、证券经纪商、证券咨询机构、共同基金等。

三、我国自愿性信息披露监管体系的未来思考

（一） 构建信息披露动态监管体系

尽管我国已经建立多层级的信息披露监管体系，《证券法》等法律法规对上市公司持续性信息披露有明确规定，但信息持续性、动态性监管不足，重大事件等信息披露监管仍不到位，上市公司敏感性信息时常泄露，内幕信息从未在证券市场绝迹，不同投资者之间的信息不对称性问题一直没有得到有效解决。杭萧钢构信息泄露案、ST 金泰内幕交易案就是近年证券市场的典型案例。因此，如何加强对上市公司的持续性信息披露的动态监管，就成为当前投资者保护的重点。

对上市公司持续性信息披露进行动态监管，提高信息深度和信息广度，对证券市场有效性的提高、社会公众投资者的保护以及减少证券市场信息不对称性具有重要意义。将传统的一次性信息披露改变为连续性、动态性的信息披露，增加信息披露，提高公司透明度。上市公司应该忠实履行持续信息披露的义务，除按照强制信息披露的要求披露信息外，有义务及时披露所有可能对股东和其他利益相关者决策产生实质性影响的信息，并保证其披露信息的时间、方式能使所有股东有平等的机会获得信息。通过信息披露动态监管，可以有效减少上市公司信息披露的随意性，规范公司信息披露行为，提高输出信息的精度和准确度，这显然有利于提高证券市场透明度和市场效率，减少证券市场内幕交易、信息披露违规等行为产生（见图 6 - 5）。

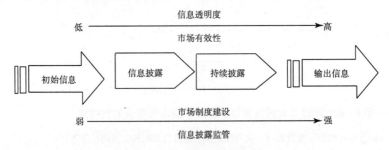

图 6 - 5　动态监管与持续信息披露

　　为提高上市公司经营的透明度，拓展信息披露的广度与深度，持续性信息披露成为市场公平高效运作的基本规则。根据国际证券市场的经验，上市公司持续性信息披露的一般准则包括重要性（实质性）信息准则、平等披露准则、法定披露渠道准则和鼓励自愿披露准则。在我国信息披露制度构建中，应逐渐构建连续性、动态性的信息披露制度。同时，对公司发展战略、财务等前瞻性信息应及时向外部投资者披露。这就要求上市公司在进行实质性信息披露的同时，增加自愿性信息供给，以减少市场的信息不对称性。加强敏感性信息披露监管，在处理重要信息外泄时应该遵循如下原则：①上市公司必须公布所有已外泄到市场上的重要、未公开信息，即使该信息原本在豁免披露的信息范围内（如不管事项交易是否仍处于谈判阶段）；②若公司尚未准备好对外泄信息作出证实，或者尚有太多内容不能确定，应发布临时声明对该状况进行充分解释；③公司若认为未出现信息外泄情况，但股价和交易量已经对相关报道内容作出了反应，则有义务发布声明对该情况作出澄清，或对报道内容予以证实，即使该声明中未提供任何新的重要信息。若上市公司不执行如上规定，使市场秩序出现紊乱，交易所可以暂停该证券的交易。

　　在信息披露动态监管中，强调对上市公司并购行为等重大事件的监管尤其重要。随着全流通时代的来临，市场中收购与反收购行为频繁发生，并购行为最容易滋生内幕交易和市场操纵等违法行为，因此，加强证券市场并购与重组过程中的信息动态监管，成为当前证券市场投资者保护的重要环节。2008 年以来，中国证监会陆续出台了《上市公司重大资产重组管理办法》、《上市公司并购重组财务顾问业务管理办法》等重要规章，与此前实施的《上市公司收购管理办法》共同构成上市公司并购重组的一套完整的法规体系，这将有利于推进上市公司并购重组活动，进一步完善上市公司治理结构，提高上市公司质量。

（二）　构建目标导向的信息披露制度

　　海外学者的大量研究表明，上市公司信息披露程度与市场价值存在密切的正向关联。从提升公司市场价值的角度，引导上市公司自愿性信息披露。

增加有助于投资者对公司价值进行判断的信息供给，有利于监控功能的实现。为此，改变规则导向信息披露制度，建立目标导向披露制度成为证券市场发展的一种必然趋势。随着中国证券市场的快速发展，投资者对上市公司信息的需求越来越高，强制性信息披露很难适应投资者信息需求的变化。当前，我国上市公司信息披露制度基本上还是强制性的信息披露，这一制度在提高上市公司信息披露质量、提高证券市场有效性方面发挥着至关重要的作用。然而，强制性信息披露制度本身也存在缺陷，需要自愿性信息披露的补充和扩展。为此，有必要重构上市公司信息披露制度，以市场价值为导向，引导公司构建目标导向信息披露制度。

在目标导向的信息披露制度构建上，西方成熟资本市场的信息披露监管部门普遍修订政策和规章，鼓励上市公司增加对核心竞争能力、预测性财务业绩指标、财务分析报告、环境保护与社会责任等信息的自愿性披露。针对中国证券市场上市公司信息披露质量问题，增加自愿性信息披露、提高上市公司信息披露水平是优化公司治理结构的重要途径。为此，有必要建立完善的信息披露制度，提高上市公司自愿性信息披露的水平，尽量减少经营者与所有者之间的信息不对称，保障外部投资者公平获取信息的权利，这是通过发挥证券市场功能来加强上市公司治理的基础条件，也是证券监管部门保护投资者特别是中小投资者利益的核心任务。

（三）鼓励预测性信息披露，加强预测性信息披露引导

本书在自愿性信息披露内容部分已有阐述，预测性信息从披露义务的强制性和自愿性角度可以划分为强制披露的预测性信息（即前景性信息）和自愿性披露的预测性信息，对强制性披露和自愿性披露采用的标准亦有不同，本书在论述中也会充分关注到这一点。鼓励预测性信息披露除了要进一步鼓励并进一步规范前瞻性信息披露，还要鼓励自愿性的预测性信息披露，并对自愿性的预测性信息披露加以引导和保护。预测性信息是管理层已知的对公司未来财务状况和经营成果具有重大影响的趋势等不确定性事项，这些事项可能由于不符合会计确认和计量的标准而尚未被列入财务报告，但这些事项

已发生或即将发生，并可能导致财务报告不能真实地反映公司未来经营业绩、财务状况或现金流。

预测性信息披露从内容上看是未来发生的事件，是信息披露主体依据自身所拥有的信息作出的预期，与公司未来价值具有很高的相关性，可以满足会计信息使用者对信息相关性的前瞻性的要求。美国证券监管部门现在对预测性信息披露采取的是以鼓励为主、强制为辅的政策。由于投资者的投资决策以对未来的预期为基础，预测性信息对投资者而言是至关重要的。这些信息不外乎是由投资者自己加工处理而得，或从市场上的信息中介获得，抑或从上市公司的信息披露中获得。但无论投资者怎样获得这些信息，在同等条件下，从上市公司进行预测性信息披露的动机或是其所拥有的信息优势来看，上市公司自身所披露的此类信息具有更高的价值。基于此，对上市公司的预测性信息披露应予以鼓励，但同时需要指出的是，由于预测性信息披露具有不确定性，公司的预期与未来的实际情况可能会出现偏差，因而在预测偏差的前提下，上市公司可能会招致不必要的民事诉讼。为此，美国证券交易委员会在1979年制定并颁布了第175号规则，为预测性信息披露提供了一个"安全港"条款。根据这条规则，只要信息披露主体的预测性信息披露是出于善意并存在合理依据，那么即使其披露的信息与将来的实际情况不符，披露主体也无须承担证券欺诈责任。

在预测性信息披露过程中，必须按照公平披露准则向投资者提供充分、公允的公司未来发展信息，严禁选择性披露和内幕交易行为的发生。无论是西方成熟市场还是新兴市场，中小投资者和机构投资者的信息都是不对称的，机构投资者往往在其他公众投资者之前得到秘密信息或内幕信息。2000年8月，交易所指出，Apple、Clorox和Abercrombie & Fitch等公司价格的异常波动是"公司与其最偏爱的同行之间在举行的闭门会议上交流信息"所导致的结果（Jenkins, 2000）。为加强上市公司信息传递的平等性，美国SEC于2000年通过的"Regulation Fair Disclosure"（FD规则）就是为了制止选择性披露行为，即公司在将信息公开前提前透露给机构投资者的行为。该法律要求若上市公司向特定人员披露重要的非公开信息，则必须在24小时内公开披露该信息。违反FD规则的公司或个人，无论从"秘密消息"中获利，或者散布秘密信息，都将面临终止令、禁令或民事罚款。FD 规则有助于监管部门实现保护投资者、维护证券市场公平秩序的使命。

为鼓励上市公司预测性信息披露，有必要进一步规范和引导上市公司管理层讨论和分析信息披露行为。在这里，由于 MD&A 信息中的预测性信息具有很高的价值相关性和信息含量，其对股价造成的影响往往是巨大的，相应地，相关责任也是重大的。若上市公司利用预测性信息进行内幕交易和操纵股价，则会对中小投资者造成重大的利益侵害。因此，应加强对我国上市公司 MD&A 预测性信息披露的引导，提高"软信息"在公司财务报告中的地位和作用，使得强制性信息披露和自愿性信息披露相互补充，从而更好地为投资者提供充分、真实的公司信息。当然，我国上市公司 MD&A 信息披露不能直接照抄照搬西方，而是必须结合中国证券市场的实际情况，建立和完善我国的 MD&A 信息披露制度，具体建议如下：①提高 MD&A 信息披露的质量。为弥补传统会计报表的一些内在缺陷，提高上市公司的信息披露质量，我国于 2002 年开始引入 MD&A 制度。为了减少上市公司有意或无意地遗漏披露内容，监管者有义务增加强制性披露的项目，2005 年中国证监会对《上市公司信息披露管理办法》的修订大大细化了管理层讨论与分析的披露内容，对其应包含的内容作出了较为明确的规定，要求公司分两个部分进行讨论与分析，即对报告期内经营情况进行回顾和对未来发展进行展望。从近年的执行效果看，MD&A 的信息披露效果仍有待于提高，这主要表现为我国上市公司定期报告中 MD&A 披露质量不高，多是简单描述和空泛性文字。如在对公司的经营战略和经营目标的披露上，大多数的公司仍以空泛性、条目性的披露居多。在经营目标的披露方面尽管多数公司都进行了盈利数据的预测，但是仅披露相关数据却缺乏较强的说服力，对行业变化趋势和市场竞争格局变化对公司可能产生的影响程度的披露相对简单、宽泛且没有数据分析和预测，对于项目资金的需求和利用的披露也显得苍白无力。②加强上市公司管理层对 MD&A 信息披露的引导，增加有效信息供给。MD&A 作为管理层对公司自身的财务状况和经营成果的深刻分析，对公司未来财务状况和经营状况的认真审视，以及对公司治理结构的自我剖析，反映了管理层对社会公众投资者尽职尽责披露信息的态度，是上市公司治理良好的表现和公司财务报告的灵魂。为此，要通过对管理层讨论与分析的信息披露的引导，使上市公司管理层充分认识到 MD&A 信息披露不是义务而是一种企业家精神，这有助于投资者更好地理解公司经营成果、财务状况和现金流量，了解公司经营管理水平，把握公司未来的发展方向，可以将其作为对财务报告的一个必要和有益的补充。③尽快完善当前 MD&A 相关法律法规，加大对上市公司 MD&A 信息披露的监管力度。针对我国上市公司 MD&A 信息披露的不规范、空泛性等特点，有必要对于 MD&A 信息的披露给予一定的指导和详细的范本，更进一步规范MD&A 信息的披露，减少上市公司应付监管部门的技术性披露，减少上市公司信息披露的随意性和操纵性。对于披露虚假信息的不负责任的公司，监管者应通过建立法律、行政或市场规则等方面的惩罚制度来规范其信息披露的行为，尤其是要对上市公司 MD&A 信息披露中的选择性披露进行监管。在此建议引入 MD&A 信息披露的事后追究制度，若发现管理层对其能够预料到的对投资者有重大影响的信息知情不报，要根据该制度追究相关人员的法律责任。④有必要在 MD&A 的披露中加入"安全港"制度，以鼓励信息披露主体履行最大可能的告知义务，强化信息披露。引入"安全港"条款，可以为披露人的正当权益提供保障，明确规定何种信息披露受到法律保护，哪些上市公司受到法律保护，谁负有诚信事项的举证责任以及与此所依据的假设是否在制度范围之内。"安全港"制度存在两个基本构成要件，即关于预测性信息所伴随的警示性提示的充分性，关于预测性信息预测陈述者的主观心理状态。对基于充分信息披露而"善意"地披露预测性信息的管理层给予适度的保护，使他们免于因预测性信息与事实不符而面临信息使用者提起诉讼的困扰，从而可以促进管理层积极主动地提供更多的前瞻性、预测性信息。

第五节　自愿性信息披露的有效管制

如果无法保证信息质量，自愿性信息披露不但不能增强市场效率，反而会成为市场的一种噪声。在鼓励推动和强化上市公司自愿信息披露制度的同时，应当建立一种机制来有效管制信息偏差，提高自愿性信息披露的质量。

结合我国的实际情况，我们可以在以下几个方面采取措施。

一、自愿性信息披露的制度引导

自愿性信息披露虽然是自主的上市公司行为，但我国相关部门也应该对其做出相应的引导和管理。

1. 积极鼓励并保护公司自愿披露有关信息

随着我国资本市场的逐步提高，公司管理当局在强制性披露要求之外自愿披露有关信息的动力日益增强。因此，有关部门应因势利导，积极鼓励公司自愿披露有关信息，以满足日趋增加的信息需求。①有必要按照国际会计准则（IAS）重构上市公司信息披露制度框架。这种信息披露框架应既包括财务信息，又包括非财务信息；既包括强制性信息披露，又包括自愿性信息披露；既包括表内信息的披露体系，又包括表外信息的披露结构；既包括公司经营业绩评价，又包括经营预测等。同时在《公开发行证券公司信息披露准则》等政策法规中加入鼓励上市公司自愿性信息披露的法律法规性条文。②为了防止自愿性信息披露可能引起的诉讼和其他问题，有关部门应对自愿性信息披露行为加以保护。在这一点上，美国为我们提供了较好的借鉴。美国 SEC 为了鼓励企业披露盈利预测等信息，正在积极为预测信息建立"安全港"，只要预测信息有合理的依据并且是诚实善意的，那么即使预测与实际存在偏差，企业也不必承担责任。AICPA 在《改进企业报告》中也建议，立法机构、监管部门、会计准则制定机构应当针对没有根据的指控，采取有效措施予以制止，以鼓励企业披露前瞻性信息。我国目前虽然尚未有多少针对财务报告的指控，但随着证券市场的进一步发展，投资者法律意识的增强，针对财务报告的诉讼将会逐渐增多，因此应当对此引起重视，既要保护投资者的合法利益，又不能打击企业披露信息的积极性。对于出现的信息偏差我们也应区分"故意操纵"和"偶发因素"两种不同性质的情况分别对待。对于前者，当然应该追究当事人的法律责任；而对于后者，只要企业具有充分适当的证据并能作出合理解释，就应当免除其责任。

2. 制定自愿性信息披露规范或自愿性信息披露相关内容指引

本书在专门论述自愿性信息披露内容时已经明确，积极鼓励公司自愿披露有关信息并非多多益善，应该按照证券市场上投资者对信息的需求和理解水平，确定相适应的上市公司自愿性信息披露的内容。因此建议在会计准则和信息披露规范中规定鼓励披露信息的种类，也可以采用证券交易所"指引"的方式，对上市公司自愿性披露的信息范围加以引导。在明确披露内容的同时，还要对披露的方式作出相应的规定。自愿性信息披露是否披露由上市公司自行决定，但是一旦决定披露，就要遵循一定的规则，按照一定的方式进行，这样才能避免偏差，也使所有的投资者可以公平地获得该信息。为此，应当出台相关规范，明确自愿性信息披露应当在公司网站和证券交易所的网站同时公开。证券交易所有必要开辟专门的"自愿性信息披露"板块，作为上市公司主动披露信息的平台，同时也便于投资者及时查询。此外，上市公司在自愿披露的信息中，有一些是非常专业的财务、会计以及公司治理信息，这些信息对于很多不具备专业知识的个人投资者来说，无法准确地理解，所以，当遇到特别专业的术语、词语时，披露人应当作出必要解释。相关部门在可能的情况下，对某些信息应运用什么样的方式，通过哪些指标来评价、说明、提供相应的指南，给出范例供有关企业参考，以促进和提高自愿性信息披露的质量。

3. 加强自愿性信息披露的研究和指导

综观我国近年来有关信息披露与证券市场的研究，主要集中在强制性信息披露方面，而较少涉及自愿性信息披露，导致我国证券市场、上市公司及投资者未能充分认识自愿性信息披露的重要性并引起足够的重视，从一个侧面也印证了我国证券市场的不成熟。深入研究用户的信息需求，以提高供给的有效性。同时借鉴国外优秀研究成果为我国实施自愿性信息披露提供重要的理论支持。

二、自愿性信息披露的环境支持

1. 创造投资氛围，使公司信息成为投资者的重要决策依据

信息的不对称正是中小投资者利益受损的根源，广大投资者渴望获得及时、真实、有用的决策信息。随着决策层监管措施的不断出台，人们的投资

意识开始增强，将更多地依靠对公司信息的分析来作出投资决策，而不是私底下打探消息，"与庄共舞"。可以预见，我们即将迎接的是一个以强制性披露信息和自愿性披露信息为重要决策依据的理性投资时代。

2. 完善再融资机制

我国目前上市公司并非完全没有信息的自愿性披露，只是还处在自发阶段。真正有潜质的上市公司，需要在证券市场上不断增发、配售本公司的股票以达到融资目的。2008 年我国证监会出台了再融资新规，叫停"不良"上市公司的再融资。根据该规定，2008 年 11 月 30 日后，对于治理结构尚存在未完成整改事项及其他公司治理问题的上市公司，证监会不再受理其股权激励及再融资申请；对于已受理申请材料的，证监会将在审核过程中予以重点关注。一方面可以敦促上市公司完善公司治理结构，使上市公司的治理逐步走向完善；另一方面也有利于保护上市公司利益，保护投资者利益。但再融资制度的修改不应局限于此。2008 年上半年发生的中国平安再融资事件，暴露了现行再融资制度所存在的诸多问题，现行再融资制度务必要进行全面的修改与完善。总体趋势应该是，再融资制度必须尊重市场自身的选择。从现行再融资制度的执行来看，再融资制度并没有尊重市场自身的选择。如中国平安的再融资计划是在平安股价处于百元附近时推出来的，而在股价跌破 50 元时，该融资计划似乎仍安然无恙。所以，股市有必要建立再融资计划的失效机制。在股票价格大幅跌破再融资计划推出时该股票的市场价时，再融资计划应自动宣告失效。或者原融资计划出台后一个月内没有提交管理层审核，再融资计划也应视同失效。建立再融资的失效制度就是要强调建立市场调节机构。为此，上市公司要在投资者中间形成号召力，除了优良的业绩外，还必须与债权人、投资者之间进行充分沟通，树立良好的公众形象。因此，对公司的发展战略、技术革新与管理创新进行自愿性披露以显示公司的透明度和管理当局的信心，显得特别重要。

3. 加强中介机构的职能

中介机构一般包括机构投资者和专业证券分析师等。机构投资者资本雄厚，可以雇佣专门人员评估上市公司信息披露质量，能够建立各种各样的投资组合以有效分散风险。强制性信息披露制度的一个重要作用在于帮助小投资者发现并投资于高质量低风险的证券。随着资本市场中机构投资者比重的增加，强制性信息披露制度的重要性下降，专业证券分析师出现。证券分析师有三个基本职能：第一，从发行人以外的渠道搜集有关公司证券价值的重要信息，如利率、竞争对手动态、政府行为、消费者偏好、人口变动趋势等影响公司股价变动基本走势的信息。第二，证实、比较上市公司披露的信息，以防止恶意欺诈并消除偏见。尽管个人投资者也能完成搜寻及证实信息的工作，但专业证券分析师能凭借规模优势与专业优势，以较低的成本来完成。第三，通过与公司经理人员的定期沟通获取信息。定期沟通是上市公司经理人员自愿性信息披露的一种形式。无论是机构投资者的兴起还是专业证券分析师的出现，都对上市公司自愿性信息披露提出了更高的要求，只有更广泛地披露、更有效地沟通，才能得到证券分析师的专注、机构投资者的青睐。

三、自愿性信息披露的行为监管

为了维护证券市场的秩序，尽管是公司自愿披露的信息，只要其对外发布，就必须遵守证券市场信息披露的基本规定，而不能随意发布虚假的信息，误导投资者，扰乱市场交易秩序。自愿性披露信息的可靠性可以稍微低一点，但基本的可靠性必须得到保证，如果公司故意披露虚假的信息，对投资者造成损失，投资者可以对上市公司提出诉讼。

1. 应遵循自愿性信息披露的监管原则

在监管实践中，除了关注自愿性披露信息的真实性和准确性，以下几方面特别值得强调：第一，完整性。上市公司自愿披露的信息是否既包括"利好"信息，也包括"利差"信息；上市公司是否从不同的角度，通过不同的信息披露来揭示同一个内容，是否形成了具有特色的自愿信息披露模式。第二，动态性。上市公司是否长期自愿披露某些信息，并不断调整以提高信息的可靠性。在自愿性信息披露中，当情况发生重大变化导致已披露的预测难以实现的，上市公司应对已披露的信息进行及时更新；对已披露的尚未完结的事项，上市公司有持续和完整披露义务，直至该事项最后结束。第三，公平性。是否所有投资者只要愿意就都能平等地获得上市公司自愿披露的信息。

2. 对自愿性信息披露进行适当的审计

审计是保证会计信息可信性的一项重要制度，注册会计师出具的审计意见实际上就是一种可以获得外部信任的证明。目前很多公司主动要求审计向市场投资者表明其为"优质"企业，比如民生银行主动聘请"四大"之一的普华永道会计公司作为其审计师，并按照（与国内会计准则相比）更加稳健的国际会计准则计提不良贷款坏账准备；再如金蝶软件选择到香港联交所创业板上市，其老总徐少春宣称主动寻求更加严格成熟的监管，以帮助改善公司的治理结构，等等。

目前来讲，自愿性信息披露不像强制性信息披露那样有明确的准则和法规加以规范，也不像强制性信息披露那样必须经过严格的审计，但是实施自愿性信息披露的公司可以主动要求审计，使之成为辅助自愿性信息披露加强公司治理的又一策略，以起到重复暗示、强化信号、增加公众认可度的作用。具体审计的内容可以包括原始资料的可靠性、信息产生程序（尤其是预测信息）的公允性、正当性，等等。例如，在加拿大证券监管部门的推动下，加拿大会计准则委员会颁布规章要求会计师事务所对上市公司发布的盈利预测信息提供类似"审计意见"的评价意见。市场中介机构如会计师事务所等，对公司盈利预测信息出具的评价意见实际上为投资者提供了某种形式的"担保"，因为他们具有普通投资者所不具备的会计专业知识。

对于自愿性信息披露的审计，也可以参考我国有关部门曾经对预测性信息披露的相关规定。中国证监会 2001 年 12 月 10 日发布的《公开发行证券的公司信息披露内容与格式准则第 2 号——年度报告的内容与格式》（2001 年修订稿），第三节董事会报告第 38 条规定："公司可以编制新一年度的盈利预测，凡公司在年度报告中披露新一年度盈利预测的，该盈利预测必须经过具有从事证券相关业务资格的注册会计师审核并发表意见。"规范盈利预测期间为，如果预测是在发行人会计年度的前 6 个月做出，则为自预测时起至该会计年度结束时止的期间；如果预测时在发行人会计年度的后 6 个月做出，则为自预测时起至不超过下一个会计年度结束时止的期间，但最短不得少于 12 个月。公司编制披露盈利预测，须经注册会计师审核。注册会计师应对盈利预测依据的假设及预测基准的合理性、基础数据的真实性所采用的会计政策和计算方法及其与招股说明书所载财务报表所采用的会计政策的一致性进行审核。关于盈利预测出现偏差的处理。《公开发行证券公司信息披露内容与格式准则第 2 号》第 33 条规定："若公司曾公开披露过本年度盈利预测，且实际利润实现数较盈利预测数低于 10% 以下或较利润预测数高 20% 以上，应详细说明造成差异的原因；若公司曾公开披露过本年度经营计划（如收入、成本费用计划等），且实际发生额较已披露的计划数低 10% 以上或高 20% 以上，应说明变动原因。若公司对该计划进行调整，应说明履行了何种内部决策程序，有关决议刊登的报纸及日期。"另外，还要求发行人及聘任的注册会计师应在指定报刊上作出公开解释并致歉；低于 20% 以上的，除公开解释并致歉外，中国证监会要进行事后查实，对发行人及其聘任的注册会计师视其情节作出相应的处罚。

此外，深圳证券交易所颁布的《指引》中也规定："上市公司在自愿披露具有一定预测性质的信息时，应以明确的警示性文字，具体列明相关的风险因素，提示投资者可能出现的不确定性和风险。"

四、自愿性信息披露的保障措施

在我国，自愿性信息披露正处于萌发阶段，保障其社会效用及其顺利实施的措施必不可少。一方面，要保障自愿性信息披露的质量，体现其价值；另一方面，要保障自愿性信息披露的行为，使其可以快速发展。

（一）完善上市公司法人治理机制

强制性信息披露的基础是法律的制定与执行，而自愿性信息披露质量的提高则依赖于公司治理的设计与有效性，信息偏差与赢弱公司治理是伴生物。完善上市公司的法人治理机制，要做到：①健全董事会，加强董事会对管理层的监督作用，防止董事会被管理层所控制。一是完善独立董事制度，独立董事真正发挥其职能，并负责对董事提名、高级管理层的聘用与报酬、审计以及重大关联方交易等事项表示意见。二是设立审计委员会。审计委员会这一机构主要由公司的非执行董事和监事组成，负责对公司的经营和财务活动进行审计监督，通过审计委员会对公司内部财务的控制和自愿性披露的财务信息检查，保证公司财务报告的完整性和准确性。三是加强监事会功能。监事会能够独立有效地行使对董事、经理履行职务的监管和对公司财务的监督、检查。②优化上市公司的股权结构，规范控股股东的行为，防止其伤害中小股东的利益。③完善股东和管理层的委托代理关系，通过健全双方的契约条款来建立有效的激励与约束机制。④充分发挥经理人市场的代理权争夺功能以及资本市场的收购兼并机制，对公司经理层进行外部监管和约束。自愿性信息披露的实施主体是上市公司，而上市公司的行为是由管理人员实现的。所以，高素质的经理人对于自愿性信息披露诚信机制的实现具有重要意义。作为一种管理约束机制，代理权争夺有助于优化公司的治理结构。随着我国证券市场的不断发展，代理权争夺作为一种公司治理的外部控制机制，必将长期占有一席之地。然而，代理权争夺在中国需要健全的法律加以规范和监督，做到有法可依，以保证各方利益都得到尊重。如信息披露的程序与要求，表决委托书征集人的资格审查和其股份额变动的公开等。代理权争夺并不意味着一味鼓励挑战者动辄挑起竞争，从整体上看，控制权的相对稳定将有助于公司的可持续发展，有助于公司价值最大化的财务目标的实现。通过代理权争夺，股东可以对未能实现股东目标的管理者加以惩戒。但是代理权争夺机制的实现具有一定的现实困境，需要加以解决。为此，应该让股东具有足够的持异议股东的信息，解决经理人市场中的信息不对称问题，从而选择出更有能力的管理者。这里笔者提出将代理权争夺与收购出价有机结合，即通过收购股权的方式进行代理权争夺。实际上，更具能力的竞争者可能出价更高，这就足以使股东清晰地意识到一旦竞争者获得控制权，它们将受益匪浅，而无须费力便可使股东相信竞争者有更强的能力。这里关键在于，由于股东关于争夺者现金流动的信息不对称，他们可能怀疑争夺者是否能增加公司价值，而争夺者通过对股权的收购可以消除这种疑虑：从本质上说就是争夺者声称他获取控制权会使股东受益，并投入相应的资金。即更具能力的管理者应该获得企业更多的控制权和所有权。四是建立股东代表诉讼制度。所谓股东代表诉讼制度，是指当公司的合法权益受到侵害，而又拒绝或怠于通过诉讼手段追究有关侵权人的民事责任及实现其他权利时，具有法定资格的股东为了公司的利益而依据法定程序以自己的名义代表公司向侵权人提起的诉讼。股东代表诉讼中股东诉讼的目的不是基于个人利益而是为了公司的利益，以公司代表人的身份而进行诉讼，因而胜诉所得赔偿或利益恢复都直接归属于公司，而非为股东个人所独享。股东代表诉讼可以有效防止由于公司所有权和经营权分离所产生的内部人控制。根据我国实际情况，借鉴其他国家（地区）股东代表诉讼制度的有益经验，能较大程度地遏制我国公司控股股东利用控股地位损害公司及中小股东利益的行为，能有效地扩大中小投资者维权的范围。我国现有的投资者直接诉讼制度，受到前置程序的制约，大股东或高层管理人员的许多违规行为都不必担心法律方面的压力。建立股东代表诉讼制度以后，受害股东可以通过民事诉讼要求上市公司赔偿，上市公司支付赔偿款后，公司股东再用股东代表诉讼制度要求违规的股东或董事等作出赔偿，从而就避免了中小股东"自己告自己"；对违规公司的无辜股东来说，有了避免代大股东及高层管理人员错误行为"买单"的法律保护途径。

（二）上市公司在实施自愿性信息披露时，应该在公司内部建立健全有效的内部控制制度，从各个方面做好配合工作，以保证自愿性信息披露的质量

具体包括：①建立健全公司各项基础工作，为收集、处理、加工、披露自愿性信息提供良好基础。②积极寻求公司可披露的自愿性信息与使用者要求披露信息的均衡点，使自愿性信息的供求平衡符合成本效益原则。对上市公司而言，自愿性信息披露是一把"双刃剑"：一方面，自愿性信息披露可以减少公司与投资者之间的信息非对称程度，提高股市的流动性，从而降低资本成本，提高公司价值；另一方面，自愿性信息披露可能造成"泄密"，公司的竞争对手将得益于此，从而削减公司的竞争能力。因此，"披露什么信息"和"披露到什么程度"，将是困扰公司自愿性信息披露的重要难题。

因此，针对中国证券市场的既定约束条件，有必要应用经济分析方法对上市公司不同的行为选择与公司价值进行最优化经济分析，建立自愿性信息披露内容的临近值模型，求出信息披露的行为边界。③提高提供者的业务能力，使自愿性信息由公司中经验丰富并有较高职业判断能力的人员持适度谨慎的态度编制完成。④规范自愿性信息的表述和披露，将其采用的基本假设、重要会计政策列示出来，以便使用者理解，同时应注意揭示自愿性信息的性质、不确定性和风险，防止使用者盲目依赖自愿性信息，以减少和避免法律诉讼。同时，进行自愿性信息披露要从信息内容、组织形式、信息冗余度、信息置信度、披露者的解释、披露媒介以及披露时机等多维度进行管理，以提高自愿性信息披露的实施效果。

（三）　建立自愿性信息披露质量评价体系，保证自愿性信息披露的质量

自愿性信息披露质量评价体系的构建是一个系统工程，有赖于以下两方面共同配合完成：

首先要建立"真实性"的评判体系。我国信息披露与市场有效性所要求的及时传递、充分披露、真实性的信息方面存在一定差距，与国际通行的信息披露规则存在较大差距。其中一个重要的根源就在于目前我国上市公司信息披露"真实性"标准的评判体系不够清晰。因此，在自愿性信息披露制度安排上，有必要注重自愿性信息披露的评判标准和体系要求，构建上市公司自愿性信息披露"真实性"的评判体系，将信息披露规范性落到实处。可以将上市公司自愿性信息披露"真实性"的评判体系划分为财会标准体系和法律标准体系两大类①。其中，自愿性信息披露真实性的财会标准体系包括以下两层含义：①财会角度的财务信息披露真实性应该满足"如实反映"与"充分披露"两大实质性指标要求；②当自愿性信息披露真实性的实质性指标无法有效满足时，在"重要性"的限制范围内，满足"合规性"、"中立性"、"审慎性"三大程序性

---

① 借鉴财务信息"真实性"的评判体系划分方法（陈柯梦，2006）。

指标的自愿性信息披露仍能达到财会意义上的真实性。按照这一标准，如实反映与充分披露是财会意义上信息披露真实性的实质性标准。满足如实反映标准与充分披露标准的自愿性信息披露是真实的［具体见图6-6（a）］。自愿性信息披露真实性的法律标准体系则要求满足"真实且公允反映"、"明晰性"、"完整性"及"正当性"四大实质性指标要求。其中，"真实且公允反映"融合了"真实反映"与"公允反映"的要求，是法律意义上上市公司信息披露真实性最基本的实质性标准。"明晰性"、"完整性"及"正当性"标准则是分别针对虚假陈述中的后三种形式"误导性陈述"、"重大遗漏"及"不正当披露"而言的，与前述的"真实且公允反映"标准共列为法律意义上的自愿性信息披露真实性的实质性标准［具体见图6-6（b）］。

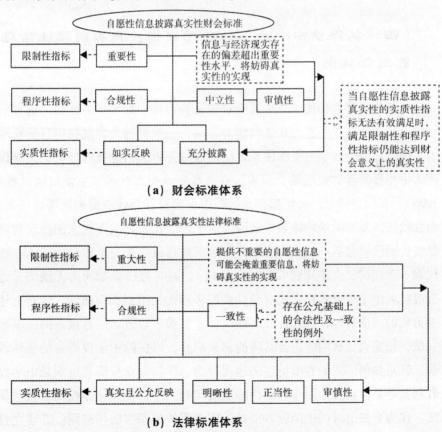

（a）财会标准体系

（b）法律标准体系

图6-6　上市公司自愿性信息披露"真实性"的标准体系

其次通过权威性的市场中介机构进行自愿性信息的质量评价。比如，会计师事务所由于具备相关财务会计方面的专业知识、熟悉相关财经法律法规，能够按照评价体系标准对上市公司披露的信息质量作出客观的评价。可以在现行的会计师事务所业务基础上，开辟"信息质量评价"业务，同时在监管机构的指导下，参考债券评级的方法建立信息质量评级体系，对自愿性披露的信息进行评级。这既可以警示普通投资者可能会面临的风险，也可以为上市公司出具一定的担保。然后上市公司可以对其所自愿披露的信息内容进行公开的承诺，承诺其披露的内容在一定时期内、一定范围内的可靠性，包括可能出现的各种后果。最后，披露的内容和实际情况若有偏差，且该偏差属于"故意操纵"的，就应对投资者有所赔偿或公开致歉。

（四）以保护中小股东权益为目标，完善自愿性信息披露追责机制

与机构投资者相比，中小投资者在证券市场中处于弱势地位，这种弱势地位不仅表现在投资实力和谈判能力方面，更重要的是表现在信息的获取方面。因此，一个健全的市场体系，应该通过完善的信息披露追责机制来保护广大中小投资者的权利不受损害，或者在受到损害时可以主张赔偿（杨华，2005）。在西方国家，每年都有大量的中小投资者行政追责和民事诉讼案例。而在我国，现有的法律体系仅强调了对上市公司及相关责任人的行政和刑事处罚，而没有包括广义上的上市公司信息披露责任人（上市公司法人、法人代表、管理层、直接责任人和中介机构），同时对民事处罚尚无细则，这就造成广大中小投资者在合法权益受到侵害后无处得到相应赔偿。针对上述民事追责的司法障碍，在此有必要建议：①加快上市公司信息披露的民事赔偿立法，相关司法机构应出台具体的司法解释，以保障中小投资者的集体诉讼权。针对如何惩戒证券市场违法违规行为、保护公众投资者特别是中小投资者利益等是值得关注思考和亟待解决的问题，尽快推出证券投资者权益保护法，作为全流通时代中国资本市场投资者保护的基本法律准则。②建立投资者保护和救济制度。对信息披露违规行为的惩罚和制裁对于投资者保护而言

仅是信息披露行为监管的一个方面，其虽然可能有效降低信息披露违规行为对投资者利益的侵害，但却无法对投资者受到的侵害施以补偿，而且这种强制性制裁通常难以对重大违规行为造成有效威慑。这些因素使得投资者参与证券交易时的顾虑及不确定性难以有效减弱。在这种情况下，投资者保护和救济制度在投资者保护中便显得格外重要，因为它能够直接对投资者的损失进行补偿，有效地保护投资者的根本利益。为此必须建立并快速落实证券民事责任的争诉解决机制。现行的《中华人民共和国民事诉讼法》明确规定的群体诉讼形式仅有共同诉讼，已无法满足证券民事诉讼的需要，一是共同诉讼不能包括证券民事诉讼涉及的众多投资者；二是将同一个证券侵权行为分割成为若干个共同诉讼处理，可能会带来执法公正的问题。借鉴各国（地区）证券市场民事赔偿的成功经验，我国有必要尽快推出集团诉讼规则。所谓集团诉讼是指诉讼一方当事人人数众多，不可能同时参加诉讼，他们之间有着共同的法律问题，将他们视为一个集团更有利于实现法律的目的，因此，以一个或若干个集团成员作为集团代表人，代表整个集团成员提起并进行的诉讼。美国是最早规定集团诉讼制度的国家，其集团诉讼也最为发达。我国有必要尽快引入证券集团诉讼程序，完善证券民事赔偿法律体系，加强对中小投资者的保护和救济，同时降低自愿性信息披露预期违规收益，从而为证券市场的发展创造良好的法律环境。③真正落实上市公司的自愿性信息披露责任人的追究责任，不仅追究上市公司相关责任人的信息披露违规责任，同时对中介机构信息披露违法犯罪进行处罚。④法院采取判例模式，针对上市公司或个人违反信息披露法律法规的犯罪行为，向权威人士或机构咨询，以寻求专业咨询意见作为判案依据。

　　为了保证自愿性信息披露制度的有效性，有效管制信息偏差，提高自愿性信息披露的质量，必须构建自愿性信息披露的质量保障机制。这需要从外部建立完善的监管制度和实现上市公司内部自律两个方面入手。实现上市公司内部自律需要对上市公司的治理机构进行不断的改革和完善，需要市场整体水平提高才能实现，这是一项系统工程，不是一朝一夕能够实现的，所以，在当前完善外部的监管更具实际意义。

参考文献

[1] Cerf, A. R. , 1961, Corporate Reporting and Investment Decision, CA: The University of California Press.

[2] Hobgood, Geoge, 1970, Annual Reports Are More Revealing, Management Review, Vol. 59.

[3] Cox, David R. , 1972, Regression Models and Life Tables. Journal of Royal Statistical Society B34: 187 – 220.

[4] Ingram, Robert W. , 1978, An Investigation of the Information Content of (certain) Social Responsibility Disclosures, Journal of Accounting Research, Vol. 16, 270 – 285.

[5] Cox, Clifford T. , 1985, Further Evidence on the Representativeness of Management Earnings Forecasts, The Accounting Review, Vol, LX, No. 4, 692 – 701.

[6] Waymire, G. , 1985, Earnings Volatility and Voluntary Management Forecast Disclosure, Journal of Accounting Research, Vol. 23, 268 – 295.

[7] Waymire, G. , 1986, Additional Evidence on the Accuracy of Analyst Forecasts Before and After Voluntary Management Earnings Forecast, The Accounting Review, Vol. LXI, No. 1, 129 – 142.

[8] Schroeder, Nicholas and Glbson, Charles, 1990, Readability of Management's Discussion and Analysis, Accounting Horizons, December, 78 – 87.

[9] Yamaguchi, Kazuo, 1991, Event History Analysis, Applied Social Science Research Methods Series Volume 28, Newbury Park, CA: Sage Publications, Inc. : 1.

[10] Inchausti, 1997, The Influence of Company Characteristics and Accounting Regulation on Information Disclosed by Spanish Firms, The European Accounting Review , 6 : 45 – 68.

[11] Baker and Wallage, 2000, The Future of Financial Reporting in Europe : Its Roles in Corporate Governance, The International Journal of Accounting , 35 (2).

[12] FASB, 2001, "Improving Business Reporting: Insights into Enhancing Voluntary Disclosure", Steering Committee Report, Business Reporting Research Project.

[13] Bartlett and Jones, 1997, Annual Reporting Disclosures 1970 – 1990: An Exemplification, Accounting, Business and Financial History, Vol. 7, Number, 1, 61 – 80.

[14] Singleton, W. R. and Globerman, S. 2002, The Changing Nature of Financial Disclosure in Japan, The International Journal of Accounting, 37, 95 – 111.

[15] Gerald K. Chau and Sidney J. Gray, 2002, Ownership Structure and Corporate Voluntary Disclosure in Hong Kong and Singapore, The International Journal of Accounting, 37, 247 – 265.

[16] Jovanovic, B. , 1982, Truthful Disclosure of Information, Bell Journal of Economics, Vol. 13, pp. 36 – 44.

[17] Verrecchia, R. , 1983, Discretionary Disclosure, Journal of Accounting and Economics, Vol. 5, pp. 179 – 194.

[18] Diamond, D. W. , 1985, Optimal Release of Information by Firms, Journal of Finance, 40, 1071 – 1094.

[19] Verrecchia, R. , 2001, Essays on Disclosure, Journal of Accounting & Economics, Vol. 32, Nos. 1 – 3.

[20] Annalisa Prencipe, 2004, Proprietary Costs and Determinants of Voluntary Segment Disclosure: Evidence from Italian Listed Companies. European Accounting Review, Vol. 13, No. 2, pp. 319 – 340.

[21] Cooke , T. E. , 1989, Disclosure in the Corporate Annual Reports of Swedish Companies, Accounting and Business Research, 19, Spring: 113 – 24.

[22] Jensen , M. C. , Meckling, W. H. , 1976, Theory of the Firm, Managerial Behavior, Agency Cost and Ownership Structure, Journal of Financial Economics 3, 305 – 361.

[23] AICPA, 1994, Improving Business Reports : A Customer Focus, AICPA Inc.

[24] ASB, 1999, Statement of Principles for Financial Reporting, London, CCH Publishing.

[25] Baker and Wallage, 2000, The Future of Financial Reporting in Europe : Its Roles in Corporate Governance, The International Journal of Accounting, 35 (2).

[26] FASB, 1980, Qualitative Characteristics of Accounting Information, SFAC No. 2.

[27] Levitt, 1998, The Importance of High Quality Accounting Standards. Accounting Horizon (1).

[28] Scott, 1997, Financial Accounting Theory , Prentice—Hall Inc.

[29] Wallman, 1996, The Future of Accounting and Financial Reporting (Ⅱ): The Colorized Approach, Accounting Horizon (2).

[30] Raffournier B. , 1995, The Determinants of Voluntary Financial Disclosure by Swiss Listed Companies [J], The European Accounting Review, July, 261 – 280.

[31] 何卫东:《上市公司自愿性信息披露研究》,《深圳证券交易所综合研究所研究报告》, 2003 年。

[32] 王咏梅:《上市公司财务信息自愿披露指数实证研究》,《证券市场导报》, 2003 年第 9 期。

[33] 乔旭东:《上市公司会计信息披露与公司治理结构的互动:一种框架分析》,《会计研究》, 2003 年第 5 期。

[34] 崔学刚:《公司治理机制对公司透明度的影响》, 《会计研究》,

2004 年第 8 期。

[35] 潘琰、辛清泉：《解读企业信息需求》，《会计研究》，2004 年第 12 期。

[36] 王雄元：《自愿性信息披露：信息租金与管制》，《会计研究》，2005 年第 4 期。

[37] 殷枫：《公司治理结构与自愿性信息披露关系的实证研究》，2006 年第 3 期。

[38] 潘琰、李燕媛：《中国公众投资者的网上报告需求调查》，《福州大学学报》（哲学社会科学版），2006 年第 4 期。

[39] 吕晓梅：《财务预测信息披露多层次管制探讨》，《当代财经》，2007 年第 9 期。

[40] 蒋尧明：《美国财务预测信息披露与监管的经验及借鉴》，《当代财经》，2007 年第 12 期。

[41] 王华、徐军辉：《自愿性信息披露监管问题研究》，《财会通讯》（学术版），2007 年第 5 期。

[42] 张宗新、杨飞、袁庆海：《上市公司信息披露质量提升能否改进公司绩效》，《会计研究》，2007 年第 10 期。

[43] 张纯、吕伟：《信息披露、市场关注和融资约束》，《会计研究》，2007 年第 11 期。

[44] 白云霞、吴联生：《信息披露与国有股权私有化中的盈余管理》，《会计研究》，2008 年第 10 期。

[45] 吴长波：《上市公司自愿性信息披露的法律规制》，《政法学刊》，2008 年第 25 卷第 3 期。

[46] 屈志凤：《中美上市公司自愿性信息披露制度比较》，《财会月刊》，2009 年第 36 期。

[47] 韩海文、张宏婧：《自愿性信息披露的短期价值效应探析》，《审计与经济研究》，2009 年第 4 期。

[48] 崔学刚、朱文明：《上市公司信息披露、公司特征与信息监管》，中国第二届实证会计国际研讨会交流论文，2003 年。

[49] 陈柯梦：《上市公司财务信息披露真实性标准的法律分析与实证研究》，中国证券业协会获奖课题，2006 年。

[50] 植草益：《微观规制经济学》，北京：中国发展出版社，1992 年。

[51] 王俊豪：《政府管制经济学导论——基本理论及其在政府管制实践中的应用》，北京：商务印书馆，2001 年。

[52] 赵锡军：《论证券监管》，北京：中国人民大学出版社，2000 年。

[53] 罗伯特·希勒：《非理性繁荣》，北京：中国人民大学出版社，2001 年。

[54] 殷枫：《中国上市公司自愿性信息披露研究》，北京：中国商务出版社，2006 年。

[55] 张宗新：《证券市场内幕操纵与监管控制》，北京：中国金融出版社，2007 年。

[56] 王雄元：《上市公司信息披露策略研究》，北京：中国财政经济出版社，2008 年。

[57] 张宗新：《上市公司信息披露质量与投资者保护研究》，北京：中国金融出版社，2009 年。